周恩来卫士回忆录

高振普 著

人民出版社

再版说明

周恩来，这是一个光荣的名字、不朽的名字。每当我们提起这个名字就感到很温暖、很自豪。2018年3月1日，习近平总书记在纪念周恩来同志诞辰120周年座谈会上指出：周恩来同志半个多世纪奋斗的人生历程是中国共产党不忘初心、牢记使命历史的一个生动缩影，是新中国孕育、诞生、成长和取得崇高国际威望历史的一个生动缩影，是中国人民在自己选择的革命和建设道路上艰辛探索、不断开拓、凯歌行进历史的一个生动缩影。

为庆祝中国共产党成立100周年，缅怀对新中国的建立做出卓著功勋的开国元勋，应人民出版社之约，将《周恩来卫士回忆录》以视频书vbook的全新形式再版发行。此次对文字只作少量修改，增加了部分图片和影像资料，由编辑部整理。这次出版得到中央党史和文献研究院的大力支持，天津周恩来邓颖超纪念馆、浙江绍兴周恩来故居纪念馆、江苏淮安市委宣传部与组织部、淮安周恩来纪念馆、国家行政学院、甘肃省委党校、两弹一星历史研究会文史部和河南中牟郑银村镇银行，提供了照片和视频。在此，一并表示衷心感谢。

高振普

目　录

再版说明　　001

引言：我进西花厅　　001

为人民服务　全心全意

"咱们是平等的同志关系"　　003
"不要叫首长，不要说指示"　　005
邓大姐与警卫战士　　006
总理视察农村打井　　007
要有群众观点　　010
无利息存款　　011
要懂科学　　012
自费药要交钱　　014
两菜一汤　　014
刮胡子刀片　　015
一杯茶水　　017
一瓶番茄酱　　019
"我也叫他成头"　　020

生活上尽量自理　021
进一次公园买两次门票　022
邓颖超在杭州自费住饭店　024
一箱芒果　027
和总理打乒乓　028
周总理为我们发奖　031
总理让我学开汽车　032
总理叫我们下基层锻炼　034
买票看戏　037
不影响群众看戏　039
因私用车要交费　040
上海的"414"毛巾　041
节约口粮　042
禁吃的菜单　043
"四菜一汤"的规定　044
出差带上三百元　045
两盏台灯　046
袜子天天补　047
邓大姐给我们的补助　048
打井浇菜地　048
自费做出国服装　050
初随总理出访　052
在几内亚节约用水　054
共享摩洛哥的民族宴　056
两台电视机　057

穿戴国货 —— 061

穿补丁外衣会见外宾 —— 063

一块手表引起的风波 —— 064

三角钱伙食费发票 —— 065

"艰苦朴素"好 —— 069

总理办公室的规定 —— 070

轻车简从 —— 074

不要搞特殊 —— 077

"接触群众太少，消息就闭塞了" —— 079

"八一"联欢 —— 080

二十年穿两双皮鞋 —— 081

错穿了皮鞋 —— 082

总理喝酒与酒量 —— 083

不要提吃猪肉的事 —— 085

在"楼外楼"三付饭费 —— 085

没有付钱的一碗汤 —— 088

有困难找西花厅党支部 —— 090

破例为身边工作人员说话 —— 093

"你俩从西花厅去上班" —— 096

避开"四人帮"追查 —— 100

邓颖超与《午间半小时》—— 102

咱们是一家人 —— 105

周恩来的为人 —— 109

坚持原则　严于律己 —— 114

周总理的身教言教 —— 119

周恩来、邓颖超合用一个骨灰盒　122
周恩来、邓颖超的收支情况　124
记录下邓大姐的思念　125
邓大姐的原则性　135
邓大姐出席母校校庆　138
邓大姐坚持锻炼　142

相忍为党　力挽狂澜

出席"关于罗瑞卿"的上海会议　147
寻找彭真　150
红卫兵要改变红绿信号灯　153
红卫兵住进中南海　154
为谭震林解围　158
深夜看望余秋里　161
约陶铸谈话　164
请贺龙住进西花厅　166
"他俩是'五一六'我不信"　169
不能离开中南海　171
武汉"七二〇"事件前后　175
陪陈老总挨斗　184
哪有时间"天天读"　190
江青闯闹接待厅　191
看电影请假　194
面对"九一三"突发事件　195

江青搅起的护士风波 —— 210
一次不寻常的政治局会议 —— 212
筹建北京饭店东楼 —— 215
严肃处理"伍豪事件" —— 218
举荐邓小平 —— 222

忘我工作　鞠躬尽瘁

去南昌 —— 227
目睹周总理的一次调查活动 —— 229
面对危险的两次决策 —— 231
未能成行的西藏之行 —— 236
用饼干充饥 —— 238
我给总理做汤 —— 240
我们给总理贴的大字报 —— 241
赴河内吊唁胡志明 —— 244
登上延安宝塔山 —— 248
天天要看报纸 —— 254
周恩来的"时间" —— 255
住进医院 —— 257
总理哪里是在治病 —— 261
面对各方的关怀 —— 272
与朱德的最后交谈 —— 277
约见罗青长 —— 280
总理的病牵动亿万人民的心 —— 283

与病魔抢时间 ——— 286

为总理准备火化的衣服 ——— 291

举国同哀送总理 ——— 292

把总理骨灰撒向江河大地 ——— 301

说不尽的思念

我的终身遗憾 ——— 309

我看到的天安门广场 ——— 310

陈丕显不忘总理 ——— 312

邓颖超谈往事 ——— 314

"我的骨灰撒向海河" ——— 318

两次遗物的清理 ——— 323

周恩来精神永存

来自人民的纪念 ——— 333

周恩来精神永存 ——— 335

创建"周恩来班" ——— 340

对总理的爱 ——— 345

一位日本青年心目中的周恩来 ——— 346

后记（一）——— 349

后记（二）——— 350

视频索引 ——— 352

引言：我进西花厅

1961年5月的一天，警卫局领导找我谈话，说是周总理那里要你去工作，先去试一下，如果可以，就正式调去。我听后既高兴又紧张，高兴的是能去敬爱的周总理身边工作；紧张的是，想起五年前我被调来警卫局开始培训时，老同志介绍毛泽东、刘少奇、周恩来、朱德等领导人的性格、嗜好、脾气的那些话。他讲到周恩来时，说总理办什么事都严肃、认真，在总理面前不能出一点纰漏。甚至于对你的一举一动，总理都可以看透你在想什么。

调至周总理身边工作

那时我刚从山东调来北京做服务员，有些想不通。因为当时我从山东省公安干部学校毕业后，已是干部。后来幸福感、荣誉感占据了主导位置，想想贫困家庭出身的我，能有幸调来这北京城，进入红墙内多不容易，哪还管什么待遇。所以工作起来劲头很大，一心一意地把工作完成好。在中央领导人面前，尽量把服务工作做得周到细致。当年还没有建成人民大会堂。毛泽东宴请外国元首的国宴就在中南海怀仁堂，会见重要外宾，也是在中南海。因此，我们服务工作的好坏，对国外也有一定影响。中央的很多会议都在中南海的颐年堂、勤政殿、怀仁堂、居仁堂、西楼大厅召开。所以对进入中南海人员的培训是极其严格的，在工作中要求则更严。我们这些人大多来自农村或小城市，见识不广，知识面窄，工作起来确实有较大难度。干力气活我们个个都是强手，一个人可以扛起五把椅子，几十斤重的方桌一人扛起来就走。可为首长当服务员，干的都是细活，端茶、倒水、递个毛巾，活儿是轻便多了，可心里挺紧张。

五年多来，我也曾接触过周总理。他对工作确实一丝不苟，在他身边工作来不得半点马虎。怀着这种既高兴又紧张的心情，我先来到警卫处接受培训，为的是更多地学习、掌握警卫知识，更多地接触周总理。两个月后，即1961年7月，我被调到总理身边。

我兴致勃勃快步行走在去西花厅的路上，当时我没有自行车，公家也没配备。因为按我当时的职别是不配交通工具的。十几分钟的路，我觉得太长了。虽然过去五年曾多次来过西花厅，但这次心情大不一样。见了总理说什么，见了邓大姐说什么，我无头绪地东想西想，边想边走进了卫士值班室。邓大姐的汽车司机纪书林等着我，他向我说明邓大姐去庐山养病，周总理准备从庐山回来去北戴河，由他和我先去北戴河，也就是先去做准备工作。

8月6日，总理到北戴河，出席在那里召开的书记处会议。卫士长成元功原先已向总理讲了我这个人的情况，所以见面后总理并不感陌生，说了声"我见过他"，接着问了我的一些身世。当年23岁的我，在总理面前还是个孩子。我没说更多的话，就开始工作。

总理几乎是天天开会，约人谈话。我对会议内容一无所知，只是看到他忙。事后，才知道会议的内容是讨论国际形势、国内的粮食问题，还有军工生产和市场、物价、货币流通等问题。五天的时间，要开这样一个内容繁多的会，难怪他那样忙。8月13日，总理离开北戴河，我没有随行，留下来做收尾工作。

8月23日，总理去庐山出席中央工作会议，我先期上山，仍打前站。这是我调到周总理身边工作的试用阶段。从庐山下来后，我即住进西花厅,从此我在西花厅工作了三十多年。

今天,敬爱的周总理离开我们已经四十多年了,邓颖超大姐离开我们也二十多年了,在他们身边工作的许多情景时时出现在我的面前,好似还在为他们工作,为他们服务……

为寄托对周总理和邓大姐的无限思念,我把在他们两位老人身边工作期间见到、听到和感受到的事情写出来,用这些故事和零碎的记述,让人们更多地了解周恩来和邓颖超,也为研究他们提供一些素材。

我是周恩来的卫士,是在中央领导同志身边工作的一名警卫人员,由于工作环境和水平所限,不可能把周恩来这样一位伟人的功绩很好地表达出来,工作性质又决定了我只能接触一些事情的侧面,了解得非常有限。但是,本书所写到的都是我的亲身经历。

为人民服务　全心全意

周总理深入群众中

"咱们是平等的同志关系"

刚调到西花厅当周总理的卫士,邓大姐找我谈话。她拉着我的手说:"咱们并不面生嘛,你不是常来放映电影吗?"我说:"是的,那是我在业余时间学会的,机关培养多面手,我有时作为助手来放电影。"大姐问我,"调到家里(指西花厅)工作愿意不愿意?"我说:"愿意,就怕干不好。"大姐说:"总理的两个警卫员,一位送农村去锻炼了,一位在最近检查身体时,查出了毛病,暂不能工作,所以身边很需要人。这些情况成元功都向你讲了吧?总理很忙,需要你们在生活上多帮他。"我向大姐表示,一定要尽力工作,多多请教成元功同志,尽快熟悉工作环境。大姐鼓励我说:"只要用心,很快就会熟悉的。你不要小看自己的工作,恩来同志当

◆ 20 世纪 60 年代初,中央领导同志会见周总理办公室工作人员。第二排右二为高振普

◆ 邓颖超约见高振普及夫人高秀英、儿子高军

总理的工作，是为人民服务，你来这里工作也同样是为人民服务。我身体不好，也在工作，咱们只是工作分工不同，都是为党、为人民工作，咱们是平等的同志关系。"大姐问我是党员吗？我说是预备党员。大姐说，预备党员也是党员，只是权利不同，党员标准和义务是一样的，要按党员标准衡量自己，时刻想着自己是一名党员，严格要求自己。

邓大姐的一番谈话，使我有些紧张的心情放松了许多。"都是为人民服务，都是同志关系"，在以往的政治学习或党课教育时也都说过，但是，与邓大姐第一次谈话，她这样平易近人，令我从内心深处感动。以后几十年的相处，我真正看到她不仅是这样说，也是这样做的。她不让我们叫她"首长",而叫她"大姐",对她的话不能称"指示";她有些事要我们去办,总是以商量的口气;我们谁要做错了事,她不是批评一顿,而是帮助分析原因,帮助提高。我们这些工作人员,为总理、大姐服务的时间虽然有长有短,但对他们平等待人的感受却是一样的。

"不要叫首长,不要说指示"

总理办公室的工作人员,来自不同的单位,有秘书、警卫、医生、护士、厨师、司机、服务员等。大家多年来养成一个习惯,那就是相互之间都以姓名相称,平时很少叫职务。童小鹏是总理办公室主任,大家很少叫他童主任,都是叫他小鹏同志。这样相互的称呼,谁也不认为是不尊敬,反而觉得很亲切,缩短了部级、局级、处级干部与服务员、厨师之间的距离。大家相互支持,把围绕着总理的工作看成是一个整体。对周恩来总理,大家都习惯称呼"总理",总理是不准许我们叫他"首长"的。有的同志初次见到总理,很习惯称呼"首长",总理马上纠正说:"这里没有首长。"

周总理还是喜欢人们叫他"同志",总理把革命队伍里的人视为平等的关系,认为称呼"同志"更亲切。在院子里散步时,对向他敬礼的哨兵说:"我经常在院子里散步,见到我就不要敬礼了,咱们都是同志嘛。"在与人们合影时,他不因为是总理就站或坐在第一排的中间,很多时候他都站在边上。记得有一次,总理在广州开会。一位曾在重庆办事处工作过的普通工作人员来看总理,他来前也没打招呼,因总理出去开会,没有见到周总理,他便给总理留下一个条子,纸条上没有称呼总理,而是写的"恩来同志"。总理看后很高兴,感到很亲切,他说:"这位同志保持了当年的好传统,他有勇气称我同志,你们就没有这样的勇气,有机会我一定要见见他。"

总理交办的事,是什么就是什么,而不准许冠以"指示"二字。不准用"指示"二字是很有道理的,"指示"是命令,命令是要执行的,没有什么可考虑的。总理不把他说的话看成"指示""命令",是要让办事的人有所思考。

邓大姐与警卫战士

邓大姐利用每天散步的时间,与身边的警卫战士交谈,了解他们的生活、训练及家庭。凡是交谈过的战士,邓大姐都会记住他们的名字,是哪里人。在交谈中,她会发现战士有什么困难,有什么想法,进而会想到如何帮助他们。

那是60年代初,有一次散步时,她走进了战士的值班室,桌子上摆着电话,房间没有钟表。大姐问战士:"有手表吗?"回答说没有。大姐说:"这样怎么能记录下办事的准确时间?很不方便吧?"于是叫我们把她的一只座钟拿了过来,作为值班室的公用钟。

她关心着战士们的政治生活。在那个年代,战士们是不可能买收音机的,不像现在,人们都可以有半导体收音机,随时可听到广播。大姐知道后,把自己的一架收音机送给了中队的战士们,并说:"这是供你们听新闻的,每天要了解国家大事。这收音机就不要摆在值班室了,影响值班,要摆在学习室。"中队的领导开始不好意思要,邓大姐看着他为难的样子就说,所有权归她,使用权归中队。就这样,这架收音机实际上一直由战士们使用。今天,中队已把邓大姐送给的钟表、收音机等,摆放在革命传统教育室,教育新、老战士,不忘老一代领导人的关心。邓大姐看到战士

◆ 邓颖超与中央警卫团官兵合影

们在酷暑下站哨,从自己工资中拿出一千元给战士们买些消暑的汽水,又叫我们给一个中队食堂送去五百元钱,作为伙食补助。邓大姐看到在她周围出现的事,马上就想到别人会有什么困难,主动去帮助。

总理视察农村打井

周总理每天要处理许许多多纷繁复杂的党内和国家的大事,他的时间每分每秒都十分珍贵。但是,每年他总是要抽出一些时间到各地视察工作,到工厂、农村、部队、学校调查访问。每次外出,出于安全考虑,我们都想多跟几个人,特别是到一些较边远地区或条件较差的农村,可总理从联系群众角度考虑,他想的是怎么便于接触群众,怎么有利于深入实际,每次他都明确指示我们要轻车简从,如果跟随很多人,反而影响不好。每到一地他都约见各方面的人员谈话,了解情况,掌握第一手材料。有一年秋末冬初的一天,总理由河北省主管农业的同志陪同,了解河北农村群众为解除干旱、自打机井的情况。总理每到一地视察的时候,并不要求地方省委第一书记陪着,谁主管谁陪同就可以了,这样调查起来更彻底。总理视察时从不完全按照事先约定好的地方去,这次视察也是如此。汽车行驶时途经一个小村庄,总理说到那个村去看看,这个村不在访问计划内,是没有事先由省委安排的地方。车子进了村,没有什么人,看到一家烟囱冒烟,总理就直奔这个村民家。只见一位农妇正在烧水,她背着大门烧火,没发现有人进来。随行的一位同志想要叫她,被总理制止了。当这位农妇察觉到是周总理站在那儿,她局促不安,不好意思地整理了一下头发。总理主动和她握手,她赶紧在身上擦擦手,连声说手上有灰。总理握着她的手问:"家里就你一个人呀?"她说:"都到地里打井去了,我本来也在打井工地,是回家来烧开水的。"总理向这位农村妇女了解了她们家里和村里群众的生产生活以及当前打井抗旱的情况。

事后,总理对我们说:"今天很好,没有完全按照他们的安排走,多去了个村子,了解了情况,这会更真实,更可以验证今年他们打井抗旱的真实性。"

这次农村调查,总理是到哪儿就在哪个村子吃饭,晚上就住在这个村子里。有一天晚上住在河北大名县的一个村里。这个村子较大,提前通知地方领导总理要到这里住,户主腾出一个小院,搞得干干净净。天气很冷,我们外出习惯带一个温度计,一量,室内温度只有13℃。庆幸的是,从北京出发前我们有些准备,带了一床较厚的棉被,但是怎么也没有想到会住在这么冷的地方。晚上睡觉时,总理要换睡衣,我们就劝他别换了,脱了衣服冷,最后袜子也没有脱。我们把带去总共不超过三斤重的两床棉被,还有一条毯子全都盖在总理身上。总理睡下后,我们谁也睡不着,担心他睡不好,过了十几分钟,卫士长成元功叫我进去看看。我轻轻地推开门,总理还没睡,我问:"冷吗?"总理说:"身上还可以,就是脸冷。"我想,脸冷怎么办呢?总理也不能戴帽子睡觉,只好加服了一粒安眠药。又过了大概一刻钟,我轻轻地打开门,听见总理打呼噜的声音,这才放心地去睡觉。第二天早晨,我们还没起床,就听见总理的咳嗽声,他一般早晨醒的时候,很自然地咳嗽一下。我忙穿上衣服,推门进去,见总理还躺在床上,一看温度表才9℃,我都不敢说是9℃。总理就是在这样的条件下睡了一个晚上,他居然还说睡得不错。第二天一整天我们都提心吊胆,观察着他有没有感冒的症状,幸亏总理身体好,没有感冒。

◆ 周总理跟老百姓亲切交谈

早餐后，总理继续视察打井工地，他仍习惯性地穿着那双皮鞋，沿着田边的土路从这口井走到那口井。那时地刚耕完，很不好走，根本没有路，我们看着也没办法，对带路的村干部说："你们说一说，总理听你们的，找条路，坐一会儿车再去看，这样走下去，会把总理累坏的。"就这样走了很长一段路才到一个村。坐下来休息时，总理跟农民们座谈，他拿起一个大黑碗，倒上水就喝，一边喝一边与村民们谈话，了解一些情况。

总理所以这么做，就像平时他所说的，只有这样才会掌握第一手材料，而且是真实的材料。

要有群众观点

北京人民大会堂建于 1959 年，是为庆祝新中国成立十周年，北京十大建筑之一。仅用十个多月的时间就建起这样一座宏伟的庞然大物，为世人瞩目。使用的结果更加证明，其设计是科学的。其中万人礼堂和可容纳五千人就座的宴会厅，更是使人望而敬之。宴会厅的附属建筑是两个角的休息室，分别为上海厅、北京厅和东、西厨房。在上海厅和北京厅的一旁，各有一个可供几十人同时使用的厕所，这是为在宴会厅搞大型活动而设计的，也曾发挥了它的作用。群英会，就是八千人在宴会厅同时用餐，两个这样的厕所人们还要排队。可见当时的设计师是费了心思的，不然的话，人们会为上厕所犯难的。

有一次总理到大会堂的上海厅会客。去厕所时发现厕所比原来小了许多，被割去了一大块另作他用。总理问当时大会堂的一位负责人，是谁的主意？了不了解为什么当时修这样一个大的厕所？你们割去的那一块干什么用了？那位负责人只听不说。总理看他很为难的样子，肯定地说：不是你们决定的，你们也不敢轻易地改建。不过，你们想想看，如果开会或宴会，休息时间只有十几分钟，几千人有几百人会上厕所，怎么办？当时的设计是有根据的，设计师很有经验。你们做事要讲科学，要有群众观点。最后总理说，已经割开了，花了钱，不要因他一过问，再恢复原样，浪费国家财产。这时候，那位负责人和我们这些人才松了一口气，那位负责人说了一声："我们接受教训。"

无利息存款

20世纪60年代初，北京出现了一派喜人的社会景象：市公交公司开辟了几条无人售票的线路，大家上车以后自己主动交钱；车上的妇幼专座宁可空着，也无人争坐；听不到售票员动员让座的声音，为老人让座、为小孩让座已蔚然成风。很多年轻人和一些身体较好的年长者上车以后，干脆就站着，因为刚坐一会儿，上来人还得让，所以干脆就不坐。当时，学习雷锋、关心别人已成为社会主义道德风尚的主流。这种社会风尚也深深地影响着我们警卫局，警卫局的食堂也实行了无人售饭法，即不设专人收饭票，由买饭人自己往票箱交饭票。

有一天，邓大姐对我说："小高，我看到了一条消息，北京有一个储蓄所存款没利息，你去找一找在什么地方，把我们的钱转存到那里，这样可以不收取利息。"于是，我骑着自行车跑遍了北京市大半个西城区的储蓄所，也没有找到，有的储蓄所干脆告诉我没听说过无利息存款这个事。我对此也觉得很新奇，回来对邓大姐说没找到。邓大姐说："肯定有，是在北京晚报上登的，你查一查最近的北京晚报。"于是，我翻阅了近一个月的北京晚报，终于找到了这条消息。真是踏破铁鞋无觅处，得来全不费功夫。原来邓大姐所说的无利息储蓄所就在中南海附近，是离我们最近的一个储蓄所——西安门储蓄所。我到那儿一打听，确有其事，我就对储蓄员说把所存的钱改为不要利息的。因为他们二老的钱原来就存在这个储蓄所，存折上的名字不是实名，而是用邓大姐的代名——李明。我记得存折上有几千块钱，这在当时也不算小数了，办理业务的储蓄员很惊讶，他上下打量着我，看我好像不是有这么多钱的人，想开口问我又止住了，我们相对一笑。因为我也不是取钱，就是转成无利息存款，他也无从怀疑，很快，我就把周总理、邓大姐的钱都改为无利息的了。我向邓大姐汇报了事情的经过，邓大姐说："好啊，从今以后我们每月余下的钱就存在那儿。"后来我听那个储蓄员说，当时这个储蓄所是北京的一个试点，北京市只此一家，因为我们很久没去取钱，无利息存款发展状况我不得而知，记不清是哪年又改为有利息存款了。

从总理、大姐无利息存款的举动，我们可以看出他们的思想境界之高，非我们常人所能及，同时也可以看出邓大姐很关心新鲜事物。

要懂科学

1961 年秋天，我到周总理身边工作不久，一天，周总理正在办公，办公桌的对面坐着秘书戚剑南。总理和秘书集中精力办公，天色渐暗，我去开办公桌旁的台灯，灯不亮。台灯是落地式的，我顺手把灯转向办公桌的一侧，经查看是接触不好。我拿了一支毛笔去捅，不小心，连电了，顿时火花四溅。总理和戚剑南吓了一跳。周总理摘下眼镜，停下手中的工作，对我喊了起来："小高，你怎么搞的？"我更吓坏了，说是想修一下灯。"修灯你为什么不断电源？你不懂科学，应该请电工师傅来修。"周总理转脸问戚剑南电着了没有，戚秘书说是吓了一跳。总理更火了："出了人命怎么办？你简直是胡闹！"我不敢出声，呆站在那里。总理让成元功请来电工师傅把台灯修好了。

事情是过去了，可我害怕，心一直不能平静，这天值班，干什么事都很不自然。邓大姐劝我说，以后办事小心点，不要粗心，不要瞎干，要像总理批评的那样，要学科学。这一整天，总理也看出我那不自然的表情。晚上睡觉前，总理说："你这个山东人，直爽是优点，蛮干可不行呀，今天的事差一点闯了大祸。把戚剑南电坏了怎么办。你要总结一下，一定要细心。"我内疚地说："今天这事我的错太大了。如果电着了你，我可是罪大了。"总理很平静地说："出了人命那是件大事，今天的事就过去了，你也不要想得太

◆ 周恩来在办公

多，以后做什么事都要想想后果。"我发誓："总理，你放心。我会把这事记一辈子，永不会再犯这样的错。""那好，别再绷着脸了，关灯吧，睡觉了。"

我轻轻地走出他的卧室，关上门，回到值班室，毫无睡意。出了这么大的事，我怎么能睡得着觉呢？教训，深刻的教训，我想了很多，后怕占据了我的全部思想。若不是总理的一番谈话，我真的无脸面在这里工作下去了。我暗下决心，如果领导不调我离开，我定会接受这次教训，把今后的工作做好，照顾好总理，不能叫总理分心。

自费药要交钱

卫生部门有个规定，有些滋补药要自费。总理知道了这个规定就对保健医生说："规定的自费药，我要交钱。"总理的保健医生卞志强听了有些为难，觉得总理用这种药的量很少，有时候是中医大夫看病处方时放一点。总理说，他和邓大姐两个人总是会用一些滋补药的，请药房的同志麻烦一点，计上账，每月清算一次，一定要付款，不能违反规定，占公家的便宜。总理特别交代卞大夫：交钱的事不要宣扬，他和邓大姐的工资用不完，对其他领导同志要灵活一点，有的同志家里人口多，全部付钱可能会有困难，就可以少交或不交，一定要保证他们的用药。

两菜一汤

周总理吃饭时，总是坚持两菜一汤，即一荤一素一汤。荤菜主要是鱼、肉，太高档的海鲜、珍品他不准做。他的这个习惯，慢慢地成为一个规定，不论是在家还是离京去外地，都是这样吃。主食的品种也较多样，每月总要吃一两次玉米面饼子。两菜一汤的规定在北京容易做到，到外地执行，还是要费一番周折。排除周总理是党和国家领导人这个因素，作为外地的客人，一荤一素摆在桌

◆ 周恩来使用的餐具

上，地方上搞接待的同志都觉得过意不去。有一次去广州，接待人员经与我们商量，多给总理搞了一个菜，其理由是总理多年在北京吃饭，广州的饭菜口味不一定合适，搞三菜一汤，请总理选着吃。当然，他们也是出于对总理的一片爱心，招待人员总是想让首长多吃、吃好。我们也事先没向总理报告，吃饭时就多上了一个菜。总理一看就问怎么回事。我们就把用意向总理说了。总理听后笑了笑，也没说什么。等他吃完饭，我们过去一看，有一个荤菜原样没动。我问总理："那个菜是不是不好吃？"总理说："广州的菜我很喜欢吃，你看那两个菜我几乎吃光了，这剩下的菜也很好，留下来下顿吃，再配一个素菜就可以了。"就这样，周总理只要是一人单独吃饭，都是坚持两菜一汤。

刮胡子刀片

很多人都知道，总理的胡子很浓，特别是理发师傅，碰上总理刮脸，都有点紧张。总理的胡子，天天刮，多数时候是他自己刮。刮胡子刀片

◆ 周恩来用的刮胡子工具

是1954年去日内瓦时带回来的，比较锋利，每片可用三五次。几年后，带来的刀片快用完了，当时的国产刀片确实刮不动总理的胡子，总理说用过的刀片不要丢，拿去磨一磨再用。我们听后觉得是个新鲜事，还没听说哪里能磨刮脸刀片。总理叫我们去找北京饭店的朱殿华师傅，朱师傅是专为中央领导人理发的。我们向朱师傅说明来意。他接过刀片，笑着说，这是谁的主意，他连想都没想过，别说磨了。我们说是总理交代的，他只好答应试一下，磨过的刀片，我们先试了一下，觉得比不磨是好点，能不能刮下总理的胡子还要给总理自己试。总理用后说，还可以，只是不如新的快。没有刀片了，总理去北京饭店或养蜂夹道俱乐部刮脸的次数多了。这样为刮胡子，每天要浪费很多时间，有时候还要早起床，减少睡觉。有一次，我们见到李强，他当时是外贸部副部长。我们向他提起总理用的刀片的事，请他在国外买一些，我们付人民币。李强答应用他的出国零用钱为总理买一些。我们当然就不客气了。待刀片买回来后，我们先给大姐说了这事，大姐表示同意，她说应事先报告总理，我们说如果先报告，他一定不允许，请大姐帮我们说句话。我们把刀片给总理用的同时，说明了情况。果然，总理怪我们没事先问他，并批评说不应该用外汇在国外买。我们解释说，在北京到处去找也没买到，所以才找李强帮助买回来的。邓大姐知道我们在过关，对总理说我们是好意，事先向你报告，你不会同意。你也确实需要，你那个胡子，一般刀片又刮不动。就这样吧，问一下李强花了多少钱，补给他人民币就算了，以后不要这样做。总理听后说，我就知道你们要搬大姐来，一定要把钱交给李强同志。

后来见到李强，总理还当面谢过，李强会意地马上说："他们已付给我钱了。"

一杯茶水

1961年11月的一天，周总理去中南海西楼会议室开会，临上车时，总理转身对我说："在中南海开会，你不要跟去了，在家学习吧，有老杨（指司机杨金明）就行了。"

总理乘车一走，我马上给会场工作人员打电话，请他们照顾一下，并请服务员给总理备一杯茶水，茶钱以后付。这是我自来总理身边当警卫员，第一次没跟他出去，人虽在家，心已跑到会场，老是惦念着总理。

总理开会回来，已过了吃饭的时间。刚吃上饭，他就把我叫去，问我："今天开会我喝的茶是哪里的？"

"是我叫服务员给你的。"

"钱给了吗？"

"已叫服务员记账了，下次一块给。"

总理一边吃饭，一边对我说："现在已经规定，中央开会不招待茶，今天的茶可以不给我要，我一次不喝茶水没有什么关系，而且会场也没卖茶。"我一时没有领会总理这番话的意思，说："您昨晚睡得那么少，喝点茶，可以提提精神。"总理放下手中的筷子，加重语气说："现在我们的国家是在暂时困难时期，人民生活很艰苦，我少喝一杯茶又算什么？"我此

◆ 周总理与国务院招待科工作人员合影。右一为高振普

时才觉察到今天的事不单是一杯茶的问题了。

邓大姐坐在饭桌旁,看出我有点紧张,就对总理解释说:"小高来咱家不久,对你的情况还没完全了解,不要批评吧。"总理忙说:"就是因为他刚来,我要告诉他,并不是批评他,是提醒他注意。"

我看着总理严肃的面孔,又紧张又内疚,一时不知说什么好。

过了一会,总理接着说:"我给你们规定几条,你们可以研究一下。在我这里工作,为我办事,要先征得我的同意;要把你们和我联系起来;要和我的职位联系起来;要和政治联系起来;要和全国人民联系起来;要时刻想到六亿人民。"

我马上向总理表示,把他的这些指示向党支部全体同志传达,今后一定注意。总理立即说:"我不是什么指示,不过是帮助你们认识这个问题就是了。"

我把总理的一番谈话,向卫士长成元功报告了。他马上组织我们座谈,规定了在北京开会和离京去外地都自带茶叶等一些相应的具体规定。

一瓶番茄酱

我刚进中南海的时候,一些老同志向我介绍情况,给我印象最深的是介绍周总理的严肃认真、一丝不苟。特别是在外事场合,总理严格要求工作人员必须守规矩。一次,总理请外宾在西花厅前厅吃饭,一般在家里吃饭都是总理的厨师做饭,给外宾做饭比较复杂,忙不过来的时候,就从国务院服务处招待科借用两个厨师,服务员则忙着照顾客人。有次外宾想吃番茄酱,一个老服务员就到后面厨房要番茄酱,厨师当时很忙,让服务员自己取。番茄酱和辣椒酱都是红色的,不太容易分清,服务员拿过来就倒了一盘,端到饭桌上。还没等外宾吃,总理发现这酱不对,就问服务员,这是什么酱?她说是番茄酱。总理严肃地让她拿下去看看。老服务员用筷子蘸蘸一尝,结果不是番茄酱,而是辣椒酱。庆幸的是,外宾还没吃。服务员赶紧端回去换了一盘番茄酱。送走外宾以后,总理回来了,他语重心长地对服务员们说:"如果外宾吃了辣酱,影响会很不好,人家吃番茄酱你们拿辣椒酱,怎么那么粗心?以后你们一定要认真,不能马虎,要好好总结教训。"总理对我们一向宽严重体,这次加重语气强调工作人员的过错,是因为他知道,如果让这件事轻描淡写地过去,以后我们还会犯同样的错误。

与西花厅的深厚情感

由于我们这些工作人员长期生活在总理身边,感觉总理除了有严格要求的一面,在繁忙之余还有温和一面,他非常了解人、体贴人,非常可敬可爱。我二十三岁到总理身边工作,潜移默化地受到总理、大姐言传身教,这段经历使得我终身受益,它是用多少财富都换不来的。在总理、大姐身边工作,对我们来讲,心情舒畅,非常快乐,真可以说是一种享受。为什么直到今天我们西花厅工作人员一讲话就很自然地说"我们家",不管工作几年,还是工作几十年的同志,都把西花厅当成家。

"我也叫他成头"

1961年秋召开第二次庐山会议,这次会议是比较平和的。因为解放后的三次庐山会议,两次都不平静,第一次是"反右倾",整彭德怀同志的会议,第三次是陈伯达、林彪挑起事端。这次庐山会议,除讨论经济问题外,党内生活没有什么不正常。从国家领导人来讲,他们好不容易熬过困难时期,开始思考如何进行建设,所以总理开会比较忙,工作比较紧张,但大家都显得比较轻松。有一天,总理起床后做操,成元功和我们几个人站在一旁,总理问:"你们都围着我干什么?我又不是在这儿做体操表演。"我们说:"现在外出,家务事不多,服务员都给干了,我们也没事干,在屋里待着,还不如看你做操呢。"总理一边做操,一边自言自语地说着我们的名字,老张指的是张树迎,老乔指的是乔金旺,还有小高(指我),总理说这里既有老,又有小。他对成元功说:"没人叫你老成,也没人叫小成,这是怎么回事?"成元功解释说:"这是个习惯,老张现在不过三十多岁，二十多岁开始叫老张，小高再过二十年也不会叫他老高。"总理觉得成元功的解释倒有点意思。我说："成元功，我们不叫他老，也不叫他小，我们叫他成头。"总理就笑了，说："为什么叫他成头？"我说："叫成头是因为他管我们，所以我们管他叫成头。"总理开玩笑地说："哎，他还管我呢，那我也管他叫成头。"总理说完和我们一起大笑起来。至此，我们叫了很长时间"成头"。

总理在空闲时间和我们之间还是开些玩笑的，不总那么严肃。有一次，我有个事情没做好，总理批评了我，我情绪受点影响，在乘车去机场的路上，我的表情与往常有点不一样。平时，如果总理不看文件，我就跟总理侃，这次我脸上没有笑意。汽车走了一段路程后，总理看我不说话，就把他看的参考资料递给我，问我看不看，我说我不敢随便看。实际上这时总理递给我一份资料，他并不是让我看东西，而是为了缓解一下气氛。我一想，我真是太不懂事了，我哪能与总理怄气呢？我说："总理，你还生气啊？"总理说："我要跟你们生气，还不得把我气死！"

总理一句半开玩笑的话，使我的心情放松了许多。这件事我永记在心、终生难忘，真是处处可以领略一位伟人的胸怀，他使我懂得如何处事、如何对人。

生活上尽量自理

在周恩来身边工作的秘书、警卫、医生、护士、服务员都是尽全部精力把事情想得细致、周到些，做得全面些，都把自己的那份工作提高到政治的高度去看待。虽然每天接触的是周恩来总理，但也是为人民服务，使总理多一点时间去想国家大事、人民的大事。周总理总是从他个人角度去想，他多次对我们说，他能做的事，不要帮他，生活上的事，尽量自理。他这样说，也是这样做。洗脸用的毛巾，他都是自己清洗；刮脸用的刀架刀片，使用后自己洗干净；办公桌上的铅笔、毛笔、放大镜、文件用完后都是自己整理；离开办公室时，坐过的椅子也要摆好，最后还要环顾一下，才离开。

到外边开会，见首长到来，守在会场门口的服务人员会及早把门打开，有时两扇大门同时开。周总理见此情况多次讲过，要内外有别，对外宾可以这样，显得很排场，对他就没必要了，开一扇门就可以进去，特别是冬天，两门大开，影响室内温度。人们的习惯做法很难改变，总理说他自己可以开门，这样还可以锻炼一下，不然，以后手都不会动了。

进一次公园买两次门票

1962年春天，周总理到浙江杭州开会。当时，南方正是蔬菜上市的季节，我们工作人员与首长们一样可以吃到新鲜的蔬菜。那时北京没有今天这么好的条件种植各种蔬菜。地方接待部门的同志了解到北京此时蔬菜比较少，出于对首长的热爱和对我们这些工作人员的关心，他们提出让我们为首长带回一些蔬菜。我们这些在总理身边工作的同志深知总理、邓大姐的严格规定：不能给地方增加困难，不可麻烦地方。我们拒绝了他们的好意，没有拿他们准备好的两筐菜。哪知道，杭州的同志自己把菜送上了飞机，他们再三解释，说这菜不是只给总理的，而且也不白送，发票已经开好，我们没好意思再拒绝，只好把菜带回北京，交到警卫局的一个供应点，分售给其他领导同志共享。吃饭的时候，我们及时向总理讲清这菜已付钱，总理、邓大姐只吃到了其中一份。当时总理很严肃地对我们说（也

◆ 1951年,周恩来、邓颖超与身边工作人员游园

可以说是批评):"以后即使这样也不允许,这样做会造成很不好的影响。你们想想,总理和市民都是一样的人,我要不当总理有这个优越条件吗?能有这个特权吗?北京市民能吃到这么好的菜吗?"总理耐人寻味的讲话,使我们深受教育,总理的心目中时刻想着人民,他把这件小事和人民群众联系起来,他把自己置身于人民群众之中,时时处处严格要求自己。从此,我们时刻记着总理的话。

总理工作非常忙,这是世人公认的。我们这些身边工作人员总是想在他百忙之中安排一些活动让他休息一下。有一次,在总理去飞机场送外宾回来的路上,途经北海公园,我们建议总理下车到公园散散步,因为最近一段时间总理接见外宾次数比较频繁,通过散步缓解一下他因睡觉少造成的疲劳,他同意了。因为这是我们事先安排好的,所以先买好了门票,买门票时总理没看见。一下车,一个同志去交门票,我们就跟着总理往公园门口走,到了门口,总理不走了,他问我们买票了吗?我们说已经交了,总理说:"我怎么没看见你们交票,再买一次。"我们深知总理的脾气,也明白他的用意,只好又买了一次票,总理亲眼看着我们交了门票,他才走进公园大门。这就是总理进一次公园,买两次门票的事。

邓颖超在杭州自费住饭店

邓大姐对自己的要求与周总理一样,也是非常严格的。邓大姐是党的第八届中央委员会候补委员、全国妇联副主席。虽然她是总理的夫人,但对党内的事情,不该她知道的,她从来不向周总理去打听,不该她看的文件,她也从不去翻阅总理办公室的文件。每次她要进总理的办公室,都非常习惯地敲一下门,然后才进去。她带头遵守与周总理事先作出的共同规定。例如,他俩一块用餐或单独用餐,从来不吃珍贵的食品,珍贵食品指的是鱼翅、燕窝、鲍鱼等类东西;他们也从来不接受各个地方赠送的礼品。两位老人家这种高尚的品德对我们工作人员有很大影响,我们从未曾以他们的名义为办公室,特别是为两位老人办过什么私事,收取过什么东西。两位老人公私分明,而且在他们一生中自始至终贯穿着这种思想品德,尤其在生活中表现更是如此。

1963年11月9日,周总理患病,经过党中央批准,到浙江省杭州市去治病。选择杭州的原因是杭州有个陆大夫,他是治总理这种病的专家。这次,经过党中央同意,邓大姐也跟随周总理同去。总理外出,大姐平时很少跟着去,她不轻易地总理到哪儿她就跟到哪儿,正如她说的:"我和周恩来各有各的工作,要去的地方和工作的方式方法也不尽相同。周恩来的工作节奏快，我跟不上他的节奏，因此很难一致行动。"除非必要的时候她才跟着总理一块出去，比如有的场合确实需要邓大姐以总理夫人的身份露面，这时邓大姐服从工作安排，和周总理一块出去。这次邓大姐破例有两个方面原因：一是老伴儿病了，邓大姐去陪他，这是理所当然的事了。另一个原因是，邓大姐正好趁这个机会到杭州休息一下，因为很久没有去杭州了。我们工作人员当然很希望邓大姐去，因为总理治病十多天，大姐同去，总理治病等事情好有人做主，邓大姐最了解总理，她还可以为我们出谋划策怎么照顾总理。

　　临行之前，邓大姐找卫士长成元功谈话，询问现在还有多少积蓄，让成元功把存款带上。邓大姐说："我这次不是因公跟恩来去，我照顾他、关心他是私事，我休息也是私事，所以这次我的住房、吃饭要如数付钱，不享受公家的补助。"并说她的这个意见是与周恩来共同商量过的。成元功说："你随总理去，这个钱还要你出啊？"邓大姐风趣地说："不用买飞机票就已占便宜了。"

　　到了杭州以后，按照总理当年的生活习惯，即他每到一个地方，都以住饭店为主，而不是住高级别墅。这次照例总理住在西子湖畔的杭州饭店，饭店共五层，有电梯。省接待部门的同志安排周总理、邓大姐住在饭店顶层，这一层只有东、西两个套间，也是饭店最高级的两个套间。周总理住西边的一套，邓大姐住东边的一套。邓大姐上楼看了看房间，说她不住五层这个套间，在楼下给她找个房间，再给她的服务员霍爱梅找一间。而楼下没有套间，都是普通单间，即使这样，邓大姐仍坚持在四层选定一个房间，就是现在人们所称的标准间，让服务员住在她的隔壁。为什么大姐要搬下去呢？她说，周总理这次虽说是来治病，他肯定要办公，而且肯定找地方的同志来开会、听汇报、谈话，他将工作到很晚，住在一起必然相互干扰。邓大姐说我还不如到下面安安静静地按自己的规律生活。实践证明，邓大姐的决策是对的。总理每天除了医生来看病外，几乎天天要找人开会、谈话。因为他有病，就把省里有关负责人约到饭店来，每天总理那里都是人来人往。所以邓大姐这个决策确实是英明的。

这次周总理毕竟是请假来治病，与以往来杭州的情况有些不一样。他除治病、开会外，还有些空闲时间到西湖边散散步。总理比较喜欢字画，应省里领导同志的邀请，到刘庄别墅看字画。地方领导请总理去刘庄的另一个原因是，刘庄别墅原本是为毛主席来杭州休息盖的，但毛主席不肯来住，主席不住，没人住。省里领导就动员总理能不能住在那儿，总理也不住。在省委领导同志的再三请求下，在离开杭州的前一天，总理去住了一个晚上，等于帮地方做工作，便于他们劝说毛主席去住。然而毛主席始终没住过。

邓大姐与周总理在杭州共住了12天，在离开饭店之前要结账。我们把所有人的生活费、饭费都交了。邓大姐主动提出请成元功替她结房钱，连同霍爱梅的一起，都由她出钱。邓大姐说："周恩来是经中央批准来杭州治病，他每天还在工作，他的房费由公家出是合理的。我是来休息的，怎么能不交钱、白吃白住呢？"成元功卫士长就跟饭店经理讲，经理怎么也不肯收，经理说："这不好收，邓大姐来我们这儿才住了十多天，不住套房，只住了一个标准间，我们怎么能收老人家的钱呢？"成元功向他交了底，总理、大姐在来之前就已经在北京商量好了，这个钱你们一定要收，而且要按实际价格来收。无论怎么讲，饭店的负责人就是不收。成元功说："肯定得交，而且不能打折，不交钱过不了关，这是周总理和邓大姐一贯的作风，所以请你收下。"没办法，饭店负责人只好把钱收下了。最后，大姐用自己的钱付了房费，包括服务员霍爱梅的。在饭店开发票的时候，我们让开了两张，一张是邓大姐住宿费的发票，另一张是霍爱梅的，我们想回北京以后把霍爱梅的发票报销，目的是为邓大姐省点钱，因为霍爱梅是由于工作原因随同邓大姐去的。

回到北京以后,我们想到邓大姐在杭州那严肃、认真的态度,就打消了把霍爱梅的房钱报销的念头。我们也知道老人家的习惯,如果她以后问起这个事,我们也不能撒谎,所以我们一商量不找公家报销了。这件事说明邓大姐对自己的严格要求,这种作风她一直保持到生命的最后。

邓大姐这种为公家节省开支的作风,在西花厅家里也是一样的。像一些生活必需品,如肥皂、香皂等,邓大姐不让我们到公家去领,都是自己买。两位老人家潜移默化的影响也使我们养成了这些习惯,不为他们到管理部门去领按规定可以领的清理卫生的东西。成元功是一个很好的管家,为了给两位老人节约钱,他会想出很多办法:如一次购买两箱上海生产的固本牌肥皂。我们都知道,新买的肥皂和放一段时间的肥皂是不一样的,新买的肥皂软,洗衣服时很费,把肥皂放干了以后用,虽然洗衣效果和新肥皂一样,但能节省很多。在生活中点点滴滴的小事情上,我们很注意为他们节省,邓大姐这种节约的精神,在西花厅已蔚然成风。

一箱芒果

芒果是一种热带产的水果,我国早先很少种植。后来引进优良品种试种成功,当今我国的海南、广东、福建、云南等省已大量生产。记得是在云南刚试种时,听说已有芒果,但没见到。有一次,警卫局的一位同志随某领导去昆明,回来时,云南省的领导托他给总理和邓大姐带回一箱芒果,共二十几个。邓大姐看到这些芒果后,提了一连串的问题,先问明是怎么来的,交钱了没有?总理是否知道等。我们如实讲了,说明还没向总理报告。大姐说,先别动,怎么处理,等给总理说了再办。邓大姐亲自向总理说了这芒果的事，总理叫大姐把警卫局的那位同志请来，当面交代。该同志已知道为什么叫他来，心里有点紧张。大姐对他说："这事不能怪你，因为你不知道我和总理的习惯。还要麻烦你，亲自处理这件事。"大姐叫找出《中央关于不准请客送礼的规定》，这个规定正在讨论还没作为正式文件下发。邓大姐叫我们交给那位同志一百元钱和一份中央的《规定》，请他一并寄到云南去。他拿着一百元钱发愁，说这芒果总共不值十元钱，寄这么多钱怎么办。邓大姐说："这是我和总理商定的，就是要多寄钱，叫他们记住这件事，有点压力，以后他们就不会随便送东西了。"邓大姐握着那位同志的手说，还要麻烦你把这件事办完，因为是水果，所以不能送回去，送回去会烂了，如果是别的东西，我会让你原样退回。警卫局那位同志说："我一定接受教训，以后再不会受托带东西了。"

80年代初的一个元宵节前，我们接到一个省送来的一篓土特产，打开后一看，内有元宵面、馅、小吃、糖果、小菜等食品。我们原样装进，向邓大姐报告。邓大姐先问是怎么来的？是送的？还是买的？我们说内有一封信，是送大姐节日用的。大姐很严厉地说，他们还来这一套，拿公家的东西送礼，不能助长这种作风，从哪里来的退回哪里去。我们遵照大姐说的办了。

和总理打乒乓

第二十六届世界乒乓球比赛，中国队获得男、女单打第一名，庄则栋、邱钟惠名扬世界，中国乒乓健儿从此为世界所瞩目。就是这次比赛结束后，周总理热情地接见了运动员代表和体委的负责同志。荣高棠和国家体委的同志把第二十六届世乒赛争夺团体冠军赛的那张乒乓球台送给周总理，以表达他们对总理的敬仰，也是对总理关心、支持体育事业的感谢。周总理对他们表示心领了，但不能收下这乒乓球台。后来，体委的同志请总理办公室人员一起做工作，说这台子不只是给总理的，而是送给办公室的全体同志打球用的。总理这才破例地接受了这份特殊的礼物，把它摆在他办公室隔壁的房间里。陈毅原在这里办公，担任外交部长以后，这房子就空起来了，所以正好摆放乒乓球台。我们把这房子叫作乒乓房。有了这副乒乓球台子，周总理打乒乓球的机会就多起来了。办公时间长了，利用打球来休息一下脑子；夜间办公很困了，又不能睡觉，打一下乒乓球可提提精神。秘书、警卫员、医生都陪他打过。因为他右臂不方便，我们的打法就适应他，多为他送球到右边，便于他抽、扣、吊。

◆ 周恩来与中国乒乓球运动员

◆ 周恩来休息时间打乒乓球

　　我和总理打乒乓球时光递球，后来从中摸索出一套适合总理锻炼的打法。如果总理是开会回来，他精神很好，我除递球任他扣、吊外，一有机会，也回敬他一个硬球；如果是办公中间休息时，我主要是把球供他右手，有时也送中线球，让他稍微挪动一下脚步，角度一定不能过大，以防摔跤；如果是夜间打乒乓，就要把球供给他最好的位置，使他不用挪步，就可较轻松地调动我左右奔跑。这样他就会很好地放松精神，达到休息的目的。

与周总理打乒乓球趣事

总理打乒乓球和办事一样认真，每打一球，他都很用力气，善用技巧，调动我们左右奔跑。谁胜谁负他却不计较，只是为达到休息一下的目的。

周总理为我们发奖

周总理办公室的工作人员，从办公室主任童小鹏到每一位服务员、警卫员，都喜欢打乒乓球，水平高低不均，但打起球来都很认真，往往是汗流浃背才肯歇手。时间久了，每个人的水平都有提高，有的还和当年的世界乒乓名将庄则栋、徐寅生对打过。当然，不是他们的对手。有人提议办公室的同志搞一次乒乓球赛，由童小鹏主办，开始实行循环赛，胜者进入复赛，再进入决赛。乒乓赛的事让周总理知道了，他要观看我们的冠亚军赛，还请邓大姐为冠军准备了一份奖品，总理要为冠军发奖。我们的决赛安排在总理有空闲的一个下午，是由我和王甲芝争夺冠军。按技术水平，我打不过王甲芝，这也是办公室多数同志的估计。总理也比较熟悉我俩的水平，因为我们都不止一次地陪总理打球。开始比赛我很紧张，很少进攻，只是防守，第一局很快就被王甲芝吃掉了。这一输，我也不紧张了。第二局一开始，我还是以守对攻，王甲芝要胜我一球需扣杀好几板，他的体力已有些不支了。观看的人有的就喊："小高的战术是拼体力，王甲芝

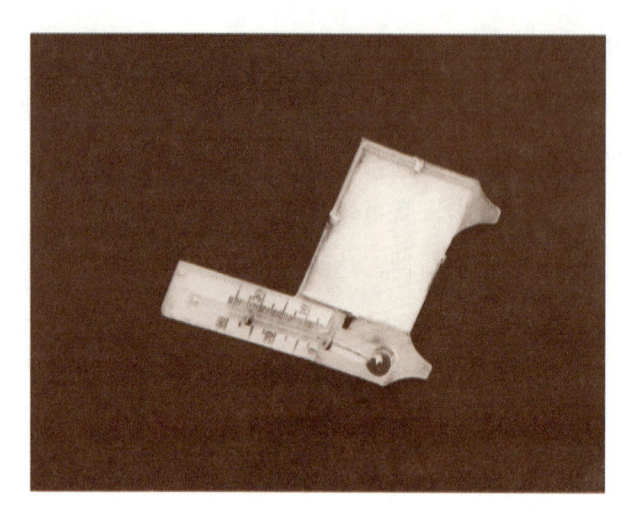

◆ 作为奖品的温度计

你别上当。"这一喊倒提醒了我,我索性以放高球和左右吊球的战术拿下后两局。总理说,小高的技术没有王甲芝高,他是用体力拼出来的,今天的奖品不能只有一份,应给他们二人发奖。邓大姐又拿出一套小的酒具,周总理把他从莫斯科带回来的一个带有克里姆林宫图案的温度计发给我,作为第一名的奖品,那套酒具发给了王甲芝。

周总理兴致很高,让我们在乒乓台上摆上了几盘杏仁、花生米,拿来了茅台酒,为乒乓球赛的圆满结束干杯。

总理让我学开汽车

有一次,在从人民大会堂回家的路上,总理问我:"你们用什么枪?"我回答说:"是765式手枪。"总理要看看我的枪。我从腰间取下手枪,退出子弹,把枪交给他。总理说:"你还挺规矩啊!"我说:"那当然了,因为你看我的枪,当然要把子弹卸下来。"总理看完问我,这枪怎么样,我说挺好,这枪既准又比较皮实。他还问我多长时间打一次靶,枪法如何。我说一周一次,因为工作忙没办法,每次打五发,枪法比较准。总理听了我的回答比较满意,接着问我:"会开汽车吗?"我说:"没学过。"总理说:"应该学,搞警卫工作会开车很重要,你们应多掌握一些技能,多学些知识。你们这些同志忠于党、忠于人民,这种服务精神都没问题,这是你们的长处。但是多学一些本领,多掌握一门技术,多学点知识对你们没坏处,你们先把车学好吧。"一听总理让我学开车,我很高兴,连忙说:"那好,我开。"因为那时学开车不像现在这样普遍,当时除了司机外没人有机会开车,要是能开车已经很不简单了。

很快,我把总理的指示报告给我们的警卫局副局长杨德中和卫士长张树迎,他们表示要尽快落实总理指示,研究具体办法。商定的结果是,先从张树迎和我开始学开车。我们便从交通科领来一辆国产的上海牌轿车,由交通科长高云江担任教练,利用休息时间学,方法是先学开车后学理论,场地是在北京郊区的一片空地上,这样不用担心撞着人。我们学车的积极性很高,比如,我头天值班,一夜没睡觉,第二天早晨8点钟交班以后,就学开车去了,练习一上午,直到中午才睡觉。由于我和张树迎劲头十足,学习刻苦,很快就掌握了开车技能。从1969年10月开始,用了两个月的时间,我们就可以上路了,最后经车管部门考试,我和张树迎都正式拿到了驾驶执照。在学开车的过程中,我还有一段有惊无险的小插曲。随着车技越来越娴熟,我的胆子也越来越大,刚开始是在北京郊区玉泉山周围平路上开,后来开到八达岭。有一天,教练高云江说:"光在平路上开不行,你得学爬坡。"我们就到了八宝山附近的一个采石场,北京市搞建筑都需要从那儿采石头,拉沙子,挖的沟很深。那天刚下完雪,我和高云江开着一辆苏联嘎斯69吉普车,直奔采石场。那里有一个坡,高云江说,今天咱们爬这个坡。那时路中间的雪已经融化,路两边还有雪。高云江在车下等我,我一个人在车里,挂上挡以后就往上冲,这个陡坡长三十米左右,第一次我冲到十五米就上不去了,因为刚下完雪,路比较滑。高教练在下面让我加力,我就挂上加力挡,第二次冲到二十米,还是没冲上去。高教练在下面冲我高喊着,我第三次开足马力,汽车咆哮着猛冲上去,眼看差两米就到顶了,汽车又滑下来了。高云江不耐烦地说:"下来!我来!"经过亲身实践,他也没开上去,最后他服气了。他说:"这次怎么这么费劲?"我们把车放在坡底,走上坡去,查看这路到底怎么回事。走到坡顶,我们都出了一身冷汗,原来那边没有路,是悬崖,如果冲上去非摔死不可,当时我腿都软了。高云江也吓坏了,他连声说不练了,回家休息。

在总理的关怀下,学开车的范围扩大到警卫局警卫处全体人员,从而形成了一个学开车的热潮。实践证明,警卫人员会开车是很有必要的,对完成好安全警卫任务有很大的帮助。

总理从多方面对我们关心,使我们终生受益。像成元功他们刚进城的时候,文化水平比较低,都是在总理的关怀下,到公安学院(今公安大学)去学习,补习初中知识。许多从延安来的老同志基本没上过学,都是利用业余时间补习功课。我们这些工作人员多学一些知识,多掌握一些技术,确实对做好安全警卫和生活服务工作大有好处。

总理叫我们下基层锻炼

1964年9月11日,周总理约卫士长成元功和卫士张树迎、乔金旺和我谈话,事先我们都不知要谈什么。总理对我们说:"你们四个人在我这里,除小高的时间短一些,你们三个都比较长了。成元功、乔金旺进城后,都到公安学院学习过文化,多年来都是脱离基层。参军后,经历过战争,但都没打过仗,还需要下去锻炼,多接触群众,提高一下你们的工作能力。你们可以商量一下,分期下去,用三年的时间轮完,每人九个月。"总理看了看我们接着说,"小高年纪轻,可以先下去,下到部队,和战士们在一块。你们三位下农村或工厂,具体工作请童小鹏、许明同志安排。"总理还问我们有什么意见,有什么困难。我们四个人一致表示,听从总理安排,下去好好锻炼。总理听后很高兴。

经西花厅党支部研究,决定先叫我下连队锻炼。开始选的地点是去福州军区,由军区再安排下到连队,后来因为总理原先的警卫科长龙飞虎是福州军区副司令,怕他安排上有所照顾,达不到锻炼的效果,另一方面也不利保密,因而改为济南军区的长岛要塞守备区。向总理报告了这个安排,总理很满意。我本打算9月底就去,后来总理说,这样下去不行,部队的常识太少,推迟两个星期再去,利用这个时间,学学军委扩大会议的文件,从思想上作些准备。

临走前,我向总理告别。总理对我说:"到连队,要做好思想准备,不

◆ 20世纪70年代,周总理、邓大姐与身边工作人员合影。第二排右一为高振普

◆ 1964年下连当兵锻炼的高振普

同于在机关。要过生活关、身体关、纪律关、思想关。"并指出,"要严格保密,不要说是从我这里去的,就说是国务院的工作人员。在连队只能当兵,不能当干部,有什么情况,可以写信。"10月22日,我离开西花厅,离开总理、大姐,开始了连队生活。

我直接去济南军区长岛守备区报到,被分配到长岛要塞守备区北长山守备师侦察排二班当战士。全排我年岁最大,战士们都叫我老高。我虽然天天刮胡子,也不能缩小与他们的年龄差距。肩扛列兵军衔确实与我的年龄不相称,像一个老兵。又白又胖的我站在队伍里与其他战士显得很不协调,紧张的训练使我体会到总理讲的首先过好那"四关",是多么的实际。总理虽身居高位,可他对基层是那样的熟悉。我更加领会总理叫我们下来锻炼的重要含义。

农历腊月二十五日,快过春节了,守备区侦察科长叫我回京执行任务。我马上意识到是对我照顾,会不会是叫我完成任务后,过了春节再回来。我当时提出,能否改派别人去。这位科长说:"任务急,别人对北京情况不熟,这是已经决定的事,要服从命令。"我接受了任务,第二天就启程回北京。

到了北京,我用一天时间完成了任务。晚上,我去看总理、大姐。他们看到我又黑又壮的样子,满意地说:"看样子已经过了生活关和身体关。"我向他们汇报了在部队的生活。当我反映连队的政治学习条件差,全排只有一份《解放军报》，全班只有一份《前卫报》时，大姐马上叫我把她的一些杂志、报纸带回连队给同志们看。总理问我什么时间回去，我说已买好车票，明天就走，赶回连队，和战友们一起过春节。总理高兴地对我说："这就对了，应该回去过春节。"他用劲握着我的手又说，"欢送你，几个月的部队生活你已有了收获，要注意，思想锻炼是个长期的过程，再过几个月还会有收获。"

我于大年三十前一天赶回连队，和我们排的战友们度过了一个愉快的春节。

买票看戏

看戏买票，吃饭交钱，这是很简单的道理。在我们这个国家里，作为党和国家领导人，如果能去哪个戏院看戏，去哪个饭店吃饭，是剧团领导、饭店经理求之不得的喜事，还谈得上买票吗？他们会记住领导人光临的日子，把领导的每一句话记下来，作为教育全体职员的教材。更有甚者，把那一天作为纪念日，每年、每五年、每十年都会大大地纪念一番。这样既可以提高知名度，又可以鼓励单位人员的工作积极性。领导人买票入场，在平常人看来，简直不可思议。作为一国总理的周恩来，他去公开演出的剧场看戏都交代我们买票入场。

1966年"文化大革命"前的几年，总理的工作、生活比较有规律，晚饭后，有时可以抽出点时间，去剧院看看节目。所以，我们也就养成了一个工作制度，把《北京日报》上登出的各剧场的节目，都搞清楚，主要以京剧为主，像马连良、谭富英、赵燕侠等老演员，年轻的演员像张学津、杨秋玲、王晶华等；把演出的内容、时间，都打听好。对于总理比较

◆ 1955年，周恩来在晚会上

喜欢的段子，我们就把当晚演出的开场和散场时间掌握好，当总理问时，会及时回答。随总理去看节目，通常是卫士长成元功和卫士一人。成元功调离后，只有卫士一人陪总理。中央警卫局先去二人。总理说，这几张票钱由他付，我们只好照办。

时间久了，总理到剧场发现有几位熟悉的面孔。他们是公安局的干部，负责场内安全的。总理问我们："每次来看戏，市公安局派多少人？他们的票钱也应由我出。"我们对总理说，来多少人不知道，但是要总理自己出钱，不合理，保卫你的安全是他们的工作，再说，你也付不起那些钱。总理听后觉得有一定道理，仍然坚持警卫局派去的人票钱由他付。

周总理看戏买票

不影响群众看戏

"文化大革命"之前，总理还是有时间到公园散步、到剧场看戏或去北京饭店跳舞的，他也会借陈毅、李先念同志来家谈话之余玩玩麻将或看看电影。电影一般是文化部推荐的片子，目的是请总理审查，而总理、邓大姐点名要看的多为轻松的、彩色的电影，如《女篮五号》《女跳水队员》、《冰上姐妹》《早春二月》等，他们点名看电影完全是为了休息一下。

为了能让总理在空闲时休息的内容丰富一些，我们几个搞警卫的同志，形成一个习惯：查看每天《北京日报》上的戏曲广告。当年《北京日报》一个版面的下方刊登当日戏曲演出的海报，我们选中一两个剧场演出的京剧、歌舞之类的节目，在晚上七点左右总理吃晚饭时，向他推荐一些戏目，动员他去看戏，总理同意后，再请警卫局向剧场订票。因为工作忙，他很少看完全场戏，但仍按全场的票价付钱。总理比较喜欢的段子有马连良的《借东风》、梅兰芳的《洛神》、周信芳的《萧何月下追韩信》等等，这些段子往往是在全场戏的中间或最后才演，但总理从不因他看戏而调整演出时间或节目次序，都是我们与演出单位联系，准确掌握要看选段的开演时间。为了不影响观众看戏，总理会在开始前几分钟到剧场，只有一个卫士跟着他去。借开幕前灯没开之时，总理走进去，群众不会发现，落座后，演出就开始了。他一般坐8、9、10排的位子，这是剧场为总理预留出的几个位子，这几个位子不卖票，如果总理不去，他们剧场的人就自己坐在那儿看。每次总理进场的时候，大家都集中精力看演出，没人会想到周总理也会来看戏。但并不是所有人都不知道，靠近总理座位的几个人还是能发现总理的，他们都止不住地高兴，这时我们会请他们不要过

多地表现出内心的兴奋。一般情况下，大家都会比较平静地看戏，但也有例外。有一次，坐在总理前排的观众发现总理紧坐在他的身后，他怕挡住总理看戏，就把身子尽量往下滑，总理发现后，拍拍他的肩膀说："不要这样，你挡不住我，坐正了看。"总理看完选段后，等演出换场，大幕落下，场内灯光没亮之前，他快步走出剧场。往外走的时候，总理正好面对观众，便向发现他的观众招招手。

总理就是这样，为了不影响他人看戏，为了照顾群众，他多数是采取这个办法。周总理每做一件事情都要想到群众，都为群众着想。

因私用车要交费

周恩来总理遵照国务院规定，凡是因私用车，都要按公里付钱。他的"私"，是指去看戏（包括文艺部门请他去看戏），到医院看病人和去理发店理发、刮脸。去公园散步，更属此例了。这些规定当然由我们这些工作人员掌握执行，由司机杨金明结算里程。具

◆ 总理用过的遗物

体执行起来却也遇到了一些麻烦，就是计算的方法与总理的想法不同。如去东郊首都机场接客人，途经北京饭店理发或刮脸，总理要把由家到饭店这一段作为因私，我们认为只有专程去理发才算因私。这样计算起来就不一致。当然总理不会亲自过问每月的公里数，更不会计较付钱多少，但是他总是要多付钱。我们对这种做法觉得并不合理，司机也觉得不好办。最后经总理同意，采取每月固定交二十元钱。当年警卫局规定，内部用车每公里五分钱。这样，总理每月交四百公里的用车费，大大超过了他的所谓因私用车公里数，因为他每月不过去饭店四五次或每月看一两次戏，最后几年他很少看戏。我们一直按这个制度坚持付钱，直到1974年周总理住进医院。

上海的"414"毛巾

丝光毛巾问世之后的很长一段时间，周总理仍然喜欢用上海产的"414"毛巾。这可以说是中国毛巾的老牌子，质地比较软，擦脸比较舒服。总理的洗脸池旁的毛巾架上，通常摆两条毛巾，一条是湿用，一条是擦干用。每天服务员搞卫生时都要洗一下，每周再用开水煮一下，这样可以达到消毒的目的。这煮的办法还是卫士长成元功从延安时期延续到进北京城的法子。在延安时期没有消毒液，只有煮。有一次，服务员正在洗毛巾。周总理看到了，问多长时间洗一次，服务员如实回答。总理说，他洗脸时，已用肥皂洗过了，不会脏，

不要天天洗，一周洗两次就可以了。这样可以节约肥皂，也不至于把毛巾洗硬，坏得快。以后就照他说的办了。可毛巾这纯棉制品，用久了也会发硬，破了就得换一条新的。换新毛巾，也比较费劲，要经总理本人同意才能换。毛巾多是中间先破，总理叫把毛巾从中间破处剪开，重新缝合起来再用。就这样，一条毛巾可当两条来用。

节约口粮

1958年的"大跃进"，举国浮夸成风，粮食的产量脱口而出，亩产千斤、万斤、十万斤的消息不断以报喜的形式传出，待收割的麦子上站立着天真孩子的照片刊登在《人民日报》的头版时，还有谁能不相信呢？还有谁敢怀疑这虚报的产量？"人有多大胆，地有多大产"，这是当时很时髦的口号，也就是说你想叫这地里产多少，就说多少；谁说的产量多，谁就是"敢想敢干"的模范。在这样的大气候下，种地的农民不敢说话，社队干部不说真话，上报的数字多为空话。人们被这虚伪的现象搞昏了头，这泡沫数字搞乱了国家的计划，"大跃进"、大锅饭造成粮食的大量浪费。说实话，这年的粮食的确丰产，但没能丰收，大量的粮食烂在了地里，国家是按照虚报的数字收购粮食的，以致造成征购过头粮，加重了社员负担。由于口粮减少，大大地挫伤了广大农民生产的积极性。

被"大跃进"冲昏了头脑的全国上上下下，也饱尝了1959年至1961年的自然灾害之苦。周恩来身为一国总理，他要对全国六亿人民负责任，他操心人民的吃饭问题。他亲自核实各个省的粮食销存数字，亲自调拨粮食，保证产业工人的口粮，支援粮食奇缺地区人民的用粮。节约用粮是总理在大会、小会上不断讲的内容。

粮食不足影响着国民经济的全局。总理号召全民节约粮食，以支援缺粮地区。他自己带头减少口粮定量，个人口粮是凭购粮卡供应的，总理把自己的定量由原来每月 27 斤减至 15 斤，邓大姐的由原来的 25 斤减至 13 斤。两人每月共计 28 斤。28 斤粮食对今天的两口之家已不少了，人们会认为对周总理、邓颖超两位领导人来说更不算少。人们进食的多少，主、副食是相对的，今天，生活水平提高了，副食多了，主食自然就少。而当时市场供应全面紧缺，市场上可以说看不到鱼，肉是凭票供应的。北京市民每月每人半斤肉、二两糖。国家领导人不限这个数，但也凭本供应，不能任意选购。周总理给自己作出规定：要少吃肉，少吃鱼，多吃菜。我们了解总理的脾气，他说少吃，你就不能按照原先的量给他吃，不然他会严厉地批评，会一口不吃地退回，结果更不好。不如听他的，全面减少。在那三年自然灾害的日子里，周总理没有吃过他喜爱吃的蹄髈。可以明显地看出周总理、邓大姐的主食比以往吃得多了，还一再嘱咐每月的粮食不能超过定量。经我们卫士组研究，28 斤粮是可以保证他们二人需要的。

禁吃的菜单

1962 年 6 月，周总理去吉林省长春市视察工作，住在南湖宾馆。一到住地，卫士长成元功就给当地接待部门列出了禁吃的菜单，按照常人的理解，一般是总理吃什么开什么菜单，而我们开了一个禁吃的菜单，除山珍海味不要吃外，连鸡、鸭、鱼、肉、鸡蛋、罐头、香肠也列入其中。之所以列出这样一个禁吃的单子是总理交代的，也符合他的意图，因为当时国家刚刚度过三年困难时期，正处于恢复阶段，全国经济状况与困难时期相比有所好转，但总理、邓大姐仍限制自己的饮食，他们在北京就规定不吃海鲜，不吃鸡、鸭。总理每天工作量很大，我们还是保证他们有足够的营养。东北这时的生活条件和全国一样也不太好，老百姓的生活供给还紧张，所以他为了不增加地方的负担才这样做的。地方的同志看到这个单子很为难，说是怎么也要总理在这里吃好，这么多东西都不让吃，我们的厨师都不会做饭了。我们只好给他们做工作：海鲜肯定不能搞，鸡、鸭、鱼都不要搞，搞了以后，总理不但不吃，你们还要挨批评。他们倒是理解了，表示接受，因为总理的作风全国各个接待单位都熟悉。最后协商的结果是，同意他们炒菜时放少量的肉。第二天早饭，我们都没预料到，服务员竟端上了炸油条，总理问服务员："老百姓一人一天供应多少油？"总理很清楚这里的老百姓与全国的老百姓一样，在那个困难时期很少能吃到油，情况刚刚好转的北京人，每人每月才供应半斤油，东北三省的情况不比北京好，每人每月仅几两油。服务员面对总理的发问，一时回答不上来，总理说："炸油条要多少油啊！老百姓一个月只供应几两油，这一顿油条要吃掉多少人的油啊！"仅仅吃根油条，总理首先想到的是群众，他想与东北人民过同样的生活。他对在场的人，态度非常和蔼可亲地说："我们的国家还在困难时期，要精打细算，学会过日子，我们的干部要和人民群众同甘共苦才行。"

"四菜一汤"的规定

开会用餐"四菜一汤"的规定是总理亲自下达的。那是 1960 年的夏天，中央在北戴河开会，总理规定了用餐的标准，就是"四菜一汤"。这四菜在当时来讲，就是鱼、肉、蔬菜之类的，而不会有现在宴席上的生猛海鲜美味佳肴。

人们会问，这样的小事总理也要亲自过问，是不是有点事无巨细？回答是否定的。在那吃大锅饭的年代，在人们对粮食紧缺的实情还认识不到的情况下，不是由周总理亲自下令，是难以行得通的。周总理说了就办，国务院的各种会议，需要用餐都是执行这个规定。

国务院开会的用餐，每人一碗大烩菜，其主要成分是大白菜、粉条、豆腐、排骨之类，桌上再摆几碟小菜，这小菜多为泡菜、酱菜、青椒之类。

会务处按定量收取用餐人的粮票和钱，规定每人每餐三两粮票、四角钱。

开会用茶，每杯一角钱。三年困难时期，中央规定开会不招待茶水，喝茶自带。执行一段时间，觉得不方便，于是，由会场备茶叶，饮用一杯一角钱。所以会场服务员在向首长们倒水时，先问是否要茶叶。要喝茶的，有的当面把钱交给服务员，开会时忘记带钱的，由服务员记账，下次补交。这个制度执行起来是很坚决的。总理每次出去开会，我们要么带茶叶，要么到会场买。有的领导同志来开会的次数不多，所欠茶钱较长时间不能交来，就由招待单位发信索要。

出差带上三百元

周总理每年离开北京去外地开会、视察或陪同外宾访问的次数很多，时间有长有短，长则几天、十几天，最短时当天返回。这样，日久天长，我们对外出已很习惯了，真可谓"提起皮包就出发"。

1962年，有一次在上海，总理约见了几位党外人士，谈话结束后，总理留下他们吃饭。饭后，总理交代，这次是他请老朋友，要自己付饭费，不能用公家的钱，叫我们去付款。我们认为，他约见这几位朋友开会谈的是工作，吃饭中间谈的还是工作，怎么能自己付钱呢？我们只是这样想，谁也没对总理说什么，只是答应得慢了一些。总理看我们迟疑不定，叫我们当即付钱。我们解释稍微慢了一点的原因，是没带这么多钱，不好意思向总理说，因这次时间较短，只带了伙食费，没带请客用的钱，让他们记上账，下次来了再补交。总理也没责备我们，当时就作了一条规定，以后出差，时间再短，也要带上三百元。

再次到上海，总理还提醒我们交了上次的饭钱。以后，我们遵照周总理的规定，即使离开北京，当天返回，我们也带上三百元，以备急用。如果在外边待的时间较长，或估计会有什么用项，我们还要多带一些钱。

两盏台灯

周总理夜间办公，灯光的亮度对他非常重要。为了适度，原有的一盏台灯装有三个灯泡，便于调正亮度。这种灯泡的度数较大，办公时间久了，灯下温度较高，特别到了夏天，有热烤的感觉，于是就想换一个日光灯。日光灯亮，不会太热。市场上没有合适的，如果去相关的工厂，他们会很高兴地接受这项任务，做出来的灯会更好。考虑到专门为周总理做一盏灯，要专门开模具，又不会大量生产推向市场，有点浪费，也不符合周总理的一贯思想。于是，请来了中南海机关的电工、铁工师傅。他们高兴地承担了这个任务，用已有的水管、铁皮加工焊接而成，刷上油漆，成为一盏落地台灯。总理试用一下说，做得不错，工艺水平不低，又快又省。

我们看这盏台灯使用效果不错，又请他们为总理再做了一盏小一点的，便于挪动。1974年周总理住进医院，这盏小台灯，摆在了病房的办公桌上，伴随着总理度过了最后的夜晚。

袜子天天补

我们给总理买袜子，一次要买五六双，这样几双袜子轮流穿，时间会久一点，因为总理不喜欢穿新的。说实在话，总理与其他老年人一样喜欢穿松软一点的。新袜总是紧一点，硬一点，不如旧的舒服。可总会穿破，特别是当年还很少有尼龙袜，大都是棉线袜。他那几双穿了多年的袜子，没有一双是完整的。破了，就让服务员补一下，后来是天天换，天天补。我们警卫员谁也不会补，就请服务员高云秀补。她手艺不错，织补后，几乎看不出来，总理穿上很舒服，就更不同意为他买新的了。时间久了，总理也发现，他每天脱下的袜子都有破的洞，才同意我们去为他买几双新的。

为给总理买袜子，我去了北京袜厂，照原有的尺寸定织了六双，是委托北京友谊商店的同志一同去办的。取袜时，工厂只收一元八角一双，是出厂价，友谊商店的同志与我们接触多了，知道总理的习惯，问我怎么办。我说不行，要按市场价收。他说工厂没有照市场价收钱的做法。我说不管怎样做，一元八角一双我是不敢拿走的。他说，那就作为百货大楼进的货，照市场价交钱。于是我俩骑上自行车，由袜厂到百货大楼先按进价再转为零售价每双付三元六角，共交二十一元六角。总理穿上新袜子，问

我多少钱一双。我把买袜子的经过说给他听,他听后满意地点点头:"这就对了。"

邓大姐给我们的补助

1964年我借下连队当兵回来前的空隙,请假回山东老家看望父母,这是我来北京工作八年里第一次回家。邓大姐知道后,一定要替我出路费。虽然我一再表示回家没困难,路费可以报销,但是她老人家坚持说:"你来中南海已八个年头没回家了,看望老人,要买些东西,这是常情,也是替我带去问候。你要是过意不去,那就算是路费吧,替国家节约,不用去报销了。"我只好收下这比我们两人月工资总数还多的一百元。这在当时确实不是个小数。

1965年,一次,邓大姐生病,除躺在床上静养外,还想着我们卫士组的工作人员,问了问他们两人的积蓄,算了算卫士组的人头,分析了各自的困难定出了一个"补助范围"。那就是在西花厅工作满五年的每人送一件需用的东西:卫士张树迎、乔金旺,服务员霍爱梅,司机纪书林,上下班没有自行车或是有的自行车破旧,每人送一辆自行车;司机杨金明没有手表,出车靠人叫或是用那只双铃马蹄钟,给他买一块上海牌手表。

打井浇菜地

西花厅院内有一水榭,我们也曾想在它周围的水池内放满水,但因长年失修,放的水很快就漏掉了。总理、邓大姐知道后,不准放水。我们看这块地空着，不如种点菜。大姐很支持我们。于是就动手种上一些小白菜、豆角等。由于工作较忙，种上的菜管理不好，收不了多少。总理、邓大姐散步时走到这里，对着半荒芜的菜地，一针见血地说："叫他们每人包一块，就不会这样了，谁种不好就看出来了，分片包干。"我们办公室的领导就照他们的交代办了。结果真灵，每人的一小块地种上了自己喜欢的菜，长势很好。我那一小块种的是葱。有次总理散步时，我主动对他说，那块葱是我种的。总理说："不用你介绍我就知道那块地是你的，你这个山东人就会种大葱吧？"

总理问我们用什么浇地，我说用自来水，总理说太浪费，你们种的菜还不够水费呢。他想叫我们去中南海打水浇菜，可又觉得太远了。周总理问我们，院内能不能打井，叫我们找大姐商量一下。大姐知道后很支持总理的意见，并交代说，打井所需用的钱由他们出。我们一听又是他们自己出钱，就借故拖了下来。到1965年，正逢北京较干旱，总理、邓大姐又提起了打井的事，我们知道拖不过去了，就请来了有关部门测量了一下，选准了地点，打出了一眼井，装上了手压机。打井的全部费用都是用总理和大姐的钱支付的。我们用打井挖出的土种了地瓜，收了几百斤，最大的一个地瓜重三斤多。总理、邓大姐看后很高兴，还吃了我们收获的地瓜。

我们就用这井水浇灌着菜地。邓大姐有时还亲自去菜地拔草、摘菜。我们把较好的扁豆、丝瓜等请厨师做给他俩吃。邓大姐很认真地交代，给他们吃的菜要交钱。我们不同意她的意见，说打井用的钱能买多少菜呀！怎么还交钱呢？邓大姐说这是两回事，钱还是坚持交。我们看大姐这样坚决，商量出了妥善的办法，那就是，我们劳动种菜，邓大姐出钱买菜种，吃菜都不要交钱了。我们也没统计过，自打了这口井，能节约多少自来水。但是可以想象得出，总理、邓大姐在日常生活中，注意节约的事很

◆ 西花厅工作人员修整的菜地

多。为节约用电,他叫改电门开关,一个开关带一个灯,还让写个随手关灯的字条。

自费做出国服装

按照当时的有关规定,临时出国人员,出访时间在一个月之内可享受十元人民币的外汇补贴,以便到所访问的国家,买些纪念品。周总理考虑到国家外汇较紧,不叫我们为他领取这笔补贴,更不准使馆为他买东西。后来随着总理出访的全体人员,在每次出访前的工作会上,都表示学习总理的精神，不领取外汇零用钱，为国家节约了不少外汇。

1963年12月14日至1964年2月29日，周总理出访了非洲、欧洲、亚洲14个国家。出访的国家多，时间长，而且气候多变，我们商量后报总理同意，给他做了三套中山装。他指定用自己的工资而不叫领出国补贴。内衣不准许做新的，说是内衣旧一点，穿在里面没关系。我们选了几件较好的衬衣，两套睡衣，其中一套已补了补丁，为他在出访时换洗。出访前，我们几人就商量了在哪个国家访问，就把穿过的衬衣、睡衣请我们大使馆里的女同志帮助洗。因为不好意思交给外国人洗，一是这些衣服叫人家看到不太好，一个大国的总理，穿补了补丁的衣服出访，影响多不好。二是这些衣服已穿多年，要是用机器一搅，很可能搅破了。所以，每到一个国家，我们就请驻该国的使馆来一位同志，把总理换下的内衣包好，拿到使馆去洗。

1963年12月14日到达埃及首都开罗，这是十四国访问的第一站。天气很热，我们把总理换洗的内衣交到使馆。使馆的同志看到总理的衣服都大吃一惊。大家怎么也没想到，为全国人民操劳的大国总理穿的竟是这样的旧衣服，还不如使馆一位普通工作人员穿得好。陈家康大使的夫人徐克立，亲自把洗好的衣服送到宾馆交给我们，还代表使馆的同志向我们提意见，说我们太不像话了，怎么能让总理穿这样的衣服出国呢？就是在北京，也该换一换了。成元功是我们卫士长，他与这位大使夫人比较熟悉，向她说明了总理的衬衣是1954年为出席日内瓦会议时做的。这次出来，我们是选了其中几件好一点的，总理不准许为他做新衬衣。这位夫人与我们争论了好久，随手从她的提包内拿出三件衬衣，让我们收下，给总理穿。我们谁也不敢收，她一再说，这是用她和陈大使的钱买的，不是用公款。我们说，那也不能收，因为没经过总理的同意。她说她要当面交给总理，我们说你要不怕碰钉子，你就去。她见到总理，说是要用自己的钱给总理做两套衣服。周总理谢谢她的好意，向她说明自己的衣服可以穿，用不着用外汇在这里做衣服。这位夫人因过去同周总理比较熟悉，硬是把那三件衬衣放在我们那里，说是一定要给总理穿。事后，我们把这件事报告了总理，总理笑了笑说，谁收了谁穿。我们当然不会穿。这三件衬衣随我们周游了14个国家，总理也没穿。回到北京，把这三件衬衣又转送给了别人。

初随总理出访

1963年12月14日至1964年2月4日，是我到周总理身边工作后，第一次随他出国访问，而且是周总理一次出访国家最多的一次。虽然有卫士长和老同志带领，我还是以既高兴又紧张的心情出发的。从出行到站位，从对内对外的交往到举止言谈都要十分注意，甚至于吃饭都要看别人先吃什么、怎么个吃法，这些都要学。随着时间的推移，见的世面多了，也长点知识，遇到一些可回味的趣事。

谁都会把出国访问看成是非常高雅的事，想象中的吃、住、行会是很高档、很享受，特别是随中央领导人出国，条件一定非常优越，然而只有我们这些亲身经历的人才会体验个中滋味。20世纪60年代的非洲经济远比今天落后，当时我们对他们的了解不够全面，他们对我们同样也是比较生疏，所以双方应该相互接触、相互认识。中国的总理去访问，他们都是以接待国家元首的规格相待，住的是总统府或是皇宫，吃的是高级菜，我们几个身边人员和主要翻译都与总理同住在一处，多数时候同桌用餐。我们虽然也是住在高级的总统府、皇宫或宾馆，但由于房间少，我们人多住不下。在刚果布拉柴维尔访问时，除安排周总理、陈毅副总理住下后，给

◆ 高振普在埃及开罗狮身人面前留影

我们警卫、医生、秘书的住房只有一间十多平米的房子，一张双人床，而我们共计九个人，必须住在这里，只好要求对方临时搭铺。他们说房内也摆不下几张床，我们就向他们要行军床。一张双人床，安排三个人睡，六张行军床，只能摆五张，剩下一张怎么也摆不下。我年龄最小，这摆不下的床只有我睡，最后的办法是我先躺在床上，别人把床推到一个条案下，我与条案的间隔只有二十几厘米。第二天起床，再由人把我拉出来，还好，晚上只有三个多小时的睡觉时间，不然的话，上厕所都成问题。

访问马里的时候，我们住在一个较高级的宾馆，按照对方的安排，总理、陈毅副总理身边几位工作人员和几位翻译与两位首长同桌吃饭。进餐时因天气热，大多数时候穿T恤衫，时而也会穿中山装外衣。周总理坐在长形西餐桌的一端，陈老总挨着总理，其他人员依次坐下，大家吃饭时有说有笑。进餐过后，服务员对我方翻译说："我接待过不少的国家元首或政府首脑，很容易认出谁是总统、谁是总理。你们的总理如果不是坐在这个位置上，我简直看不出他是总理，你们工作人员都可以与他随意说话，他又是那样的和蔼可亲，真是不敢想象。"

有一天，周总理、陈老总与总统单独共进午餐，我们这些工作人员到餐厅用餐，那位服务员显得更随便一些，通过翻译，与我们交谈的内容更广泛。他居然向我们提了个我们意想不到的问题。他说："你们的总理怎么没带夫人出来，你们也没带夫人？"我们向他说明了总理的夫人也是我们党和国家的领导人，她有一定的工作，不因工作关系，她不会随同出访。他听后摇摇头，表示不太理解，我们不带夫人他倒是点头表示认可。他又问我们每人有几个老婆？我们几个人同声大笑，弄得他不知所措。我们对他说，每人只有一个老婆，这是中国婚姻法规定的，中国是一夫一妻制。他告诉我们他有两个老婆，按照他们国家的规定，每人可有四个老婆，他说老婆的多少，代表你的身份，代表你的资产，他是娶不起四个老婆，有钱的人可以娶几十个老婆。我们虽然对他讲了不少中国的政策、法律，但他还是听不懂，不理解，只是摇头。看上去他有点瞧不起我们这些人，原因就是我们没有他老婆多。

在几内亚节约用水

周总理出访非洲、亚洲、欧洲十四国，为时三个多月，行程五万四千多公里。访问最多的是非洲国家，北非、东非、西非有十个国家。每到一国他都遵守我国倡导的和平共处的五项原则，处理好国与国之间的关系。在非洲这样一个对中国不太了解的地区，周总理的访问开拓了非洲国家与中国的关系，增进了了解，增强了友谊。

访问几内亚时，杜尔总统以最高的规格迎接中国总理。他亲自陪同周总理去外地访问。金地亚这个在几内亚属于不太小的城市,倾城出动,对周总理的到来表示最热烈的欢迎。

周总理下榻在像蒙古包式的草房内,外面看上去很简单,内装修却是宾馆式的。总理住在一间较大的房间,内有卫生间。我们是几个人住一间,用的是公用卫生间。天气很热,进房后,总理到卫生间,我跟进去,顺手开了水龙头,水流很小,没有热水管。我想把水开得大些,总理立即制止了。他一边放水,一边洗手。他边洗边问我:"你知道这水是从哪里来的吗?"总理一问,我奇怪了,这是基本的常识嘛,谁不知道。但我马上意识到,如果说是自来水厂来的肯定是不正确的。因为这样简单的答案,总理肯定不会问我,而且问得是那样严肃。我只好说一声不清楚。总理说:"这个城市用水很困难,没有自来水。这水是人们用罐子从十几里

◆ 周恩来访问几内亚

◆ 高振普在几内亚草棚宾馆前留影

外的地方送来的。他们用头顶着罐子，倒在较高的水池内，用水管引过来，看上去卫生间的设备没有什么不同，只是水流不急。"他洗完手，用毛巾擦了擦脸，接着对我说："告诉大家，尽量节约用水，咱们只住一晚上，大家擦一擦就行了，不要洗澡。"

天气炎热，一天的活动结束后，我还是想让总理洗个澡，总理坚持不洗，只是擦了下身子就睡觉了。

共享摩洛哥的民族宴

周总理对摩洛哥的访问是在1963年12月27日至31日。其间，摩洛哥国王哈桑二世以最高礼节、多种形式接待中国总理及代表团，这加深了两国的友谊，自始至终洋溢着友好的气氛。有一次，主人以民族宴款待中国代表团，总理由哈桑二世国王陪同。因工作关系，我、卫士长成元功与总理同在一个厅内，大家席地而坐，面前是一排小桌，桌上每人一杯矿泉水，无刀、叉。服务员端上一大盘米饭，外加一盘油泡肉末，示意我们可以用餐了。我看看周围的中国人谁也没有开始吃，我又不懂怎么吃法，虽然闻着很香，也没敢轻易动口，再说没有刀、叉，更没有筷子，怎么吃呀！就在这时，我身边的主人，见我没动手，于是他开始示范。他把那盘带肉末的油倒进米饭盘内,用手搅拌。我看他的动作很奇特,光顾着看他忘了跟他学动手搅饭。他手上沾满了米饭和油,看上去不太雅观,只见他用舌头把手上的饭舔净,然后抓了一团饭,示意我张口,好给我吃。不容我表示,饭已到我嘴边,来不及考虑卫生不卫生,只为尊重对方而一口吞下,并向对方示意感谢。于是我学着他的动作开始自己搅饭,我不停地搅拌着面前的那盘饭,转身看看周总理那边,也是以同样的方式进餐。晚宴结束后,回到住地,总理说他们的民族饭味道不错,就是吃法不习惯。我问总理:"开始端上去的饭和那盘肉末很热,你也是用手搅的吗?"总理说:"国王知道我们中国人不习惯他们的吃法,让服务员给每人发了一个勺子,这样吃起来就方便多了。"我把我吃饭时受到的礼遇对总理一讲,他哈哈大笑。

两台电视机

周总理出访非、亚、欧十四国第一站是埃及。对埃及的访问非常成功,加深了国家间的相互了解,增进了友谊,周总理的外交风度给他们留下深刻的印象。总统纳赛尔在访问结束的头一天,送给周总理、陈毅副总理每人一台电视机。纳赛尔亲自交给他俩希望他们喜欢,并说明为两国的友谊,希望两位总理经常用它收看电视。

回国后,代表团三人领导小组的童小鹏、黄镇、孔原商请外交部同意,把这次的礼品作价卖给全团人员,依据礼品的实际价值和工作人员的支付能力交钱,这一决定报总理同意后执行。总理交了多少钱我记不清了,比我们交的多很多,因为他拿的是电视机。我当时拿到的是一台收音机。这收音机对我来说就很不错了,因为它是我的第一台收音机。

◆ 1963年12月,周恩来访问摩洛哥时和哈桑二世国王在招待会上

周总理、邓大姐把这台电视机摆在客厅，每天吃晚饭时，可以收看新闻，虽是黑白的但图像清晰度很好。

1965年6月，周总理出席第二次亚非会议，在开罗得知阿尔及利亚发生政变。胡阿里·布迈丁推翻本·贝拉执政，影响了这次会议的召开。在没有决定取消这次会议之前，周总理只好停留在开罗，作为非正式访问。其间由纳赛尔陪同，访问了亚历山大港等。纳赛尔又送给周总理一台电视机。这台比先送的那一台有所改进，体积不大，荧光屏大一些。

◆ 1965年埃及总统纳赛尔送给周恩来的电视机

回北京后依照第一台的办法折价给总理使用。邓大姐决定第一台送给没电视的单位去看，而且先给警卫局的单位。虽然总理办公室的秘书们没电视看，邓大姐还是把它送给了警卫局保健处，后来保健处自己有了，又把它退给了西花厅。邓大姐再把它给警卫局车管科的同志，几年后，车管科也有了电视机，又退还到了西花厅。这台电视机在外"巡回"了几年时间，真是充分发挥了它的功能，最后回到西花厅已是影声不全了。于是委托广播事业局机要处的同志修理一下，放在了秘书们集体办公的房里。因为太旧了，看的时候还要不断地调试。

周总理、邓大姐一直使用从埃及带回的第二台黑白电视机。后来中央办公厅给首长家配备一台日产19寸彩色电视机，周总理、邓大姐的电视机进了一个档次，那第二台黑白电视便退出现役。

1976年，周总理去世，周总理值班室自然不复存在，秘书们清理完文件，也各自回原单位了。这两台电视机，邓大姐决定送给张树迎和我各一台。开始我们二人坚持不要,理由有二,一是分送给工作人员和亲属的纪念品都是我们二人操作的,把电视机这样的高档东西送给我俩不合适;二是太贵重了,专家、教授的纪念品是半导体收音机或手表,相比之下也不合适。虽然我俩一再说明不要,但是邓大姐很动情地说:"你们俩不一样,你们把总理最后送走,你们俩是在恩来最忙、工作最困难的时期为恩来服务的。我考虑再三,把电视机送给你们最恰当,别人不好比。我决定的事,希望你们二人不要不听。再说你俩要体谅我现在的心情,不要因为

◆ 1963年12月,周恩来访问阿拉伯联合共和国(今埃及)期间,与陈毅(右一)等在狮身人面像前的留影

这事，让我心里不舒服。"邓大姐一边说一边流了泪。我俩听完邓大姐的一番话，马上表态，听大姐的。

邓大姐把那第一台电视机送给了我，第二台送给了张树迎。

我把这台电视机拿回家，全家围在电视机旁，孩子们高兴地打开，高声叫着，我们家也有电视了。孩子们怎么会理解我此时此刻的心情。我想的是我家有了总理、大姐使用过的东西。这是我家唯一的传家宝。

穿戴国货

周总理访问非、欧、亚十四国时，由于条件的限制，出访的主要交通工具是包的荷兰航空公司的飞机。周总理考虑到我国航空事业的尽快发展，就在代表团的工作人员中增加了空军飞行员，便于他们实地考察，带回飞行资料。

此次出访时间很长。从使馆报回的情况看，非洲有些国家的住房等生活条件较差，流行病较多。为了顺利进行此次出访，各方面都要作充分的准备。外交部主要是从政治、经济、礼宾等方面作好准备；公安部、中办警卫局从安全、保健等方面作准备。

作为在总理身边工作的我们，更多地是在生活、保健、安全方面做些具体准备工作。根据非洲的天气炎热状况，要多准备点夏天替换的衣服。我们为总理做的三套衣服和两件短袖汗衫，都是从红都服装店（当时叫波纬服装店）选的国产料。请友谊商店的王敬德师傅做了一双黑皮鞋、一双皮凉鞋。上海牌手表是原有的。睡衣、衬衣都是1954年做的，只是把衬衣的领、袖换上了的确良布。

出国用的箱子，是1954年德意志民主共和国送给总理礼品的包装箱。

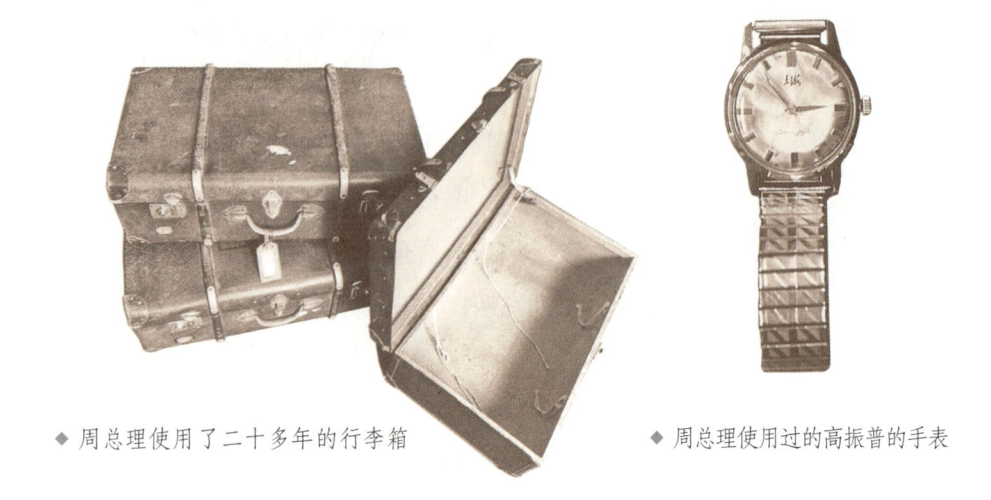

◆ 周总理使用了二十多年的行李箱　　　　◆ 周总理使用过的高振普的手表

这箱子确实不错，又轻又大，只是外观不怎么美观。

这就是我们为总理出国前所做的生活上的准备。

在访问几内亚与杜尔总统会谈后，总理对我们讲，一个国家摆脱了殖民统治，要发展，主要是靠自己，自力更生才能真正生存。他对杜尔讲述了自己从穿的衣服、鞋子，到戴的手表等一律是中国货，说明我们的国家在解放后主要靠自己的力量，克服了种种困难，发展了民族工业，才强大起来。一个国家有外援只是辅助，靠自己的力量才能真正的独立、强盛。

睡觉前，总理习惯把手表放在床头。我们发现总理的表停了，就是那块19钻的上海牌表。成元功、张树迎戴的手表，一块是瑞士的欧米茄，一块是日本的精工牌表，也都停了。都是机械表，什么原因停走搞不清楚。再看我的上海牌手表走动正常。我们都很奇怪，我这块上海牌手表，是六十五元钱从市场上买的，是半钢的。周总理的表价钱比我的贵一倍，还是全钢的。成、张二位的进口表价钱就更贵了。没想到我的这块最便宜的国产表在异国他乡露了脸。

总理说，今天会谈时还向杜尔称赞了这块表，没想到它经不起表扬。

我们也借机开个玩笑说二比一，两块外国表一块中国表停了。总理说，还有一块中国表在走，国货还是不错的。于是我把我的那块表，放在了周总理的床头。

第二天才了解到，科纳科里这座城市下面有一座大型磁铁矿，表停是磁铁的原因。可是我那块手表为什么能抗衡这磁铁的力量呢？至今也没搞清楚。第二天，三块已停的表，没经修理，又走动了，也许是它们适应了环境。

穿补丁外衣会见外宾

经常见到周总理的同志，都会回忆起总理经常穿的几套衣服。冬天是灰色法兰绒中山装，春秋天是一套深灰色中山装，夏天是淡灰色毛涤中山装。这几套衣服大多在会见外宾时穿，平时穿一套灰色布料衣服。这几套衣服是1963年出访亚、非、欧十四国时做的，时间久了，有的变色，有的损坏，特别是那套法兰绒外衣，表面的一层绒都磨掉了。摩擦最多的是

◆ 周恩来曾穿着这件打了补丁的中山装会见外宾

右边袖子的肘部，破了一个洞。我们请示总理做新的，总理不同意，说补一补还可以穿，外宾也不会看后面。就这样，我们请红都服装店的师傅用同样面料修补上，为了对称，索性把左边袖子同样挖上一个洞，补上一块。他就穿着这样的衣服会见外宾。实际上稍一留意，谁都会看到这两个补丁。有一次外交部的韩叙问我，怎么不给总理做套新的。我说，谁能说服总理做新衣服，我们会十二万分地感谢他。

一块手表引起的风波

总理的一块上海牌手表，是 1961 年从上海手表厂买的。总理带着它走遍国内外。时间久了，这块手表也逐年老化，原有的夜光不亮了，走时也不太准。张树迎和我商量，有机会去上海再给总理买一块。这当然要经总理同意才能办。1972 年，总理去上海，我们打听到上海出了一种表，质量不错，三大针、日历、夜光。于是就请上海接待的同志选一块。他们拿来三块表，三个样式，售价一百二十五元。当时市场上 17 钻的上海表是一百二十元一块。拿来的是 19 钻，所以多收五元。我们留下了其中一块。当时总理正在开会，准备会后向他报告。没想到，还没等我们向他报告，他却把张树迎和我叫去，问手表的事。我们相互看了一下，心想，他怎么知道我们买表的事。张树迎向总理说明了事情的经过，总理听后，没

◆ 周总理戴过十五年的上海牌手表

动火，但还是批评我们说，为什么不先问他一下，马上把表退回去，说他原有的那块表还可以戴，等不能戴了再换新的。我们把表退给了接待处的同志。这事使张树迎觉得奇怪，他对我说要买表的事过去总理知道呀！今天态度怎么来得这样异常。我们俩猜想着一定会有什么事。

原来，上海的一位负责人见到总理，说给他的表已经交给我们了。他没说是买的，这就违背了周总理的本意。总理批评我们是事出有因。这以后，谁也没再提及买新表的事。我们多次把那块老表送到北京表厂修理，那块表一直陪着他度过了十五个年头。总理去世后，这块表被中国革命博物馆收藏起来。

三角钱伙食费发票

1966年6月，"文化大革命"在全国兴起，北京的各大院校出现了以大字报形式向所谓的"反动权威"和校领导开炮的"革命运动"。周总理为了解实际情况，选择去北京第二外国语学院看大字报。学校位于北京市东郊，乘车20分钟的路程。为不影响学生们的正常学习，忙碌了一天一夜的周总理，于7月24日清晨5时左右到校。此时，天色已亮，可以看得清楚大字报上的内容。

学院内很静，校舍的墙上贴满了大字报。大字报主要是针对校领导的，也有针对教师的，其内容多是"向资产阶级教育路线开火"等。周总理按顺序看，看得很仔细，边看边向校方的有关人员打听写大字报的人和大字报上被批判的人的情况。有些早起的学生发现了总理，从窗口探出头来，情不自禁地呼喊："总理！总理！"周总理向他们摆手，压低嗓子叫他们小点声，不要吵醒其他同学。哪晓得，刚才他们那一喊，早把学生们吵醒了，几乎所有的窗口都探出了脑袋，都在不停地喊："总理！""总理，您好！"

周总理停止了看大字报，对学生们说："对不起，把你们吵醒了。"

有的同学问："总理，您怎么起得这么早？"同学们哪里知道，总理一夜还没合眼呢。学生们从宿舍跑出来，把总理团团围在中间。他们抢着与总理握手，抢着与总理说话，有个同学高声说："请周总理给我们作指示。"于是响起了赞同的掌声。

周总理示意同学们安静，对他们说："今天我是第一天来看大字报，还没看完，我是来向你们学习的。毛主席说，没有调查就没有发言权，今天我就不讲什么话了。"同学们以掌声表示对总理讲话的回答。

我们发现，还有很多学生向这里走来，人越聚越多。较远处的同学，看不到总理的，已爬上了树干和篮球架。见此情况，我们跟总理说，看样子今天很难继续再看下去了。总理会意地点点头，提高嗓门对同学们说："我明天还来，请你们给我几天的时间，看看大字报，了解情况后，我才有发言权。"

同学们以热烈的掌声表示同意。这以后，总理几乎每天清晨去看大字报。学生知道总理来看，大字报的数量逐渐增加，内容很明显地分为两派，既有批判领导的，又有替领导说好话的。

几天后，学生们告诉总理，他们要开辩论会，请总理参加，总理答应了他们的要求。

7月28日上午的辩论会，总理准时到会。会场像是个礼堂，有一个小舞台，台上摆了几把椅子。会场已坐满了学生，看到总理来了，他们都站起来，报以热烈的掌声。总理没有上台，学生们的掌声不停，请总理上台。总理理解学生们的心情，健步上台，场内顿时安静下来。总理示意大家坐下，没有讲话，然后走下台，与同学们坐在一起。大会主持人请总

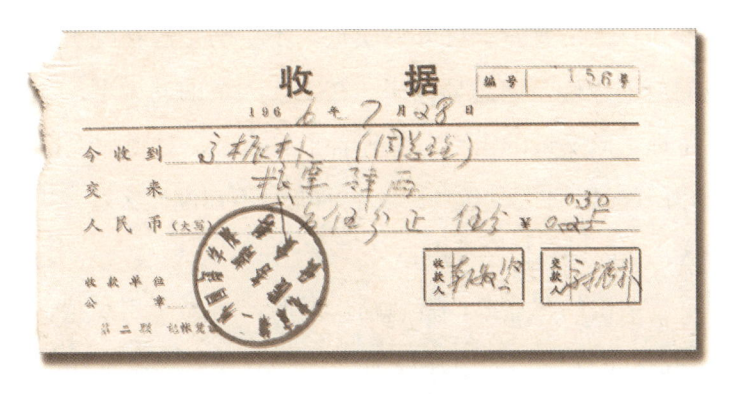

◆ 1966年周恩来在北京第二外国语学院的用餐收据

理上台就座,同学们又以热烈的掌声再次请总理上台坐。总理在台下转身面向学生们说:"今天是来听会的,向你们学习来了,了解这运动怎么样搞法。"于是坐在小马踏上,静听着每个人的发言。当时正处于"文化大革命"早期,会场秩序较好,不像后期那么多的高呼口号,那么多的"打倒"。总理手拿笔记本记录着学生们的讲话,坐在台下听了学生们半天的大会发言。

会议结束,学生们又再次请总理讲话。总理登上台,说:"今天只是听,以后有机会再讲。"于是指挥大家高唱当年的流行歌曲《大海航行靠舵手》。

大会结束了,外边下起了小雨。总理看看表,已到午饭时间,问同学们几点开饭,食堂在什么地方,要到食堂去,与他们一起吃饭。总理要去学生食堂吃饭,这是同学们想都不敢想的事,顿时一片安静,谁也不说话。总理问:"不欢迎吗?"

同学们一边鼓掌,一边大声高呼:"欢迎!欢迎!"

天下着小雨,有的学生拿来了雨伞。总理说:"这点小雨算什么,我要和同学们一起经风雨。"于是在同学们的簇拥下,总理冒着细雨步行到学生食堂。

可容纳几百人的食堂,已开始卖饭。不少学生已在吃饭,看到总理进来,他们放下饭碗,向总理拥来。在工作人员的劝说下,大家闪开一条路,让总理走向卖饭的窗口。总理看了看饭菜,对厨师说:"你们辛苦了。"厨师万万没想到总理会来,慌了手脚,不知说什么好,更不会想到总理要在这儿吃饭,只是说了声:"不辛苦。"

总理看着摆出的几盆菜,就勉励炊事员:"你做了不少菜,看样子味道不错。"我帮总理选了个肉片烧茄子,一个馒头。总理对我说:"你付钱。"总理看着我按价付了两角五分钱,才一手端菜,一手拿着馒头,走到餐桌坐下。学生们谁也不吃饭了,都围着周总理,看他吃饭。我们动员几位学生也端来了自己的饭菜与总理同桌吃。他们一边吃,一边聊天,谈话的内容当然是学校的伙食、饭菜等话题,气氛很活跃。有位同学问总理:"这场运动怎么搞法?"总理回答:"我是来向你们学习的,怎么样搞,我也难说清楚。"热情的厨师为总理送来了一碗汤。北京人称这种汤叫"高汤",做法比较简单:葱花、酱油、香油,用开水一冲,便是一碗汤。说真的,这碗汤真是及时,总理吃馒头是较费劲的,有了这碗汤,馒头咽得就比较顺畅了。

饭后,总理叫我补交这汤钱,厨师无论如何不肯收。总理说:"你不收,我就不走。"厨师只好叫我补交了五分钱,把原来开好的二角五分钱饭菜的发票改为三角。总理这才满意地离开食堂。学生们把总理送上汽车,他们高声喊着:"欢迎总理再来。"

回家的路上,总理问我:"为什么不吃饭?"我回答说:"食堂那么多学生围着你,我怎么吃饭。"总理说:"你看厨师给我那么一大盘菜,那个馒头又大,我也不能吃一半,剩下就浪费了。最后那几口,我是硬吃下去的,你要是一起吃,我可以把半个馒头分给你。"我听后,很懊悔,担心总理撑坏了肠胃。回到家,请医生给总理吃了点消化药。

后来总理多次在人民大会堂工作人员的食堂吃饭,我和张树迎就分别陪总理一起吃。每次去食堂,他都要自己排队买饭菜。为节省排队时间,我与总理分别排在两个队中,一人买菜,一人买饭。工作人员见此情况,就让总理排在前面,总理当然不接受这样的照顾。我们还请人民大会堂的管理人员为总理领了一个购饭本,把每顿饭的饭费记在本上,由我到时结账。

总理去工作人员的食堂用餐,我想有两个原因:一是可以在饭桌上向工作人员了解些情况;二是看看在"文化大革命"这样一个特殊时期工作人员的生活怎么样。

这以后,总理又多次去北京第二外国语学院、清华大学、北京大学等学校看大字报、开座谈会,掌握"文化大革命"初期的第一手材料。

"艰苦朴素"好

"文化大革命"期间,大字报、标语牌到处可见,人们都习以为常了。毛泽东的一句话传出,整个北京市乃至全国各地,锣鼓喧天,人们会放下手中的一切,到街上去游行,庆贺毛主席的又一最高指示的下达,以表忠心。至于谁去执行,执行得又怎么样,那是另一回事了。中南海也不是世外桃源,毛泽东又住在里面,虽说形式主义的东西不如红墙外面那样多,但也要跟上"革命"的形势。中南海是以北京的传统建筑为主,保留在各大门内的迎面墙上原没有特别的装饰,"革命"来了,也要修饰一番,向着大门的一面,涂上红色,写上了"艰苦朴素"四个毛泽东手体字,很醒目。一次周总理回来,进中南海东门,看到了这个"语录",说:"这四个字好,要提倡'艰苦朴素',要告诉人民大会堂,在合适的地方也要标上这四个字,提醒人们,不要只顾革命了,就忘了艰苦奋斗,大家要注意节俭，不要浪费。我看现在浪费就很大，粮食就有浪费，吃不了的馒头，顺手丢了，不知道留下来下次吃。特别是年轻人，不知过去的艰苦。"当年住进中南海的红卫兵吃剩的馒头，扔到水里不少。中国人口多，每人浪费一斤，就是八亿斤哪。

总理办公室的规定

1967年4月，我们随周总理到了广州，住广州军区招待所。这里与省委招待所（今珠岛宾馆）只一路之隔。以往总理来广州，多住在省委招待所。"文化大革命"开始后，这里也随着省委机关的瘫痪而关闭，接待机构已不存在，原有人员被调离，下放的下放，留下无几。中央领导人来广州，只好住在军区招待所，此时住在这里也比较安全。这次是"文化大革命"开始后第一次来广州。周总理到广州的消息，很快社会上就知道了，要求见周总理的各群众组织很多，都要亲自向周总理述说他们的观点，不外乎是对当地领导的看法，其中有保的也有打的。如果是在北京，总理会安排一个系统或一个单位的接见，听听他们两派的意见。到广州就不同了，如果按单位接见，时间不允许。于是，就请各派组织选代表，选出的代表实际就是各派的头头。

会见的地点，选在招待所院内的一个大会议室。周总理步入会场，听到的是一片口号声和欢迎的掌声，不小的会议室坐满了几百人，几百人都抢着发言。不管他们怎么大声地喊叫，主持人仍按事先商定的顺序，请他们发言。原来也规定过每个人发言的时间，但讲起来就没准了。四五个小时过去了，报名发言的人仍然很多。怎么办？只好休会，明天再开。就这样一天天地开会，原准备一次的会，一下拖延五天。我们始终在会场里听着他们的广东普通话，真是天不怕，地不怕，就怕广东人说普通话。有位广东郊区的姑娘，她用那"普通话"发言，再加上情绪非常激动，结果是广东人听不懂，北方人更听不懂。周总理请她说家乡话，说讲广东话，他还可以听懂一些。她好像如鱼得水，讲起话来很流畅。广东人听懂了，我们当然还是一句不懂。周总理听着她的发言时而点头，时而记录。周总理以他超人的耐心，倾听着各方代表的发言，有时也插话、提问。他还批评那些违反规定，对军管会、对领导人的人身攻击。最后周总理还是劝说各派组织，有理说理，不要随意揪斗领导同志，两派之间不要揪斗，更不能动武，要把各自的革命搞好，把各自的生活搞好。他还专门对那位农村来的女青年讲，革命要抓，不能误生产，种粮食不能误农时。

准备回北京的飞机，天天准备，天天延迟。按照专机的规定，停留二十四小时后再启用时，必须试飞。就这样，连续试飞五次才真正地使用了。

离开广州的前一天，广州军区负责接待的一位领导人对我讲："几天来，你们谁也没上街，也没时间给家人买点东西，这里准备了一点水果，每人一小筐，共计十一筐，每筐收费一元。知道你们有规定，不过，你们多年来第一次住军区，表示点心意。"他一边说，一边拿出发票。确实是第一次住在这里，我们过去也不曾相识，没有好意思当面驳回，答应研究一下再说。于是我们几个人商量了一下，觉得交钱买东西，更主要的原因是面子，于是收下了，付了十一元。又通知专机组，准许上机。因为我们对专机也有规定，没有我们的通知，专机是不能接受地方的任何物品的。

飞机降落在北京的西郊机场。周总理上车前，回头看到了这些筐。回家的路上，他问是什么东西。我如实回答了。他显得很不高兴，只说了一句话："回去报告大姐处理。"我当然是带着一身冷汗回到西花厅的。

等在门口的邓大姐，刚对总理说了一句："回来了。"总理就指着我说：

"你去给大姐说。"大姐问:"出什么事了,这么严肃?"

我把事情的经过,一五一十地对大姐讲了一遍。大姐没批评我,因为她从周总理的表情已猜想我在回来的车上一定挨批了。于是,便用缓和的口气说:"你要把这事处理好,把筐打开,看看里面装的什么水果,称一称,算一下多少钱再说。"

我把十一筐水果都打开,逐一过秤。香蕉一把约二斤(每斤一角六分),桂圆二斤(每斤三角六分),杨桃四个(约一斤多),菠萝一个(二角钱),共计约合人民币一元七角八分。我把具体的情况向大姐报告,大姐问我怎么处理。我说:"每人再收七角八分钱,写一份检查,寄去广州。"大姐点头说:"这样做就对了,你还年轻,要接受这次教训,做事情要亲自去看看。"

在一次党的支部生活会上,我和有关的同志都作了检查。邓大姐在会上语重心长地说:"通过这件事,看起来要坚持一个好的制度有多么不易呀。你想坚持了,外界还会不停地影响你。关键还是你们自己要掌握好。这次的事就过去了,接受教训就行了。"

事也凑巧,几个月以后,总理又去广州,仍住在军区招待所。还是那位主管接待的同志,提来十几筐水果,筐确实不大,每一筐开一张发票,共计十一张,每张一元二角钱,说是照市场价格,每人一份。我对他说:"你还没接受上次的教训。"他说:"正是接受了上次的教训才把水果拿来给你们看,每人一张发票,市场价格,不会有问题。"他一定叫我们带上。面对这位职务比我高的热情的领导人,我不便说得更多,带上他去见杨德中,杨德中

◆ 周总理办公室

坚决地对他说:"要按照总理办公室的规定办,这水果不能买,你把它拿回去吧。"

事隔数年,我们又去广州,省委招待所已恢复正常,周总理住在一号楼，工作人员住二号楼和三号楼。因工作需要，带去的中央警卫团几位战士，由一位区队长带队。他们是第一次来广州，对什么都新鲜，连在北京盆栽玉兰花在这里长成大树，都觉得好奇。几位战士上街，看到香蕉很便宜，于是就各买回几斤，摆在自己的房间桌子上。一是在这里尝个鲜，二是想带回去送战友。杨德中当时兼任中央警卫团政委。抽时间看看战士，是他多年深入部队的作风。来到广州，也不例外。他约上张树迎去看战士，进房后发现每个房间都有几把香蕉。于是说："对你们招待不错，可能你们是第一次来，优待你们，周总理房间都不准摆水果。"带队的李忠江马上解释说，这是在街上买的，准备带回北京的。杨德中听后，脸色变了："谁叫你们带回北京的？老张、小高知道吗？"李忠江没声了。杨德中追问道："是谁批准你们可以带回去？"李回答没人批准。杨德中看他有些紧张，改了语气说："办公室有规定，不准买土特产回北京，你李忠江事先应请示一下，你在三中队这么长时间了应该懂得。"

离开广州之前，杨德中叫我去看看他们。走进他们的房间，香蕉不见了，问李忠江香蕉哪去了。他说："吃了。"我惊奇地问："那么多香蕉，你们一天吃完了？"战士们笑了，笑得是那么甜。李忠江说："我们这肚子，一次可以吃一斤米饭的量，几斤香蕉一天都吃了，没浪费，也没犯错误。"

这又是一次对我们的教育，战士们像听从命令一样，遵守着周恩来办公室的规定。我真担心他们把肚子搞坏了。

轻车简从

周恩来是当年我们国家领导人中出国访问、国内视察次数较多的一位。国内视察，飞机、火车是主要交通工具。50年代和60年代初，以乘

◆ 周恩来与身边工作人员在飞机上合影。左一为高振普

火车为主,以后改为飞机为主,原因是飞机比火车快,可节省往返路程的时间。开始所用的专机是伊尔-14,每小时速度三百多公里,而火车不过七八十公里。随着机型的改变,伊尔-18每小时速度五百多公里,总理就更少乘火车了。

每次出行,一般随行人员:秘书一人(视需要去分管内事或外事),保健医生一人,警卫两人。

1967年后,周总理心脏有病,增派一名护士,警卫局派出前站人员一两人,负责联络。他所带随行人员,包括陪同外宾访问外省、市都不增加人。

周总理在国内视察,有一个不成文的规定,那就是:

1. 不准省、市领导人到车站、机场迎接。

2. 不准宴请、不准陪餐。

3. 两菜一汤，不招待酒水，不吃高级菜（如鱼翅、燕窝之类的东西）。

4. 房间内不准摆糖果、水果，茶叶自备。

5. 去公共场所，不封园、不闭店、不戒严。

这些规定，总理严格执行，省、市领导人也严格遵守。只是总理到了下榻的地方，他们再去看望。总理对省、市领导的做法很满意。总理最后一次去长沙，是1974年。当时他已重病在身，到机场后，也和往常一样，

◆ 周恩来在邢台地震灾区向群众发出号召："自力更生，奋发图强，发展生产，重建家园。"

由省负责安全的工作人员在机场迎接，只是增加了先期随毛主席到长沙的张耀祠。

在北京市区的外出，多数为单车行动，车内有卫士长、卫士、秘书。1965年，总理办公室撤销，改为总理值班室，原有的办公室主任、副主任都调动，秘书也随之减少。到1969年，值班室的秘书只剩二人。此时在京的活动，由卫士长和卫士轮流跟随，视工作的需要增加秘书。当时周总理心脏有病，增派一辆随卫车，保健大夫和护士跟随。

不要搞特殊

1968年6月9日午夜，周总理半躺在床上，看完了手中的最后一份文件，准备睡觉。我关了灯，正要走出房门，总理把我叫住，问："你在我这里工作几年了？"我轻声地回答："八年了。"总理说："也不算短了。"我不解地想着总理问话的意思。总理接着说："我的事情很多，年岁又大了，有些事不一定想得太周到。你们在我这里工作，不要只管我的生活，你们要提高思想水平，要从政治上帮我，我有想不到的，说错的，你们替我想，提出来。"

我一时不知说什么好。

总理又说："在我这里工作不要搞特殊，不要认为在我这里就高人一等，不要用我的名字去压人。"并问我，"你们有没有这类事情？"

听了总理的这番话，我想，我们可能在什么地方办错了事，一下又没想起来，急忙说："我们明天查一下，您先睡觉吧。"

"听说上海的一个报温器，你们给拿来了？"总理接着问。

"是，上海试制的，这是几年前的事了。说是叫我们先试一下。"

◆ 周恩来亲切慰问在邢台地震中失去亲人的老人

"给钱了吗?"

"给了。"

"这种做法不好嘛。试用?为什么不给我说一下就拿来了?你们又不懂技术。"

我怕影响总理休息,急忙说:"我们几个人都有责任,要认真检查这件事情。"

"我是在帮你们想问题、认识问题,不是叫你们检查。今后这类问题要注意,不要因为我是总理,就搞特殊。"

"接触群众太少,消息就闭塞了"

1968年6月11日深夜,在周总理卧室。

周总理指着他的上海牌手表问我:"这块表是不是按市场价钱买的?如果缺钱就补上。"

"是按市价付的钱。"

"你们不要用我的名义买东西,你们要做榜样,不然就会特殊。"

"我们一定照首长的指示去办。"

"你们对我要同志看待,怎么又首长首长的。"

◆ 周恩来到农村视察

总理在谈到上下级关系和同志之间的关系时说:"你们在我这里工作这么多年,可以讨论一下我的缺点,有时间我参加党小组会。我对你们是很严的,你们对我也要严。我对你们严是严,但是一分为二,有时还是宽容多了一点。"

当谈到深入农村、工厂了解情况时,总理说:"你们可以轮流下去,调查一些情况告诉我,现在有些情况来源靠不住。事情要深入才能搞清楚的。前年去灾区(指河北邢台地震),情况搞得准,马上下决心,派解放军去支援,宣传毛泽东思想,动员群众生产自救。虽然至今房子还没完全盖起来,但人的精神面貌大大不同了,生产影响不大。"总理稍停一下又说,"现在的工作太多,不允许我下去,能下去一个月也好,接触群众太少,消息就闭塞了。"

"八一"联欢

1968年7月31日晚,周恩来、邓颖超亲自出席了纪念"八一"建军节联欢晚会。这次的纪念活动是邓颖超倡议的,参加的单位有中央警卫团的领导、中央警卫团一大队三中队的官兵,警卫局保健处、服务处和西花厅全体工作人员以及国务院机关的部分同志。各单位事先都为这次联欢准备了节目,当然是自编自演。周总理听说后,也要来参加联欢。同志们听说周总理要来,准备工作更积极,挑选出本单位最拿手的节目。

这天晚上,国务院小礼堂坐满了人。周总理、邓大姐准时来了,全体起立报以热烈的掌声。周总理、邓大姐很理解大家的心情,他们没有直接入座,而是健步走上舞台,向官兵们、向同志们致节日问候。总理提议由他开始第一个节目,指挥大家演唱《大海航行靠舵手》,用高昂的歌声,拉开了联欢会的大幕。

周总理、邓大姐和战士们坐在一起,观看着一个个节目。刚刚由护校毕业、调来不久的尚书兰是在演出的前一天才选定的报幕员。看得出,今天最紧张的要数她。她是头一回看到周总理、邓大姐。在今天的晚会上她要报幕,出场十多次。我看着她那紧张而又严肃的样子,直想笑,又怕她报幕出差错,不时过去提醒她不要紧张。她每次出场,都是迈着正步,右手握着《毛主席语录》,用她那清脆的嗓音,报出"下一个节目……"

联欢晚会在一片欢乐声中进行,人们时而看着演出,时而转眼看看周总理、邓大姐。他们虽说在中南海工作，能这样与领导人在一起的机会还是不多的，谁不想用这样的机会多看几眼呀。秘书提醒总理开会时间到了，总理与座位就近的战士握手告别。人们报以热烈的掌声，欢送总理。邓大姐没有走，继续观看演出……

二十年穿两双皮鞋

1961年我到总理身边工作，看到总理的皮鞋已换了前掌，鞋面也已陈旧，就向卫士长成元功打听，这皮鞋是什么时候买的，这么旧了，怎么还不做新的。成元功说，这是1954年去日内瓦时做的，穿了六年多了，鞋底都换了两次了。总理不让做新的。1963年底，借总理出访非、亚、欧十四国的机会，经总理同意做了一双新皮鞋。访问开始，总理没穿新皮鞋。我们到了加纳，让总理换上新的皮鞋。总理只试了一下，底太硬，说是穿新的不舒服。后来成元功穿上它，在院子里跑了几圈，直到觉得软多了，才劝总理穿上。以后这一新一旧两双皮鞋轮流换着穿。直到1974年初，我们看总理系鞋带不方便，才说服他，又做了一双松紧口的皮鞋。时间不久，总理住进医院。在医院会见外宾，他就穿这双松紧口的皮鞋。总理去世后，这双鞋随着他的遗体火化了。

错穿了皮鞋

  1969年9月2日，越南主席胡志明去世，总理于当天晚上得知这一消息后，决定与叶剑英同志一起率中国代表团去河内吊唁。韦国清同志当时是广西壮族自治区的书记，与越南的关系比较密切，作为代表团成员一同前往。因为时间紧，大家都忙碌着为行程做准备。张树迎和我分头为总理准备随身需要带的东西。总理的大部分衣物都放在我们值班室内，当时我的皮鞋也放在这里，都是三接头式的黑皮鞋。我正整理总理的衣服时，张树迎对我说："你快点装衣服，我把皮鞋拿去给总理穿。"忙乱之中，他拿了一双皮鞋就给总理送去了，结果把我的皮鞋给总理穿上了，但谁也没有发现穿错，就这样到了河内。由于一整天比较紧张，总理进入宾馆以后，没进房间，就在客厅坐着与叶剑英、韦国清等同志说话，我们也在边上坐着。天气热得让人受不了，那时没有空调，只有电扇在头上转，即使在这样的条件下，总理仍很注重小节，没有把鞋脱了。吊唁活动结束后，我们当天就乘飞机回到广西南宁，韦国清同志挽留总理在南宁住一晚上，总理说北京还有好多事情等着他，不想耽误时间。后来正赶上天气不好，雷雨交加，飞机不能起飞，总理才不得不住进区党委招待所。直到这时，总理才脱下皮鞋。劳累了一天的总理入睡了，我和张树迎各拿着一只皮鞋在擦。张树迎一边擦一边说："小高，你看，南方气候是潮湿，总理皮鞋穿了一天，显得比原来新，还挺软和、挺亮。"我说："是啊，真是不错。"直到此时我们还没有发现穿错了，第二天仍然给总理穿这双鞋回到北京。当晚我不值班，便把我穿的那双皮鞋拿回家了。第二天总理起床，穿皮鞋时他说："皮鞋有点紧，有点压脚面。"我一看皮鞋，鞋垫处有一明显的商标，我猛然间一想，总理的鞋是定做的，是没有商标的。我没吭声，大脑飞速地运转，像过电影一样回顾出国的整个过程：从北京飞到河内，再到南宁，最后飞回北京。我很纳闷，这鞋怎么回事？在哪里搞错了呢？此时我还没想到我自己。等总理穿上鞋到办公室办公，我想是不是我搞错了，于是我向别人打了个招呼，骑上自行车回家一看，家里摆着总理的鞋。原来是我与总理穿错了鞋，赶紧把鞋拿回来，趁总理办公休息的空隙，我拎着鞋走进他的办公室，总理抬头很奇怪地看着我。我说："总理，皮鞋穿错了。"他说："怎么回事？"我说："你穿的鞋是我的，我穿的是你的。"我把事情的经过简单向总理说了一下。总理笑了，他说："有意思，咱们俩脚一样大。"我说："看起来差不多。"总理换上鞋说："这倒不错，咱们俩脚一样，以后不用请做鞋师傅来量我的脚做鞋了，由你去做就可以了，只是脚面稍高一点就可以了。"1974年，总理原有的皮鞋穿着较紧，我们征得总理同意，给他做了一双鞋，这鞋是松紧口，不用系鞋带，穿了没多久，因总理病情加重，腿脚浮肿，又请师傅给总理做了一双较肥的鞋，这两双鞋都是按我脚的尺码做的，总理穿着比较合适。总理去世那天，我们把1974年做的那双较新的皮鞋给总理穿走了，这双肥一点的皮鞋留了下来。张树迎说："这双皮鞋也没坏，总理才穿了一个月，小高，你和总理脚一样大，你就留着穿吧。"当时我也没舍得穿，一直珍藏着这双皮鞋，直到后来我把它捐赠给周恩来邓颖超纪念馆。

总理喝酒与酒量

人们传说周恩来总理酒量很大，有人说他可以喝两斤白酒，对茅台酒特别钟情。这些话也不全是传闻，周恩来喜欢喝酒，也有一定的酒量，这是事实；形容他开怀痛饮，酒后豪言壮语，就有些失真。我们在他身边工

◆ 1972年9月，周恩来在欢迎日本内阁总理大臣田中角荣的宴会上

作过多年的同志，在一起回忆了一下，周恩来喝酒是能掌握尺度的。解放后有几次过量，多为国家的喜庆日子。抗美援朝战争结束了，周总理向抗美援朝战场上的英雄们祝贺，为战争的胜利结束，多喝了几杯；旅顺港从原苏联占领下收复，移交仪式后，庆祝胜利，饮酒有些过量；1961年庐山会议结束后回到南昌，这是周恩来1927年指挥南昌起义离开三十四年后再到南昌，因高兴而多喝了酒。三次饮酒过量也不可以斤论之。他在家吃饭时有时也喝上一杯，大都是在天气较冷或是自感受凉时喝酒去寒。他常对人说，喝茅台酒可防感冒，但从不多喝。60年代后期，他患有心脏病，需控制用酒，宴请外宾也是只碰杯不干杯。在我的记忆中，1972年中日建交，在欢迎日本首相田中角荣的宴会上喝了几杯茅台酒，1972年欢迎尼克松时也喝了几杯。从某种意义上说，这两次喝酒是政治的需要。他不会喝过量，也不让人以水代酒。

不要提吃猪肉的事

1972 年 7 月 2 日，周总理陪同斯里兰卡总理班达拉奈克夫人访问大连。一天的外事活动结束了，周恩来拖着疲惫的身体上床，准备睡觉。因早在 1967 年已查出他心脏供血不足，今年初又发现尿中有少量红细胞，但没确诊什么病。所以按照身体的需要，睡前要吸氧气。吸氧前，总理对护士许奉生和我说："你们注意了吗？今天两餐饭，没吃到猪肉。"小许习惯地先笑后说："是没有猪肉。"我接着说："每餐都是大虾、海货等，在北京很少吃到。"总理说："这里的老百姓哪能天天吃大虾？连咱们都吃不到猪肉，可见市场上的猪肉很紧张。"据说当时每人每月的猪肉定量是三两。总理对小许说："你是大连人，很久没回家了吧。借这个机会，你明天回家看看，了解一下市民一个月能有多少猪肉吃。小高给要辆车送去。"小许说："不用要车了，出宾馆坐上电车很快到家了。"小许建议说："总理你想吃猪肉，明天叫宾馆搞一点给你吃。"总理说："不是我要吃，我是想到这里的市民有没有猪肉吃。"

第二年，1973 年 7 月 31 日，周总理陪同刚果人民共和国总统恩古瓦比到大连访问。临行前一天，周总理交代张树迎，这次去大连，不要提及猪肉的事，更不要叫地方搞猪肉吃，不过，要带上几斤猪肉，叫小许给她家送去。

在"楼外楼"三付饭费

1973 年 9 月 16 日，周总理陪同法国总统蓬皮杜访问杭州。在西湖旁的植物园参观结束后,周总理送别了客人,在返回招待所的路上,总理说:"去'楼外楼'饭庄看看,请你们在那里吃饭。"于是,我们的汽车改变了去住所的方向,沿着湖边马路,驶往"楼外楼"饭庄。

到了"楼外楼"门口,已过了营业的时间,总理叫我先去看看,问一问还卖不卖饭。我走进饭店,看到无客人吃饭,只是饭店的服务人员在一边吃饭一边聊天。我问一位服务员,还有没有饭吃。他端详着我这位穿着整齐的客人,一时没有答话。另一位年岁较大的师傅问我:"有几位?先进来坐下再说。"我高兴地说:"好。"我刚要转身去请总理,就听有人喊:"总理来了,总理来了!"周总理进了饭店,大家抢着与总理拉手,他们请总理上楼。周总理一边走一边说:"很久没来你们这里了,今天我带几个人一起来吃顿饭。他们都是从北京来的,有的没到过你们饭庄。"一位饭店负责人说:"欢迎,欢迎。请总理和同志们先坐下等一等,我们马上备

◆ 1973 年 9 月,周恩来在机场迎接法国总统乔治·蓬皮杜

饭。"总理问："有什么菜？"这位负责人领会了总理的意思，马上回答说："有西湖醋鱼，叫花子鸡没有了，现在做来不及。"总理说："有醋鱼就可以了，这是你们的名菜，再配两个菜就行了，不要搞多了。我们就这几个人，搞多了，吃不完，浪费。"

饭菜很快上来了，周总理一边吃一边向我们讲述他过去来饭店的情景。当吃到西湖醋鱼时，饭店负责人问总理味道怎么样？总理称赞道："这种做法很好，味道鲜美。"总理还问西湖的水有没有污染，一再强调，要保持西湖水的清洁，保住这西湖醋鱼的美味名声。

吃完饭，我照例去结账。总理问我付了多少钱，我拿着发票对总理说："十元一毛。"总理说："太少了，这样他们会赔光的，再去加钱。"那位饭店负责人推托不再收钱。总理说："你不收钱，我就不走了。"于是，又收下十元钱。总理看看我拿着第二次付款的发票，才起身下楼。我转身小声问一位服务员，如果是其他客人吃这一餐饭，需要付多少钱。那位服务员说："要三十元左右。"

在回住所的车上，总理说："他们这种做法不好，应当按实际价格收费。看上去他们是对我们好，实际是帮倒忙，这种风气什么时候才能改呀。我看二十元也不一定够。"我把了解到的实际价格向总理说了，总理很严肃地说："你告诉他们，以后不准这样做，你再补交他们钱。"因为下午有事，我们没能去饭庄补钱，就把补交的十元钱给了省接待处的同志，请他们转交。

事后，我们收到"楼外楼"饭庄寄来的信，信中叙说了他们接待周总理的愉快心情，特别是总理对自己的严格要求，以及处理这件事的认真态度，他们深受教育。随信还附了一张当时做菜的用料清单，标明了价格，全部费用十九元多一点，再加上加工费，三十元足够了。我们把这封信向总理说了。总理笑着说："这就对了，不能搞特殊。"

没有付钱的一碗汤

周总理住在医院里，为增强他对疾病的抵抗力，除医生用药外，还需锻炼和补充营养。有人建议北京饭店有一种汤营养很丰富。我们如获至宝，因为在当时，只要对总理治病有好处，我们都会采纳。经医疗组同意后，我们到了北京饭店。饭店的领导早已知道总理有病，听说要做个汤，他们出自内心地高兴，因为能为总理康复尽点力。汤的用料比较多，我只记得有海参丝、鱿鱼条、香菇等，用鸡汤炖。做好后取回来给总理吃，他觉得不错。我们问北京饭店这汤多少钱。他们说，总理吃得好，以后还会

◆ 邓颖超会见万县领导同志

要,最后一块算吧。我们也觉得这办法可以。哪曾想到,总理后来已不能进食,我们因忙于照顾重病中的总理,把这汤钱的事忘了。周总理过世后,张树迎和我想到了这件事,就打电话找到了北京饭店的齐经理。他哭着说:"总理都不在了,你们怎还想着这件事,这钱不能收,不能收。"他连说了几个不能收,悲痛得话也说不出来了。张树迎对我说,那就算了吧。这碗汤就没交钱。

钱没交,当时我们是想通了,可今天,仍觉得对不起周总理。他一生廉洁,最后还欠了这笔债,这是我们的过错,我们的失误。接受了这一次的教训,所以在为邓大姐工作的时间里,特别注意这一点,没有再留下什么遗憾。

邓大姐离京到外地视察工作和休息,是从1984年开始的,在这之前,她很少外出,原因是多方面的。主要是因为身体不太好,不适应变化太多的环境,再就是怕给地方增加负担。她曾这样说过,我身体不太好,又没有多少事要办,一出去就会兴师动众。

医生和有关同志根据邓大姐当时的身体状况,认为外出活动活动,总比待在北京好,比如冬天去南方,夏天去北方,对她的身心有好处。经一再做工作,邓大姐同意了。于是就在1984年的10月去了福建的厦门,11月去了广州,1985年的夏天去大连。在外期间,邓大姐吃饭是按标准交钱,交粮票的,我们工作人员也不例外。邓大姐不接受地方上赠送的任何纪念品,有的土特产也是出钱买的。

1985年冬去广州,回来时正值湛江的橙子成熟了,我们要买一百五十斤,接待单位不肯收钱。邓大姐说不收钱就不要了。我与他们协商,说邓大姐的态度很坚定。这种水果刚下来,北京市场上还没有,钱你们还是要收。她说不交钱不可以,说不要钱谁也不敢带回去。他们说,这是从水果产地摘下来的,钱怎么收法。最后我们达成一个妥协的办法,即按产地价格收，就这样，才带回这一百五十斤水果。

1985年秋，邓大姐去长江三峡，从重庆上船，途经万县，在船上会见了万县的领导同志。船离开万县，有人对我们说，万县的领导留下了一口袋柚子，是送给邓大姐的。我把这一消息报告了杨德中，当时杨德中正陪大姐在游三峡。杨德中约赵炜一块商量，说是船已开了，柚子带回北京再说吧，当时没马上向大姐报告。回到北京，大姐说你们处理得欠妥。如果在宜昌说了，可以退回去，现在怎么办，你们处理。赵炜和我共同的意见是把柚子留下，寄钱去。共计四十个柚子，当时价格一个不会超过五角钱，就寄去二十元钱，由赵炜写了一封信，这事才算完了，大姐的不满情绪才算完结。后来，万县的一位领导来北京，大姐见了他，又提及此事，那位同志深有感触地说："太受教育了。邓大姐对这几十个柚子这样认真，此事终身难忘。"

有困难找西花厅党支部

邓大姐对每一位在她和周总理身边工作的同志，从政治上关心培养，到生活上体贴关怀。特别是对与她接触较多的警卫、服务、厨师、司机等，在生活上关心得更多些。因为这些同志当时的工资较低，有的孩子较多，只要谁有困难，她都是拿出她和总理的工资去帮助。

有一次，一位公务员家里遇到了困难，欠债一百七十元。他本人的月工资是四十多元，平时没有什么节余，靠他个人一时很难还上这笔借款。我们党支部为这事开会研究怎么帮助他解决，决定由他申请从福利费中补助。按照当时困难补助的规定，是不能一次解决这么多钱的，讨论的一致意见，准备分两次补助，上半年一次，下半年一次。会还没散，邓大姐推门进来，问开什么会，谁也没想到邓大姐会进来，都愣住了。大姐说："你们对我还保密吗？"支部书记如实向大姐讲了一遍。大姐听后说："你们做得很好，对有困难的同志应该关心。不过，专门用很长时间开会研究这一百七十元的补助办法，就大可不必了。我和总理的工资有节余，就拿我们的钱替他还了欠款，减轻他的精神压力。就这样定了，不要再讨论了。"邓大姐接着说，"我也是这个支部的党员，向你们提个意见，以后类似这样的事，你们要与我通个气，谁有困难，就不要向组织申请了，用我们两人的钱帮助同志，节约了国家的，也是替组织上做工作嘛。"

邓大姐关心着每个人，她送自行车给家住较远步行来上班的同志；买手表送给没表的同志；谁家生小孩或儿女结婚，大姐知道了，都要买些东西送去。可以这样说，在她身边工作过的同志，都得到过邓大姐的关心和照顾。

周总理很忙，有时因为在外开会时间较长，回到家里时，已过了我们工作人员开饭的时间。我们就到街上小饭馆去吃，府右街到西四的一些小饭馆，我们都问津过。时间一长，被邓大姐知道了，她觉得长此下去对我们身体不利，就告诉做饭的桂焕云师傅："跟总理出去，回来超过了食堂开饭时间，就给他们做饭，不要叫他们到街上去吃了。"我们当然不好吃总理、大姐的饭，便和桂师傅商量好，大姐问起来，就说是你做给我们吃了。我们仍然跑到街上的饭馆吃饭。哪晓得，有一天邓大姐亲自去厨房看我们吃什么，发现我们不在，还批评了桂师傅。又把我们约到一起，说是搞一个规定，凡是跟总理出去或出去办事情回来晚了，都在厨房吃饭。我们只好听大姐的，但也提了个要求，有挂面就可以，不要炒菜，这样也减少桂师傅的负担。每吃一次饭，要交粮票，交钱。大姐说："我和总理的粮食定量总数是二十八斤，如果不够了，你们补点粮票，钱就不要交。"

就这样，邓大姐叫桂师傅常备些挂面，并说："他们光吃挂面不行，要给他们炒点菜，炒些鸡蛋。"以后这条不成文的规定一直执行到邓大姐去世之前。

邓大姐对我们生活上的关怀，温暖着同志们的心，政治上的关怀，时刻激励着我们努力奋进。她了解我们每个人，有的同志是新中国成立前参军或参加工作的，有的是新中国成立初期参加工作的，文化程度都不高，多为高小、初中文化水平，少数同志上到高中。针对我们的情况，她有意识地注意提高我们的文化水平，拓宽我们的知识面。比如，有位服务员新中国成立初参加工作的，在家只读过两年书，看报纸都有困难，大姐就特意叫她读报，一边听一边教她认字。后来，大姐叫这位同志去中南海业余学校学习，那是真正的"业余"，都是在早晨或晚间上课，最后，这位同志达到初中文化程度。

新中国成立后的政治运动不断，在关键的时候，大姐都帮助我们。"文化大革命"时期，中南海并不是世外桃源，住在中南海内的一些单位也分成了名目不同的派别，都用了时髦的名称，都说自己是革命的，都是站在毛主席革命路线一边的。面对这种形势，西花厅怎么办，我们没有分派，作为一个整体也没归属哪一派，更不去串联。当然，对社会上出现的现象，各有各的看法。我们整天忙于工作，可是也不能成为逍遥派，我们不去参加活动，但那些派别的人为扩大队伍，扩大影响，找上门来，叫我们表态，不表态就是对"文化大革命"的态度问题。在这左右为难的时候，邓大姐对我们说："你们整天跟着总理忙于工作，哪有时间去参加他们的那些活动，好好学习毛主席的指示，就是积极投身文化大革命。"邓大姐的话虽说不多，但是，却使我们更为清醒了，不去参加派别的胆大起来了。所以，我们西花厅的党支部坚持正常的活动，当一些派别通知我们对被揪斗的人表态时，我们都是以党支部全体同志支持上级党委的决定这一种形式出现。这在当时已是不容易做到的了。在"踢开党委闹革命"的年代,西花厅党支部是为数不多而且健全的党支部。这是与邓大姐的关心指导分不开的。

破例为身边工作人员说话

周恩来、邓颖超对自己要求严格,对身边工作人员要求也同样是很严格的,无论是哪一方面,从来不搞特殊化,在总理、大姐身边工作过的人员都有这种切身体会。例如,总理办公室人员的配备是由组织安排的,来他们身边工作的秘书、警卫、医生、护士、服务员、厨师、司机等都是根

◆ 邓颖超约见原周恩来卫士长张树迎(右五)和夫人李玉敏(左三),卫士乔金旺(右三)和夫人金容正(右二),高振普(左一)和夫人高秀英(左二),张佐良(右一)

为人民服务 全心全意 | 093

据需要由所在单位派遣。总理办公室如果需要外交秘书就由外交部党委决定人选，像浦寿昌、马列、钱嘉东就是这样调来的；军事秘书雷英夫调到作战部后，周家鼎继任；其他人员也是如此，而且所有人的行政关系、供给关系都在原单位，工作一段时间后，再转入国务院。比如，1961年我从警卫局调到西花厅给总理当卫士，过了几年，我的关系转到国务院，发工资由国务院发，但是我的档案还是在警卫局。现在从我的档案所写的职务中根本看不出我在周恩来身边工作过，因为我们过去没有正式任命。在总理身边工作，大家都很努力，从未因没提拔而闹情绪的。有些同志因为工作需要由组织决定离开周总理，包括总理去世以后，很多工作人员都回到各个单位，他们的职务大多是十多年不变。比如，时为副部级的童小鹏，调到总理办公室担任主任后，还是副部级，十多年后离开时，仍是原职不动，那些局级、处级的干部也是如此。

赵行杰是周恩来总理多年的卫士，由于长期在首长身边工作，1961年总理派他用一年的时间到农村锻炼、接触社会。他走了以后当然得调人替代，一年后，总理身边恰好不需要人，就没有调他回来。赵行杰原籍河北省，所以就由河北省安排他任县公安局长。"文化大革命"开始后，赵行杰受到冲击，被批斗时，他所在县的人到中南海调查赵行杰的情况。当时地方上认为，赵行杰从中南海调到地方，准是在中南海犯错误了，不然怎么会到下面去。其实中南海几千人，这么多人不可能总在一起，总有一些人由于各种原因要离开，这都是十分正常的。一些人来中南海调查赵行杰的时候，正好张树迎和我在西花厅，张树迎说："小高，你去吧。"于是我去见了。一见面他们县的人就对我讲赵行杰在下面犯的错误。他们讲完后，我便说："第一，赵行杰是周恩来总理非常喜欢的一个警卫员，他下去实际上是锻炼，我们以后也有可能下去，赵行杰是老同志，下去锻炼可以提拔他。另外，总理办公室的人员要精简，赵行杰不是犯错误走的，他是正常调动。第二，你们给我讲的赵行杰那一堆事，也就是你们说他在北京的一些事，都不那么准确，你也不用找别人调查，我是知情者。至于他在你们县的事，我也不听，你也别给我讲。"刚来的时候，这帮人气势汹汹，最后，他们还是比较和气地离开了。

"文化大革命"中，赵行杰的爱人张彬也受到影响，被调离新华社总社到河北省新华分社工作。但张彬没把关系转到河北，她还是留在北京，继续给中央领导照相。"文化大革命"后期，赵行杰虽然解放了，但继续接受劳动改造，既不给安排工作，又不让回北京，因为他的户口已转到了河北，赵行杰本人虽然非常想回北京，但由于种种原因，一直没有调回。

实事求是地说，赵行杰在总理身边的工作是很出色的，总理对他很满意，也非常喜欢他。赵行杰在下面锻炼是总理交代的，他当县公安局长，很长一段时间总理才知道，"文化大革命"期间被冲击总理也知道，因为总理对他身边的人要求严格得很，总理不可能去过问他的事情，更不能替他说话。"文化大革命"后期，中央落实政策时，赵行杰没有官复原职，这些情况我们是知道的，谁也没对总理讲过。

有一次，周总理去河北调查，总理知道赵行杰在河北，行前他问我："赵行杰在干什么？"我如实讲："'文化大革命'中受冲击，已不再是公安局长了，现在的工作是带领农民修水库。"我也趁机替赵行杰说了几句话，主要是讲他的困难。总理听后，没有讲什么。我们是乘飞机去石家庄的。时任河北省委书记的刘子厚到机场迎接，这次是总理约刘子厚去县里看水利，否则刘子厚不经批准是不能去机场的。到机场时天色已晚，下机后，看到赵行杰爱人张彬也在，她当时在新华社石家庄分社工作，手持相机不停地拍照，总理认出是张彬，就没制止她拍照。在国内像总理这种视察，是不发表消息的，如需要报道，会从北京派一位记者采访，作为资料保存。

总理这时看到张彬后，招手叫她过来。张彬多年没看见总理了，眼里含着激动的泪花,嘴里不停地说:"总理,你好!总理,你好!"看到张彬,总理很自然地要问赵行杰。张彬回答说:"赵行杰身体很好,就是没分配工作,暂时带农民工修水库。"站在一旁的刘子厚看到了这一切,不知怎么回事,他转身问我,张彬说的是谁,我告诉他说是总理原来的卫士赵行杰,张彬是赵的爱人,我把赵行杰的情况简单向他叙述了一下。刘子厚说:"这个我不知道,告诉总理放心,我一定会安排的。"总理对刘子厚说:"赵行杰还年轻,应分配他工作。"刘子厚答应照办。

回到北京后,我把赵行杰的事报告邓大姐。邓大姐对我说,"总理不是不管这些事吗?"我们工作人员都理解,总理关心我们、关心赵行杰,赵行杰这几年受了不少苦,总理没让省里照顾,只是让他们给安排工作。所以这次邓大姐听后,很奇怪地说:"他从不替身边人说这话,这回怎么啦?"她敲敲总理办公室门,走进去便问:"这次总理怎么破例了,替赵行杰说了话。"总理说:"他们就不对嘛,这么多年了,下放干部也得适当安排,他当过公安局长,现在不分配工作,带农民去修水库,不正常嘛,我只是叫他们分配工作。"总理平时对工作人员要求很严,到关键的时候,他还是非常关心的。

赵行杰后来的工作由河北省安排了,但户口一直没迁到北京,他爱人则长期在北京工作。赵行杰的身体不太好,时隔几年,河北省为照顾他们夫妻分居和孩子上学,把赵行杰安排到河北省驻京办事处工作,直至退休。

"你俩从西花厅去上班"

1976年7月4日下午,张树迎和我去向邓大姐辞行。张树迎再次向邓大姐汇报了对周总理遗物的清理工作已经结束。遵照邓大姐的意见，我俩回原单位中办警卫局工作，明天去上班，今天来向大姐告别。邓大姐说了很多动情的话，更多的是鼓励我俩到工作单位好好工作，注意锻炼自己。最后大姐说："你俩明天先到这里来，从西花厅走出去上班。"我当晚彻夜未眠，想着邓大姐的这句话。她是把我们当成是她家的人啊，西花厅是我们的家。

第二天，7月5日，我俩比往常更早一些到了西花厅，邓大姐正在早锻炼。我俩知道，大姐还没吃早餐，于是又回到了我们原先的办公室分别坐在自己的办公桌旁，等待着邓大姐。约9时，邓大姐走出客厅，看我俩已经站在庭院，说了声："我去送你们。"我俩分别走在邓大姐左右。看得

◆ 邓颖超与高振普在飞机上合影

◆ 1976年,邓颖超与张树迎(左)、高振普(右)合影

出,邓大姐对我俩有说不出的留恋之情,我俩谁又想离开西花厅,离开邓大姐呢?一向健谈的大姐,今天的话也少了。还是张树迎打破了这沉默的送别,对邓大姐说:"警卫局那边已打了招呼,说是今天可以晚点去报到。"大姐看了看我俩说:"真不想叫你俩走,可是不行呀!我这里用不了这么多人,再说也没这个编制,恩来不在了,老张跟他二十多年,小高也十多年了。这些年你们只是围着他一个人工作,到了新的单位接触人多,工作会多一些,应该多方面锻炼一下。"我们说,大姐昨天对我们说了很多,我们俩在警卫局一定好好干,不辜负总理、大姐多年的教导。我们还都在一个大院,大姐需要我们,随叫随到。就这样一边走一边谈,步子虽然很慢,可路就那么一段,很快来到了西花厅的大门口。邓大姐紧握着我俩的手,说:"西花厅的大门对你俩是开着的,什么时候想来就来,用不着联系。"我俩依依不舍,表示会常来看望大姐。

张树迎和我都安排在警卫处工作。过了一段时间,张树迎被分配到局属供应科任科长去了,我仍在警卫处当参谋。局领导找我谈话说,你不要有什么想法,你在警卫处就不调动了。

我会有什么想法呢?我只想着西花厅还有位老大姐,她说的那句"西花厅的大门对你俩是开着的……"是那样的亲切,是那么的厚爱,我随时可以去。邓大姐年事已高,会不会随时需要我去呢?虽然有的同志借这个机会被安排在外单位工作了,我觉得离开了中南海再来照顾大姐就不如在警卫局方便。因而下决心,只要组织上不调我出去,我是不会提出要求调走的。1976年7月28日唐山大地震,熟睡中的我被震醒后,把两个儿子从楼上抱到楼下,让妻子照顾。我说了声"去西花厅",就跑了。看着沿街倒塌的房子,心里越加紧张,步伐加快,恨不得一步迈进西花厅。进了西花厅的前院,见同志们围在汽车前,走近一看,邓大姐熟睡在车里,我才放下心。赵炜奇怪地问我:"你怎么来了?"我没回答她,只是问她怎安排。说真的,对这突如其来的大地震,谁也不会有办法,只知离开高大建筑,躲在屋外。至于我们相互之间的问话,更是毫无依据,谁也没有正面的回答,实属正常。我看邓大姐安全熟睡,对同志们说了声,我先走了,到警卫局看怎么安排。

震势渐缓,警卫局为邓大姐在院内搭了一个临时防震屋。对老人来讲,只是应急用,不能久住。赵炜找到了国务院管理局,于是,邓大姐搬进了东交民巷15号院的2号楼,据说这幢楼的防震性强。

邓大姐搬出后,西花厅的住房开始加固,是以防八级地震的标准加固的。几个月后,邓大姐又搬回西花厅。

粉碎"四人帮"以后,邓大姐被增选为全国人大常委会副委员长,按规定是可以派警卫员的,邓大姐坚持不要,不增加编制。对她的外出活动,警卫局都视情况派人随卫,而且是选派她熟悉的人。滕和松、张洪德、庞廷金和我都轮流跟随过,后来局领导明确对我讲,以后邓大姐在京的活动主要由我跟随。警卫局还多次向邓大姐提出派专职警卫,都被大姐谢绝了,她只同意临时派人。

邓大姐以人大常委会副委员长的身份多次出国,有些国家都是破格接待。这自然与邓大姐是周恩来夫人有关。八次出国,我和庞廷金轮流随卫。随着时间的推移,邓大姐年事已高,国事、外事也多,赵炜一个人忙里忙外顾不过来。邓大姐点名要我来当她的警卫秘书,于是,我于1983年3月26日,又回到了邓大姐身边,回到了我离开六年的西花厅。

避开"四人帮"追查

周恩来总理去世后,我们只是忙于对他的遗物的清理,对北京乃至社会上发生的事情，有点"事不关己，高高挂起"的味道。当然说一点不问及也不可能，像派系之间的斗争，对"周恩来遗言"的追查，也略有所知，反正追不到自己头上，管他呢！

有一天，邓大姐找我和张树迎谈话，说："多年来你们在这里跟着恩来忙，顾不了家，家里还有老人，放你们两个月假，回去看看。"我俩听了很高兴，可一想，要休息两个月，大可不必。考虑到邓大姐的关心，就应允了。张树迎对我说："早点回去，在家住上两个月，看看亲戚朋友，补补课。"我同意了。

已答应回家休息，就不便待在西花厅。这个家指的是老家，张树迎是河北人，我是山东人。此时我的两个儿子在身边，一个12岁，一个7岁，正是需要人照顾的时候。家中只留下爱人是忙不过来的。我虽说是答应回家看望老人，但不准备待两个月，于是跟爱人商量，爱人很理解我，说："不回去不好，已多年没回去了。回去两个月你也不放心，我想了两全之计，那就是晚一点去，提前点回来，满两个月去西花厅。"

我还没回家，就有消息传来，说是追查谣言，即"周恩来遗言"的制造者，查到了张树迎和我的头上。此刻我领会到大姐是叫我们躲躲这"风"。感到风声较紧，也就主动回避，既不回家也不出门，与爱人来个明确分工，我在家做饭，她负责采购。说真的，我这个做饭是名义，我哪里知道煮饭放多少米？

这期间，我还是回山东老家住了一个星期。

两个月后，张树迎和我准时回到西花厅，向大姐谈了回家的情况。一个偶然的机会，邓大姐叫我给汪东兴送封信。我到汪东兴那里。他对我讲了当时的真实情况：在政治局会上，张春桥说：能够制造周总理遗言的，从内容上看是熟悉总理的，他的那两个警卫员也应该是追查的对象。汪东兴说，他俩回老家了，是邓大姐放他们假的，等回来再说吧。我听着汪东兴的话，想，如果不是邓大姐放我们的假，更主要的是如果不是有邓大姐在，我俩恐怕也会和已被追查的三百多人一样进了监狱。

我把汪东兴说的话，如实地对邓大姐说了。邓大姐说："当时的形势很紧张，追查得很紧。我只好中断你们的清理工作，放你们回家，'无意'中做了件有益的事。东兴同志做得不错，用这个理由去搪塞他们。"

我从内心谢谢邓大姐的保护，终身不忘这慈母般的关怀。

邓颖超与《午间半小时》

中央电台《午间半小时》节目开播不久，邓大姐就成为它的热心听众。她每天都要听，而且向我们推荐，她把听到的内容还对我们叙说。因而，我们也逐渐成为《午间半小时》的热心听众，不过因工作关系，往往不能坚持天天听，但只要有时间就会习惯性地打开收音机。

1987年5月29日，邓大姐写给《午间半小时》节目组一封信。信中写道：

午间半小时广播的同志们：

今天你们传来我喜出望外的消息，感谢你们报道了王华冰同志的近况，令我非常的兴奋，也非常欣慰！

王华冰同志是一个好样的女共产党员，我时（常）想起她，但解放以来，我们之间，没有通过信息。只从过去同她小组另外两位同志间接知其一、二。今天听时，开头介绍她几句未听到，不知你们可否告诉我有关她的通讯处吗？如果太麻烦的话，那就不必去问了。（5月29日写到此）

顺便告诉你们一件小事，在不久以前，我听到你们播了周恩来同志提倡夫妻"八互"，我当时听了说的不完善，想把事实告诉你们，我又觉得没有必要，今天写信，我认为应当将事实告诉你们，首先"八互"的互当然还有另外一方，"八互"提出是经过周恩来同志的生活实践再加我看到许多夫妻关系中出现了矛盾与（相）处好坏的情况，我试提出"八互"作为参考，从未以正式用文字发表过，恩来同志既不肯定也不否定，是默认的，所以不应是由他提倡的，我并不是争这点提权，而应将事实经过告诉你们，你知道就可以了，更不需要更正了。

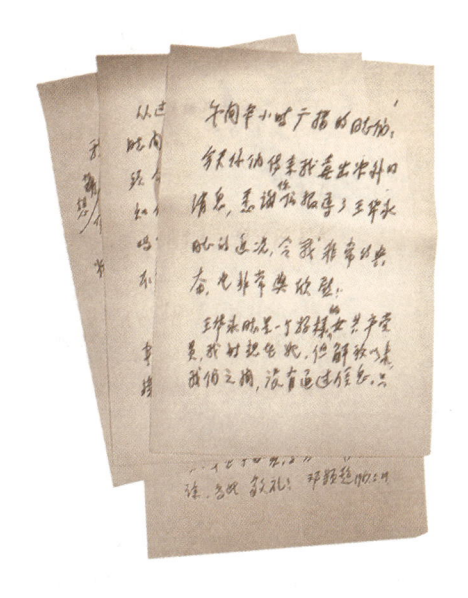

◆ 邓颖超的笔迹

　　你们的节目很吸引人收听，只在我可能时，也是你们的听众呢，年老手力差，字写的潦草，请原谅，专此敬礼！

邓颖超（签字）1987.5.29

"八互"是：

"互爱"。作为革命夫妻，互爱是基础，结婚不是爱情的坟墓，而是新的爱情的开始。爱情要专一。婚后，双方不仅要珍视相互的爱，还要不断创造爱情，使它日新月异。

"互敬"。古人说相敬如宾，不必如宾，但要互相敬重，这在新婚时，

◆ 周恩来与邓颖超

一般可以做到。越到后来越要注意。万不可越到后来越看对方的缺点，当众人面前，尤其要注意互相敬重。

"互勉"。工作学习、生活中互相勉励，共同进步。

"互慰"。生活中常会有不愉快的事，人的情绪也难免有喜怒哀乐的变化，遇到不愉快的事，双方要互相体贴、温存、安慰，万不可互相指责、埋怨、伤了感情。

"互让"。家庭生活中难免有不同意见和争执，这时要懂得让步，非原则性问题，应互相谦让，有些也是难免，就当做饭时加了点辣子，添点味道，争完了就算了，迅速了结，切不可无休止地纠缠下去，那样势必影响感情。

"互谅"。夫妻之间，总得互相谅解。人无完人，倘若我有错处，你不能宽容大度加以原谅，过些天，你也有错事，落到我手中，也不原谅你，势必反目成仇，这是绝对要不得的。

"互助"。生活上、工作上、学习上互相爱护，彼此关心，谁有难处，不可漠然视之，要尽心尽力，互帮互助。

"互学"。人都有缺点，也都有长处，多看对方优点和长处，并潜心去学习，彼此互补短处，感情也会更加巩固。

咱们是一家人

60年代初，北京的媒体报道了家住北京崇文门外的五兄妹，因父母亲先后去世，成为孤儿。他们中最大的15岁，最小的只有3岁。他们举目无亲，靠什么来生存，如果是在解放前，兄妹五人会流落街头，生死难言。解放后的中国，在共产党领导下人民翻身当家做主人，首都人民发扬相互协作，相互帮助，团结友爱的精神，向五个孤儿献出了爱心。幸运的五个孩子在街道居委会的具体关心爱护下，不仅不会挨饿受冻，而且可以进学校上学，过着与其他儿童一样的生活。对他们的关怀，还来自祖国的四面八方和社会的各个阶层。

　　周恩来、邓颖超知道这件事后，对这个在新社会出现的新人新事，大加赞赏。除指示有关单位表扬那些献爱心的单位或个人，大力推广先进事

◆ 1988年中秋节，邓颖超请"五孤儿"来西花厅过节。后排左六为高振普

例外，还号召全社会的人们关心那些失去亲人的孩子，使他们"孤儿"不"孤"。周总理因工作很忙，对北京的这"五孤儿"的关照多由邓大姐承担。作为中央的高层领导，只要说句话，下边就会坚决去办，特别是周总理、邓大姐关照的事，有关部门更会加倍地努力做好。但是邓大姐不是这样，她不只是说说，而是管得很具体。她有一颗关心儿童的慈母的心。延安时期，她关照那些在战争中牺牲的烈士的子女，胜似亲生儿女，所以，在后人的印象中，似乎很多烈士子女成为邓颖超、周恩来的养儿、养女。1964年8月，邓大姐出席有中国青少年与外国小朋友参加的联欢会。邓大姐想到了这五兄妹，就派车把他们接到了人民大会堂。五兄妹在与外国小朋友联欢过程中，不时回答邓妈妈的问话。邓大姐问他们的学习成绩，问他们在幼儿园的生活。她动情地说："从今天起，咱们就是一家人了。"孩子们听邓大姐这么一说，高兴地跳起来，齐声地叫"邓妈妈"。邓大姐又说："毛主席很关心你们，你们给毛主席的信，毛主席很重视，他委托中央办公厅给你们回了信。周总理也很关心你们，他今天没来，他特意问你们好，希望你们不辜负党和人民的关怀和期望。"周总理在国务院召开的军烈属代表会上，把一直关心照顾这五兄妹的田大婶叫到面前，拉着她的手，代表党和政府感谢她，感谢她多年来对孩子们的照顾，赞扬她替政府做了大量工作，付出了心血，还语重心长地提出希望，希望不仅是生活上照顾，还要教育他们成为好孩子、好学生。田大婶很受鼓舞，在以后的日子里，更是不辞辛苦地把五个孩子拉扯成人。

孩子们在田大婶和街道居委会的热心照料下不断成长。后来，他们有的参军，有的响应号召下乡。在他们的成长过程中，新闻媒体也曾不止一次地报道过。1984年，在大哥周同山的提议下，全家共同给邓大姐写了信，汇报他们的成长过程。邓大姐收到他们的信，非常高兴，委托赵炜回信，对他们的成长表示祝贺，并一再说，多年不见这些孩子了，真想找个机会见见他们。

1988年中秋节，人逢佳节倍思亲。邓大姐特意约五兄妹的全家到西花厅做客。赵炜向他们转告了邓大姐的约请，他们得知邓妈妈要见他们非常激动，这是多年的愿望。赵炜还关心地说，要不要派车去接，他们一再表示自己来。是呀，今天他们已不同于二十多年前了，他们各自成家立业，条件也不差，老大周同山已是北京市供电局副局长，周同庆是北京市工业工委干部，周同来是北京市农工商联合总公司机关党委书记，周同贺是北京市劳动保护研究所助理研究员，周同义也在供电局工作。

上午10点，孩子们来了，迎候在门前的邓大姐，看着这原为五兄妹的一家，今天已是一个大家庭。他们十多人簇拥着邓大姐，高兴地进入客厅。没等他们落座，邓大姐就说，"看到你们这群活泼的样子，特别高兴。"他们坐下后，邓大姐又说，"今天是中秋节，咱们一家人过个团圆的节日，总想着找个什么机会，把你们请来，是我多年的愿望。我的确是很想你们。"邓大姐询问了他们各自的生活、学习、工作情况。他们述说着这些年的不同经历，但有一点是共同的，那就是都没忘记自己的过去，没忘记党、政府、人民对他们的关怀。他们勤奋工作，刻苦学习，目的就是以实际行动报答党和人民。邓大姐听了很高兴，勉励他们："你们不同于一般的孩子，你们与别人有着不同的经历，你们要更加热爱党，热爱祖国，热爱人民，要在今后作出更大的贡献。"邓大姐看着他们的第二代又说："你们都有家，有自己的孩子，要培养他们、教育他们，要让孩子们知道你们的过去，永远不忘过去，不忘本。"

1992年7月11日，邓大姐不幸去世，五兄妹全家无限悲痛。第二天，他们抬着精心制作的花篮，在西花厅邓大姐的灵堂，默默地献上自己的心，献上全家对这位伟大的慈母的缅怀。

周恩来的为人

周总理曾说过,在白区工作时,凡经他手转出白区的同志没有被国民党抓到过。这是什么原因呢?难道总理有什么绝招吗?没有。这主要是他有一颗对同志爱护、对革命负责的心。他从多方面考虑可能出现的问题,事先做出设想,对可能发生的各种情况做出应对方案。总理的一生都贯穿着这种优良的作风。

1948年,在革命战争即将取得全国胜利的前夕,国民党提出两党谈

◆ 1961年,周恩来和宋庆龄在一起

判，派出以张治中先生为首的代表团。当谈判破裂、国民党的江山就要倒台之际，张治中等一行要回南京，周总理劝说他不能回去，回去后，蒋介石将以谈判无果为由拿他治罪，并告诉张治中先生，已经把他家属转移到香港，这样张治中可以放心地留在北京。总理曾说，西安事变，已经对不起一个张先生（指没有拦住张学良去南京），今天不能再对不起一个张先生。留下张治中，总理也是从建立新政权和国家建设方面考虑，新中国成立后将需要各方面人才，在党的统战工作中，张治中会起到特殊的作用。在"文化大革命"中，张治中受到冲击，总理下令保护。当接到张治中病危报告时，周总理指派他的保健医生告诉医院，要想尽一切办法抢救，只要他多活一天，就会对祖国的统一、台湾的回归起重要作用。

宋庆龄由上海迁到北京常住，是在毛泽东、周恩来的劝说下实现的，一些具体工作都是周总理亲自安排的。在国家困难时期，给她修缮了合适的住房；考虑到宋庆龄与国际友人交往比较频繁，为她修建了一个较大的会客厅，宋庆龄日后在这里会见了不少外宾及海外朋友。"文化大革命"期间，红卫兵冲击宋庆龄住地，总理得知这一信息，马上指示国务院管理局派人前去保护，由一位副局长负责那里工作并命令北京卫戍区派兵加强对其住地的警戒，阻止了红卫兵对宋庆龄住地的冲击，保证了她的安全和住地环境的安静。

周总理对党外人士的关心是很周到的，受到总理的多方关照的有：沈钧儒、黄炎培、陈叔通、张澜、李济深、许德珩、郭沫若；科学家李四光、高士其；著名作家舒舍予；中医专家施今墨、蒲辅周；著名京剧艺术大师梅兰芳、程砚秋等。

周总理与各党派负责人交往较多。他们除谈工作外，总理更多的是关心他们的家庭、他们的生活、他们的困难。总理经常主动登门拜访，与这些人建立了深厚的感情。民主人士也会主动向总理反映一些情况，说些真心话，对国家的建设提出不少建设性意见，这很好地体现了各党派相互监督的政策。总理与民主党派人士交往很注意影响，他去拜访时，会换乘小型汽车，不布置警戒，只带一名随身警卫。我们一般不随总理进入主人的客厅，有些人家住的地方小，我们只在外面等候，这种做法也是总理交代的。总理的行动不完全是个人影响，而是加深了那些党外人士对共产党的信任。国民党著名将领傅作义，因他的起义，而使北平和平解放，使这一古城免遭战火破坏的厄运。

总理曾不止一次到他家去看望，傅作义每年都要把他庭院收下的鲜桃送一些给总理、邓大姐吃。"文化大革命"中，傅作义把他四十万元存款的折子托人转交给周总理，说是上缴国库，以免被造反派抄走。周总理一直替他保存着，后委托邓大姐交给了他的亲属。这些体现了他们对周恩来的信任。

周恩来对毛泽东的关怀更是无微不至。凡毛泽东出席的重大活动，周恩来都会过问，有些活动他会亲自到场布置、检查。每年的"五一"劳动节、"十一"国庆天安门集会，周恩来事先多次开会部署，听取各方准备工作的汇报，他既考虑天安门城楼上的工作，同时又很关心参加集会的广大群众的安全。在"文化大革命"非常时期，毛泽东接见全国到北京串联的千百万红卫兵，周恩来既要考虑毛泽东的安全，又要想到红卫兵的安全、健康。1966年毛主席先后八次接见红卫兵，周恩来与筹备这项工作的全体人员，不知开了多少会、共同度过了多少个不眠之夜。为使接见达到预想的效果，他绞尽脑汁，采取各种形式。例如，开始是天安门集会，毛泽东等中央各方负责人在天安门城楼上共同接见，毛泽东向广大红卫兵招手，远处的人看不见毛泽东，这样很多红卫兵仍滞留在北京；后来采取了让红卫兵列队通过，以达到每个红卫兵都能看见毛主席，然而走到天安门前的红卫兵想多一点时间看看毛主席,他们止步不前,这样百万人通过天安门需要花费几个小时,毛泽东的身体又吃不消;最后采取让红卫兵乘大卡车通过天安门,上千辆卡车浩浩荡荡地行驶着,场面蔚为壮观。毛主席多次接见红卫兵,周恩来耗费了不少心血,他喊哑了嗓子,采用的这些形式,最后也没能满足所有人的心愿。

毛泽东生病,周总理都会亲自听取医生们的汇报,听取他们的治疗方案。即使是在周恩来自己身患膀胱癌期间,仍然多次约毛泽东的保健医生谈有关为毛泽东治病的方案。周恩来多次对我们说,毛主席的健康是中国的希望。在周总理1974年住进北京三〇五医院后,仍关心着其他同志,他先后去北京医院看望谭震林、汪东兴,亲临现场,观察他们的手术过程。

从20世纪50年代到70年代,周总理去医院看望病人,都是在医院大门口下车,而不准把车开到病房楼前,其原因是怕影响其他病人休息。这是一般健康的乘车人都难以想到和做到的。如到北京医院,进了住院部的大门,不论是在寒冷的冬天,还是酷热的夏天,他都是下车后,走到住院楼。

"铁人"王进喜病重住院,总理亲自去医院看望。王进喜病故,周恩来赶到病房向他送别,指示有关部门,对他的亲属给予应有的照顾;总理还多次去北京医院看望病危的龚澎,对这位外交部新闻官在外交工作中作出的贡献给予充分肯定;得知一位烧伤女工王世芬住进北大医院,总理非常关心地派他的保健医生与院方取得联系,关心她的治疗康复。

"文化大革命"期间,在一次毛泽东主席和中央领导人接见红卫兵的活动中,因人员过多,一些红卫兵拼命地挤着要去近距离看毛主席,有的往前挤,有的往后挤,正好那个地方有一座小桥,桥的载重量没有那么大,过分拥挤就把桥栏杆挤坏了,有些人被挤伤,有的人被挤到桥下。有关部门向总理报告发生拥挤情况，总理马上问："送没送医院？"他们说都送到医院了，大部分送到空军医院，因为事发地点离空军医院近。总理马上坐车到空军医院，下车直奔病房，当时场面真是惨不忍睹，都是十几岁的孩子，有的吊着腿，有的吊着胳膊，看后让人心里很难受。总理走到每张病床前，与受伤的孩子们握手问候，总理慈爱地询问他们的伤情、他们的年龄、在哪个学校上学以及父母亲的工作等情况，安慰他们好好养伤。当问到一位小姑娘时，得知她被挤得眼睛出血，总理马上对身边一位医生说："有没有内伤？"医生说："没有发现内伤。"总理再三叮嘱医生："不要

◆ 周恩来接见"铁人"王进喜

大意，要仔细观察，再做进一步检查。一定要把孩子治好，不要让她落下后遗症，都是十几岁的小孩，落了后遗症怎么得了。"并安慰小姑娘不要害怕，放心一定会治好病的。

一次我们随总理乘车外出，一位骑自行车的女孩子，因听到喇叭声受到惊吓，歪倒在周恩来的汽车旁。周恩来要亲自下车察看，我们考虑到正值下班高峰，行人很多，在我们的一再劝阻下才请警卫局的同志下去处理。那女孩发现总理坐在车上与她招手，说什么也不去医院，说是只破了衣服，皮都没破，不会有什么事。警卫局的同志与交通警察一起劝说把女孩送到医院做了全面检查，待结果证明女孩没有受到伤害，警卫局的同志买了件衬衣送给她。

总理病重期间，关心着云南锡矿工人，派人了解他们多发肺癌的原因，指示专家研究预防措施和治疗办法。在病危期间，总理预感自己治愈的可能性很小，指示为他治病的专家多去医院为其他患者治病，他说："我这里事情不多了……"交代医生们，他死后要解剖，叫医生们多研究，提高医疗水平，为医学界作贡献。值此临终之际，周恩来仍想的是别人，想的是国家。他胸前那枚"为人民服务"的胸章，真正印证了他的一生，他是真正忠心耿耿地为人民服务的一生。从周恩来的一生，我看到了什么是鞠躬尽瘁，死而后已，什么是真正地全心全意为人民服务。

坚持原则　严于律己

国家的大政方针，总理都参与制定。很多的规章制度，他是参与制定者，更是严格执行者，可以说总理是执行制度的典范。1959—1961年三年经济困难时期，国家规定粮油供应量，总理、邓大姐带头压缩，不吃或少吃鱼、肉；规定的自费用药，总理亲嘱我们准时交钱；因私用车计程交费；反对走后门当兵，他动员已经穿上军衣的侄女周秉建，脱下军装回内蒙古继续当牧民；三位工作人员的子女去当兵也被总理劝止。当时国家外汇紧缺，总理出国不领按规定可以领取的零用费；外出视察工作主动交伙食费和粮票。节约用水、用电是总理、邓大姐的良好习惯，为提醒工作人员养成节约的好习惯，大姐让我在电门开关下贴上"随手关灯"，在水龙头旁贴上"节约用水"的标识。

总理、邓大姐不仅自己这样做，也教育我们工作人员同样遵守各项

◆ 1964年1月16日至21日，周恩来访问马里期间，受到人民群众的热烈欢迎。左一为莫迪博·凯塔总统

周总理教育身边工作人员

制度，响应国家号召，从我做起。比如，在计划生育这个问题上，总理就是要从他身边人员做起。我的爱人生第一胎时，总理非常关心我爱人的健康，先问她的身体怎么样？随后问我："绝育了吗？"我说："她体温有些高，暂时没做。"总理关心地说："注意她的身体不要落下什么病。"时隔五年，我有了第二个儿子，总理一起床，我马上去报告，说我爱人已做了绝育手术。总理马上问我："为什么你不做？"我说："我爱人这次是剖腹产，顺便就做了结扎手术。"总理才没说我什么。几年后，周总理的专车司机杨金明自己做了绝育手术，总理表扬了他并关心他的夫妻

◆ 1964年1月30日至2月1日，周恩来访问埃塞俄比亚期间，和海尔·塞拉西皇帝在一起

生活，杨金明语气肯定地对总理说没有任何影响。

总理严格要求自己的例子随处可见。在国际交往中，他特别尊重国际友人的习惯，让来访的客人在中国过得愉快。出国访问时，他又带头尊重对方的生活习惯和信仰。有一次，总理去马里访问时正值伊斯兰斋节，与总统凯塔会谈到了朝拜的时间，周总理主动提出，请总统先去朝拜，回来再继续谈。总理的举动赢得了总统的称赞。

来访的国家元首和政府总理，到中国各省、市去访问，周总理原则上都要陪同。他规定地方把最好的宾馆给客人住，他住在开放的饭店。如去杭州，给客人安排住别墅，他住杭州饭店；去上海，客人住58号（这是

◆ 1973年9月，周恩来在机场迎接法国总统乔治·让·蓬皮杜

当年上海最好的地方），总理住锦江饭店南楼。

1963年底至1964年初，总理访问非洲十四国时，那些国家都是以最高礼遇接待，不少国家从礼遇和安全角度考虑，安排总理住进总统府或皇宫。访问埃塞俄比亚是为了谈判有关建立外交关系的条件，对方安排总理住皇宫，事先不允许先遣人员进入，到达当天才由使馆人员先一步进房查看。原来是皇帝的行宫，皇帝一家住在一边不动，把另一边给总理和陈毅副总理住。这一边有餐厅、会客厅和两间睡房，总理和陈毅副总理各住一间，合用一个厕所，而对方把我们这些身边工作人员都安排在远离皇宫的饭店。总理、陈毅副总理身边一个工作人员不留是不可能的，经与对方交涉，在两位首长的睡房外廊加了三张床，最起码应该留下五名工作人员，包括翻译、医生、警卫。总理知道后问我们："可以吗？"我们当然是肯定回答："没问题。"总理说："看这皇宫很气派，给咱们住的就太少了，不过只有两个晚上，你们不要再向对方提

◆ 周恩来访问非洲

◆ 1964年1月，周恩来和陈毅访问苏丹期间，在参观著名棉区吉齐拉时接受儿童献花

什么要求。"就这样，我们五个人，只有三张床，考虑翻译第二天的工作量很大，他睡一张，医生睡一张，卫士长成元功与陈老总的副官相互推让，我只好睡在地毯上。总理、陈老总合用一个厕所，他俩睡觉后，我们无法进厕所。成元功想了个办法，在服务员下班前，向他要了五瓶啤酒，把酒都倒掉，用这五个空瓶子，以解我们五个人晚上的内急。第二天早餐，总理、陈老总和我们围坐在一个西餐桌旁，看着我们几个西装革履的样子，想想昨天晚上的狼狈相，真是让人想笑。

周总理的身教言教

跟随周总理十多年的时光，亲眼看见他的为人处世，目睹他为事业日理万机。想说，想写，千头万绪，还是归到他的身教言教上来。

总理对我们要求很严格。我把总理对我们多年的教育归纳为"四要六不准"。当时虽说没有记录成文，但是多年来我们都是不走样地去执行，谁也没去违反它，只是在实践中不断充实、提高。今天回忆起这谆谆教导，仍觉十分亲切。

"四要"是：

一要不断学习，不断提高。总理曾经对我们在他身边工作的同志有这样一个评价：对党的事业忠心耿耿，工作是尽心尽力的，用"红与专"的尺度来衡量，"红"还可以，仍然要不断地学习，学马列，读毛主席的书，不断地提高。"专"就不够了，这当然也不是全不够。比如说秘书们搞的专业还可以，但也需要提高知识面，提高处理问题的能力。搞警卫工作的知识面就更短缺了。不是战争年代，有的没打过仗，打靶还可以，会开汽车吗？他认为开汽车有用，要学会开汽车。总理讲后，1969年，张树迎和我用业余时间学会开车，拿到驾驶执照。

总理常说，不会讲外语不行，至少学会一种外语的日常用语，便于出国时使用。总理说这话，是有所指的。有一次去阿尔及利亚访问，服务员问我们需要吃点什么，我们几个人谁也听不懂，还是总理用法语答复了那位服务员。总理认为，其他同志，像医生、护士、厨师的专业技术水平，更是学无止境的，要不断地提高。"又红又专"是个目标。

二要学会利用时间。总理要我们抓紧时间学习。比如他在里边开会，叫我们把工作安排好，不要光聊天、打扑克，每天抽出两个小时，或更多一点的时间，看些书，研究点问题。

三要健全党支部生活。总理、大姐以一个普通党员的身份参加支部活动，过组织生活。他特别强调支部的核心领导作用，要求我们团结协作，遇到问题，要发挥支部作用。在"整党"的会上，邓大姐带头向支部全体党员暴露自己的思想。周总理亲自投票选举支部委员。在那动乱的十年"文化大革命"期间，西花厅党支部没停止正常的工作，始终起着坚强的核心作用。我们这个整体，始终保持着相互尊重、相互关心、团结协作的良好作风。

邓大姐把撒周总理骨灰的事，交给党支部去办，她以一位党员的身份与当时的支部书记张树迎和副书记的我来商量，说周总理是党员，他的事也要依靠组织。邓大姐生前也交代，死后的骨灰仍由党支部去安排，并指定由支部书记和警卫秘书去撒。

四要体谅别人，关心别人。总理在这方面做得很周到，给我们起到了表率。他要求我们逢事、为人不要只站在个人角度去看问题，处理事情，要多一点为别人着想。我们接触到的事务性事情较多，如果只是一厢情愿去想、去要求，难免脱离客观，脱离现实，给对方造成困难。

"六不准"是：

一不准用总理办公室的名义谋私情。在周总理这里工作，不论是谁，都要认真严格按照总理要求的作风去工作。上自办公室主任，下到每一位服务员，谁也不准利用总理的名义去为办公室这个小集体，为个人去谋求什么，索取什么。先后几十年，大家都严格遵守这一条。

二不准提前、超标晋职晋级。办公室的人员是由各业务部门抽调来的，每逢调整级别，都是按统一规定调整，不能先于其他单位。童小鹏由统战部调到总理办公室任主任就是副部级，到1968年调到中办当副主任，仍为副部级，十多年没变化。"文化大革命"开始遭到迫害，下放到农场劳动，"解放"后，恢复工作，仍是副部级。另外一些秘书，调来时是局级、处级，1965年总理办公室撤销改为总理值班室，被调离的同志仍保持原有的级别，调到新的岗位。级别的调整，不能因是在总理这里工作提前晋级。1964年调级时，办公室的负责同志想多调整几位级别较低的同志，但由于调整比例所限，不可能多调。他们严格遵守总理不搞特殊的规定，没有向上级多要名额，而是由两位按规定可以调级的秘书放弃调级，让给了几位级别较低的同志。

三不准搞特殊。这一条是先从总理、邓大姐开始的，他们严格遵守这一条。这条原则的规定，执行起来涉及面就很广了。总理曾经对我们这样说过，不要因为他是总理就特殊，你们也不要因为在这里工作就自感特殊，为人、做事就事事特殊。有些事情是工作上需要的，如坐专机、坐专列等，不是工作就不会有这样的待遇。邓大姐严格遵守这一条，她没有因为是周恩来的夫人，而随总理到处走。更主要的一条，她没有因为是一位老革命者，在党内享有一定声誉，参与和干预总理的工作，更不用说去左右总理处理大事、小事。只是中央在外地开会，作为中央委员的邓颖超，才搭乘总理的专机或专列一同去。1962年周总理去杭州治病，邓大姐陪去，住在杭州饭店。邓大姐的房费、伙食费都自付，真可谓执行规定的模范。在总理、大姐的影响下，我们这些工作人员谁也不敢搞特殊，谁也不会搞特殊，逐步成为我们自觉的行动。

四不准接受礼品，不准买土特产。新中国成立初期，各地的领导乃至群众，出于对中央领导的热爱，把当地的土特产，以各种形式，送到中央，有吃的，也有用的。在当时也可称得上高档物品了。中央曾下令制止过。但是，"大跃进"的1958年，这股风又刮了起来，不少单位向中央送吃的、用的。周总理对办公室明确规定，不准收受国内任何单位或个人送的任何礼品；出差到外地，不准接受或采购土特产；国际交往中，外宾送的礼品，不论是用的或观赏的，一律上缴。

五不准占用公家的东西。周总理住进西花厅，日常生活用品都是自费购置，做饭用的锅碗瓢勺，吃饭用的筷子、抹布，就连工作人员为他们服务搞卫生用的肥皂、揩布也是用他们的工资去买，不得到管理部门去领。为此事，我们这些工作人员也展开过争论，有人认为搞卫生的肥皂、去污粉应该去领，管理部门有这项开支。争论的结果，还是严守周总理规定的公私分明的原则。卫士长成元功是位理家能手，肥皂整箱地买，买回来先晒干，再给服务员洗衣用。因为晒干了，会用得久一些，可以为周总理、邓大姐节省开支。

六不准盛气凌人。周总理经常教育我们，工作上要严肃认真，高标准，对人要和气，要宽容，要以礼相待。要求我们不要因为在总理身边工作就高人一等，不要有优越感，要夹着尾巴做人。待人接物更要谦虚，特别遇到急事、不顺心的事，要冷静，要以理服人，不要以势压人。

周恩来、邓颖超合用一个骨灰盒

我和张树迎受邓大姐之托，与治丧办公室的同志一道，去八宝山选购骨灰盒。八宝山的同志拿出他们已有的两种。我们选定了其中花纹较好的一种，而这一种的价格不是最高的。经过细致检查，发现有一处损伤，他们又拿来同样的一个。这一个盒盖不太好开，再要第三个，他们说没有了。经与治丧办的同志协商，就选定了这第二个。这是一个普普通通的骨灰盒，不是为总理去世专门订做的。

回来向大姐报告后，邓大姐说她不看了，全权委托我们去办。

邓大姐把骨灰盒的好与不好看得很轻，她说："装一下骨灰，没必要那么讲究。"她还说："恩来用完后，把盒子拿回家来，保存着，等我死后，也用这个骨灰盒。"

周恩来总理用的这个骨灰盒，一直保存在邓大姐那里，工作人员定期擦擦、晾晾。这期间，大姐几次讲，她死后就用这个骨灰盒，不要再买新的，不要浪费国家的钱。

有一次她对赵炜和我说，她用完以后，你们还可以用。我们说，等你那一天用完了，就会收藏起来，我们哪个人也没资格用。大姐风趣地说："我死了，就管不着了。"

◆ 周恩来、邓颖超先后用过的这个骨灰盒，现珍藏在天津

今天这个曾装过周恩来、邓颖超两人骨灰的骨灰盒，已由天津文物局收藏，陈列在周恩来邓颖超纪念馆。

周恩来、邓颖超的收支情况

周恩来总理1976年1月8日去世后，我们整理了周恩来和邓颖超两人的工资收入和支出账目。收入只有单一的工资和工资节余部分存入银行所得的利息，别无其他进账。而支出的项目比收入的项目要多一些，大体有这样几项：伙食费、党费、房租费、订阅报纸费、零用费（购买生活用品），特支：补助亲属和工作人品、捐赠费。

从有记载的1958年算起，截止到1976年，两人共收入161442.00元，用于补助亲属的36645.51元，补助工作人员和好友的共10218.67元。合计46864.18元，占两人总收入的四分之一。

这说明两位老人对有困难的同志都给予补助，他们把同志们的困难看成自己的困难，对亲属，对同志体现了无微不至的关心和爱护。比如说，给周总理开车多年的司机钟步云，因克什米尔公主号飞机失事遇难，多年来总理、大姐都关心着他的家人。在得知他的女儿结婚，邓大姐给她送去300元作为结婚的费用。

在60年代这300元可不是小数了。邓大姐经常这样讲，拿自己的钱补助同志，也就节约了国家的钱，这些同志就不会再向国家申请补助了。

周总理的月薪404.80元和邓大姐的月薪342.70元，合起来是747.50元，在领导人的收入中，算是不少的。五位常委的工资都是一个级别，而夫人们的收入就不等了。总理和大姐没有亲生子女，经常把剩余的钱拿出一部分来补助他人。他俩除每月应缴纳的党费外再多余的钱，积蓄够5000

元就交党费，在我到西花厅工作期间，他俩曾三次交党费共计13000元。总理去世后，两人合计积蓄5709.80元。这以后，邓大姐个人还交过3000元党费。80年代，随着工资的调整，邓大姐收入增加，1992年7月最高达到过706.50元，她仍然坚持艰苦朴素的生活，仍然帮助有困难的亲属和工作人员，对执勤部队进行生活补助，捐赠希望工程、亚运会等。

1992年，邓大姐去世后，我们遵照她的嘱托，把她所有的积蓄，包括已购买的国库券550元，共计11146.95元，全部交了党费。

◆ 1969年上交3000元党费的收据

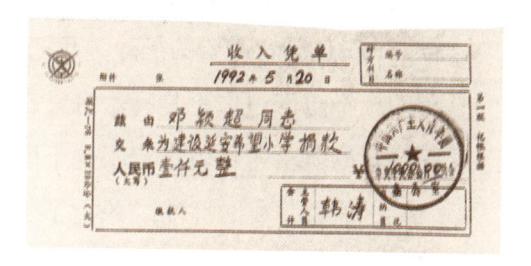

◆ 1992年邓颖超为建设延安希望小学捐款1000元的收据

◆ 邓颖超交纳党费的收据

◆ 邓颖超为庆龄女子学院捐款的收据

记录下邓大姐的思念

1988年3月5日是周恩来九十诞辰，时隔40天后的4月11日，正逢西花厅庭院里的海棠花盛开。每到这个季节，邓大姐到院子里散步的次数会自然增多。一天，我们陪大姐散步，大姐对我说："小高，咱们不是有台可录音的收音机吗？你把录音机准备好，我有话请你录下来。"根据我们的工作习惯，我不会问她讲什么，只是需要马上准备好，随时听候。

邓大姐的午休是定点的，下午4时许，邓大姐约我带上录音机到她办公室，请护士通知其他人，没事别进来。这有两个原因，一是怕影响她的思路；二是录音需要的是静。我把录音机摆好位置，邓大姐开始说了："看花的人不再来，你不是喜欢海棠花吗？！解放初期，你偶然看到这个海棠花盛开的院落，你就选定了这个院落……"说到这里，她停下来，问我："录上了吗？"我回答说："录上了。"此刻我理解大姐的意思，马上说："大姐，请你等等，我试一下。"于是我把录好的带子重放了一遍。大姐听后满意地点头说："挺好，咱们接着说。"大姐吐字很清晰，慢慢地继续说。我观察大姐的表情，看她一边说，一边目不斜视地看着前方，陷入了深思。我在想，周总理去世十二年了，这十二年邓大姐每时都在想着他，特别到了这满院鲜花盛开的春天，大姐独自一人散步，她怎么样个心情，别人是难以体会的。她讲到"十二年是短暂的"，这是指历史的长河。她接着又说："但是，偶尔我又感到是非常漫长的。"可以想象得出邓大姐这十二年是在悲痛的思念中度过的。今天，她要把埋在心底的话讲出来，以告诉她的老战友、老伴，也是对老伴九十诞辰的纪念。

录音机不停地转动，邓大姐在继续说："……海棠花开的时候，它是叫人那么喜爱，但是花落的时候，它又是那么静悄悄的，花瓣落满地，人家说，落花比开花更好看。"周总理何不是这样，他为祖国，为人民作出了贡献，世人目睹，像春天的花在祖国、在世界开放，他的离开又何尝不是静悄悄的。他的骨灰已在深夜，不叫人们送别，静静地撒向祖国大地。

约半小时，大姐的讲话停下来，说了声："今天就讲到这里，你回去从头放一下,听听怎么样,下次再录。"

第二天、第三天的同样时间,邓大姐继续两次把她的话讲完,我重复地听完她的三次录音,录得还清楚,经她同意,我把它整理成文字,存下来。

我是把录音讲话一字字记下的,没有怎么加工就是一篇非常好的文章,可见邓大姐的文学功底。

我把邓大姐这篇遗作原原本本地抄录下来,供读者阅。

春天到了,百花竞放,西花厅的海棠花又盛开了,看花的主人已经走了,走了十二年了,离开了我们,他不再回来了。

◆ 20世纪60年代,周恩来与邓颖超在西花厅

◆《邓大姐的思念》录音带

你不是喜爱海棠花吗?！解放初期，你偶然看到这个海棠花盛开的院落，你就选定了这个院落，就到这个盛开海棠花的院落来居住，你住了整整的二十六年，我比你住的还长，到现在已经是三十八年了。

海棠花现在依旧是开得鲜艳，开得漂亮，惹人喜爱，它结的果实在美味，又甜又酸，开白花的结红海棠，开红花的结黄海棠，果实累累，挂满枝头，真像花果山。秋后在海棠成熟的时候，大家就把它摘下来吃，有的把它做成果子酱，吃起来非常美味可口。你在的时候，海棠花开，你常常白天在繁忙的工作之中，抽几分钟散步观赏，在夜间你工作劳累了，有时散步站在甬路旁的海棠树前，你总是抬着头看了又看地欣赏它，可以从它那里得到一些花的美色和花的芬芳，得以稍稍的休息，然后又去继续工作。你散步的时候，有时候约我一起，有时候和你身边工作的同志们一起，你留下的看花背影，仿佛就在昨天，就在我的眼前，我们并肩在欣赏我们共同喜爱的海棠花啊，不是昨天，是十二年以前。十二年已经过去了，本来这十二年是短暂的，但是，偶尔我感到是漫长漫长的。

海棠花开的时候，它是叫人那么喜爱，但是花落的时候，它又是那么静悄悄的，花瓣落满地，人家说，落花比开花更好看。你喜欢海棠花，我也喜欢海棠花，你在日内瓦会议的时候，我们家里的海棠花正在盛开，因为你不能看到那年盛开的海棠花美好的花朵，我就特意地剪了一枝，把它压在书本里头，经过鸿雁带到日内瓦给你，我想你在那样工作繁忙的中间，看一眼海棠花，可能对你有些回味和得以休息，这样也是一个享受。

你不在了，可是每到海棠花开放的时候，常常有爱花的人来看花，我们在花下树前，大家一边在赏花，一边在缅怀你，想念你，仿佛你仍在我们中间。你离开了这个院落，离开它们，离开我们，你不会再来。你到哪里去了啊？我认为你一定随着春天温暖的春风，又踏着严寒冬天的雪地，经过春风的吹送和踏雪的足迹，你已经深入到祖国的高山、大地，也飘进了黄河、长江，经过黄河、长江的运移，把你送入了无边无际的海洋。你，不仅是为了我们的国家，为我们国家的人民服务，而且为全人类的进步事业，为世界的和平，一直在那里跟他们永远并肩战斗，生长壮大。

当你告别人间的时候，我了解你，你是忧党、忧国、忧民，把满腹忧恨埋藏在你的心里，跟你一起走了。但是，你没有想到，人民的力量，人民的觉醒，我们党的中坚优秀领导人，很快就一举粉碎了"四人帮"。"四人帮"粉碎之后，祖国的今天，正在开着改革开放之花，越开越好、越大、越茁壮，正在结着丰硕的果实，使我们的国家繁荣昌盛，给我们的人民带来幸福。

我们中央领导集体，他们朝气蓬勃，精力充沛，他们掌握着马克思列宁主义、毛泽东思想，和中国的实际密切结合，实事求是地制定我们国家的建设宏图，克服着前进中的困难，完善着我们的法制，这使我无限的振奋。

曾记否？遥想当年，我们之间经过鸿雁传书，鸿雁飞过欧亚大陆，越过了海洋，从巴黎名城，到渤海之滨的天津，感谢绿衣使者把书信送到我们的手里。有一次，我突然接到你寄给我的李卜克内西和

◆ 1950年，在西花厅银婚纪念

卢森堡像的明信片，你在明信片上写到"希望我们两个人，将来也像他们两个人那样，一同上断头台"。这样英勇的、革命的誓言。那时我们都加入无产阶级先锋队的行列，宣誓的时候，我们都下定决心，为革命而死，洒热血，抛头颅，在所不惜。我们的情书、来信，可以说是情书，也可以说不是情书，我们信里谈的是革命，是相互的共勉，我们的爱情总是和革命交织在一起，因此，我们革命几十年，出生入死，艰险困苦，患难与共，悲喜分担，有时战斗在一起，有时分散两地，无畏无私，我们的革命生涯，总是坚定地、泰然地、沉着地奋斗下去。我们的爱情，几十年也没有任何的削减。

革命的前进，建设的发展，将是无限光明的、美好的。近一百多年来，特别是中国共产党成立之后，我们无数的英雄儿女和爱国革命志士，他们为挽救中国，建设新中国，被敌人的屠刀、枪弹杀害。他们的忠骨埋在祖国处处青山下，他们的鲜血染红了祖国的大地山河，在我们镰刀斧头党的鲜艳红旗上，在我们五星国旗上，有他们血染的风采。无数的战士倒下去了，我们幸存者，为继承他们没有完成的事业，落在我们双肩上的任务很重很重。有外宾问你，你哪里来的这么充沛的精力去工作？你说，一想到我们死去的那些烈士，我们亲密的战友们，我就有使不完的劲，要加倍地努力工作，全心全意地为人民服务。这也激励着我，使我无限地振奋，我要老骥伏枥，志在千里，烈士暮年，壮心未已，把我有生的余力和余热，更好地为人民多服一点务。

你和我原不相识，姓名不知。1919年，在我国掀起了爱国五四运动，反帝、反封建、反卖国贼，要救亡图存的以学生为中心的包括工农商的举国上下最广泛的一次伟大的运动，反对当时签订凡尔赛和约。就在这次运动高潮中，我们相见，彼此都有印象，是很淡淡的。

在运动中，我们这批比较进步的学生，组织了"觉悟社"，这时候,我们接触的比较多一点,但是,我们都要做带头人,我们"觉悟社"相约,在整个运动时期,不谈恋爱,更谈不到结婚了。那个时候,我听说你主张独身主义,我还有个天真的想法,觉得我们这批朋友,能帮助你实现你的愿望。所以我是站在这样一种立场上去对待你的。而我那时对婚姻是抱着一种悲观厌恶的思想,在那个年代,一个妇女结了婚,一生就完了,所以在我上学的时候,路上遇到结婚的花轿,觉得这个妇女完了,当时就没有考虑到结婚的问题。这样,我们彼此之间,都是非常自然的,没有任何别的目的,只是为着我们共同的斗争,发扬着我们的爱国主义,追求新思潮,追求进步。就是这样的,没有任何个人意思的,没有任何个人目的的交往,发生起来,建立起来的友情,是非常纯正的。我不曾想到,我们分别后,在欧亚两个大陆上,通信之间,增进了了解,增进了感情,特别是我们建立了共同的革命理想,为共产主义奋斗。三年过去,虽然我接到你的信比过去来得勤了,信里的语意,我满没有在心,一直到你在来信中,把你对我的要求明确地提出来,从友谊发展到相爱,这时我在意了,考虑了,经过考虑,于是我们就定约了。但是,我们定约后的通信,还是以革命的活动,彼此的学习,革命的道理,今后的事业为主要的内容,找不出我爱你,你爱我的字眼。你加入了党,我加入了共产主义青年团,我们遵守党的秘密,没有互相通报。我们的思想受了国际、国内新思潮的影响,我们彼此走上了共同的道路,这使我们的感情不是个人相爱,而是上升到革命,为革命、为理想共同奋斗,这是我们能够相爱的最可靠的基础,而且,我们一直是坚持把党的利益、革命的利益、国家的利益放在第一位,而把个人的事情、个人的利益放在第二位。我们在革命征途上是坚定的,不屈不挠的,不管艰难险阻,都是勇往直前去奋斗。不计个人的得失,不计个人的流血牺牲,不计

◆ 1970年，周恩来、邓颖超在西花厅海棠树下留影

夫妇的分离。

我们是经过这三年之间的有选择地确定了我们相爱关系，又经历了三年考验。一直等到党中央调你回国，这样我们才在我们两地党的组织同意下，我从天津到广州，于1925年的初秋或者是夏末结婚了（1925年8月8日）。当时我们是要求民主，要求革新，要求革命，对旧社会一切的封建束缚，一切旧风俗，我们都彻底消除。我们那时没有可以登记的地方，我们也不需要什么证婚人，介绍人，我们更没有什么仪式，住在一起。这就是我们在革命之花开放的时候，同时爱情之花并开了。

你的侄辈让你讲你我的恋爱故事，你曾说就是看到我能坚持革命，我也看到你这一点。所以我们之间谁也没有计较谁的相貌，谁的性格有什么差异，为共产主义的理想奋斗，这是最可靠的长期的相爱的基石和保证。我与你是萍水相逢，不是一见钟情，更不是恋爱至上思想，我们是经过无意的发展，两地相互通信的了解，到有意的，经过考验的结婚，又经过几十年的战斗，结下了这样一种战友的、伴侣的、相爱始终的、共同生活的夫妇。把我们的相爱融化在人民中间，融化在同志之间，融化在朋友之间，融化在青年儿童一代。因此，我们的爱情生活不是简单的，不是为爱情而爱情，我们的爱情是深长的，是永恒的，我们从来没有感觉彼此有什么隔阂，我们是根据我们革命事业，我们的共同理想相爱的，之后又发现我们有许多相同的爱好，这也是我们生活协调，内容活跃的一个条件。

恩来，每当我遥想过去，浮想联翩，好像又回到我们的青年时代，并肩战斗的生活中去，心潮澎湃，久久不能平静。然而我现在老了，但是我要人老心红，志更坚，生命不息，战斗不止，努力为人民服务。

同志、战友、伴侣，听了这些你会含笑于九泉的。我写的这篇，既不是诗，又不是散文，作为纪念战友、伴侣的一篇偶作、随想吧。

邓大姐的原则性

1984年4月10日、11日，我陪邓大姐在西花厅家里分两次看完话剧《一代英豪》的录像，她一边看一边随着剧情的发展提出自己的见解。这些见解充分表现了邓颖超同志尊重历史、实事求是的精神。邓大姐说，写历史剧非常重要的一点就是要真实，虽说应有些艺术夸张或增加一些人物作为衬托，但基本的内容要符合历史事实，要让后代人了解历史真实的面貌，从而达到教育后代的目的。大姐的意思是，历史的基本内容这条主线不能改。她接着说，写历史剧的人，应该多去采访现在还活着能说明情况的一些人，当然，要考虑这些老同志的身体条件。编剧或导演不要凭自己的想象，用现代人的眼光去看历史人物，要多做调查研究，搞准了才演得好、才演得真实动人，不是演完了就结束了，要对历史负责。

她一边看，一边谈了对《一代英豪》的几点意见：

1. 上海工人三次暴动时，蒋介石不在上海。

2. 蒋介石对周恩来习惯于叫党代表或周主任，而不会叫恩来同志，因为周恩来当时是黄埔军校政治部主任，而话剧里面写蒋介石叫恩来同志。

3. 1927年，周恩来在上海被抓起来，关押了一天一夜，是一个叫斯烈的人抓的，斯烈是哥哥，他的弟弟叫斯利，把周恩来放出来，还是斯烈放的。

4. 蒋介石和宋美龄是1928年1月结婚。剧中宋美龄和蒋介石的关系在1927年如此紧密是不可能的。

5."话别"一场纯属编造。1927年4月邓颖超不在上海,她是5月1日才由广州到上海的,即便邓颖超在上海,她也不会像剧中所写的那样把周恩来送到楼下,讲了好多离别的话。那时候没有这种可能,当时的环境不允许有这样沉着的话别,这不合情理。实际上周恩来是由一位交通员护送走的,聂荣臻同志当时在武汉,也没有专程来接。

6.邓颖超离开武汉的时候,话剧里有一个跳舞的场面,武汉形势很紧张,哪有时间跳舞呢?

7.汪精卫的老婆非常厉害,可以说是"母老虎",她不可能允许一个日本女子与汪精卫那么形影不离。从另一个角度来说,汪精卫与日本人不可能像剧情里那样明目张胆地勾结。

8.邓颖超在武汉时,没有公开露面。她到处跑、到处躲,还来不及呢,哪会有什么交往。另外,当时她没有剪发,而是留的发髻。

9.邓颖超与周恩来结婚时没有举行婚礼。剧中说何香凝参加了他们的婚礼,这是子虚乌有;还有何香凝和宋庆龄为他们结婚送画,这纯属虚构。何香凝和宋庆龄都是叫周恩来为周先生、周主任,而不是剧中所说的叫恩来同志。

10.陈赓同志当时还没戴眼镜,而剧中陈赓都戴着眼镜。

11.张发奎当时根本没留小胡子,剧里张发奎都有小胡子。

12.当时的女子没有烫头的。

以上这些都是邓大姐在看话剧时跟我讲的,从中表现了她实事求是的精神。我所理解的是,在写历史剧时,夸张是需要夸张,但主线不能夸张,更不能歪曲历史。

1991年,为纪念周总理诞辰九十周年,电影制片厂拍摄电影《周恩来》,拍摄接近尾声的时候,有些镜头需要在中南海西花厅进行实地拍摄。在拍摄中应摄制组的请求,1991年4月24日下午5点55分至6点12分,邓大姐接见了《周恩来》摄制组部分演职员代表并发表了讲话。大姐说："同志们好！你们拍摄《周恩来》这个片子很有意义，我对你们来看我，感到非常高兴。你们来我知道，你们拍片子我也知道，小高把你们拍片子的过程和所需时间都跟我讲了，所以你们需要拍多久我就陪多久，我非常地欢迎你们。恩来在党的培养下，勤勤恳恳地、忠实地为人民服务。每个共产党员，只有了解人民才能更好地为人民服务。你们是人民的文艺工作者，反映人民的历史，你们拍周恩来实际上是反映人民的历史，所以不要夸大，这一点是很重要的。"

她对王铁成说："我已经见过你几次，你演得真好。"她说王铁成现在胖了，大姐说："很抱歉，我是老弱病残了，你的片子拍出来我可能看不上，但是我一定要争取看一看。希望你们要按文献研究室的资料去拍，要实事求是。"当时电影导演丁荫楠插话说："邓大姐，我们是按照文献室的资料拍的。"赵炜还插了一句话："金冲及是他们片子的顾问。"大姐说："好！好！你们拍这部片子，不要夸大，但是写人民的事情，也不要做得不够。你们拍这部片子，不仅是为了纪念周恩来，更是为人民服务，有一点你们必须多看看文献资料，每时每刻都要看看共产党员是怎样为人民工作的。"我当时在场，听了邓大姐的讲话感受颇深，就是说通过拍电影《周恩来》，一定要体现出周恩来为人民服务的精神，使观众能从周恩来这个共产党员的身上，看到一个党员怎么为人民服务，中国共产党是怎么代表人民、怎么为人民服务的。邓大姐时刻想着一个共产党员的责任就是为人民服务，怎么样想着人民，这是她老人家一贯的思想。

邓大姐因身体关系，大概十多分钟就结束了与摄制组的接见。有人说："邓妈妈，我们和您照个相吧！"邓大姐就和他们照了合影。大姐最后说："请你们转达我对摄制组全体成员的问候，祝你们搞好片子，不要太累，你们要身体好，小高说了，你们要拍三天？"她转身就问我："小高，你是不是只允许人家拍三天?"我一听大姐这个意思,赶紧改口说:"他们需要拍多久就拍多久,只要能把片子拍好。"大姐接着说:"你们要把你们所知道的文献资料全部提供出来。"丁荫楠就在旁边插话:"大姐,您就放心吧,总理的动作他(指我)都交给我们怎么做,对我们摄制组很有帮助,我们会抓紧时间,只要我们多待一天,就影响您老人家一天,肯定使您分心,我们只想快点拍完。"大姐说:"没关系,没关系,你们拍你们的,我很有收获。"这次会见非常圆满。

在邓大姐身上体现了尊重历史、实事求是的精神:用事实来讲党的历史、党的人物,而且要讲够、讲透,不要夸大、不要虚构,这样才能真正体现一个共产党员和整个共产党的思想品德。

邓大姐出席母校校庆

1986年初,邓大姐接到了河北师范大学八十周年校庆的邀请。时任全国政协主席、年已八十二岁高龄的邓颖超,出于对母校的热爱和对教育事业的关心,她决定去河北省石家庄出席校庆。

河北师范大学的前身是于1902年建于北京的顺天府学堂,1906—1912年春为北洋女师范学堂,1912—1913年为北洋女师范学校,1913—1916年为直隶女子师范学校,1916年1月—1928年9月为直隶第一女子师范学校,1928年9月—1929年6月更名为河北省第一女子师范学校,1929—1949年为河北省立女子师范学院,1949年8月—1956年7月为河北师范学院,1956年8月更名为石家庄师范学院,1960年为石家庄师范大学;1962年为河北师范大学至今。邓大姐是1920年毕业于直隶第一女子师范学校的(校址在天津市)。

1986年6月12日下午，邓大姐到达石家庄，受到河北省委领导和学校负责同志的热情接待，听取学校负责同志对学校名称的变更及学校发展情况的介绍。当讲述学校历届领导的变化时，讲到有一位叫冯烨的同志，她曾是党的"八大"代表，1972年任校党委副书记，说冯烨与邓大姐相识是在重庆八路军办事处，邓大姐把她转移到解放区。邓大姐听后稍加思索地说："时间久了，几十年没联系，请你们安排我们见个面，明天大会前见见她。"第二天会前，冯烨早早等候在休息室。两人相见分外高兴，大姐拉着她的手说："你精神很好嘛！这一晃四十多年了，在重庆见面时你还是个小姑娘。"冯烨激动地说："我现在六十多岁了，在你面前我还是晚辈，还想是个小姑娘，可是不行了，时光不饶人。看见大姐这样精神，我真高兴，您这么大岁数了还来母校参加校庆，对母校这么关心，关心着

◆ 邓颖超出席校庆大会，步入会场。右二为邓颖超，右三为冯烨

母校的成长，我要好好向您老人家学习。退休了，学校很关心我，对我的生活多方面照顾。今天能见到大姐，我很幸运，得知您要见我，我兴奋得一夜没睡好觉，谢谢大姐了。"邓大姐问她这四十多年是怎么过来的？冯烨向大姐简单地讲了她的经历："1940年在大姐的安排下，我们几个人离开重庆到了河南洛阳八路军办事处，1942年离开河南到河北涉县129师师部，朱德总司令、康克清大姐和罗瑞卿同志接见了我们。1949年在北京见过罗叔章大姐。1954年由北京调来河北省石家庄，1961年任石家庄副专员。1972年在师范大学任党委副书记。1983年退休。"她强忍着内心的激动对大姐说："1959年周总理来河北长安公社视察，当时我是公社书记，我幸福地见到了周总理。"邓大姐说："不要忘记过去，不要忘记培养我们的学校，不要忘记教育我们的老师。我是这个学校的学生，不过不是大学。学校毕业后我也当过老师，亲身体会到老师们的艰辛生活、为教好学生而付出的努力。退休了，还是共产党员，党员没有退休，党的事业还要我们这些党员与人民群众共同去完成。我们是幸存者，不要忘记为革命献身的先烈们，没有他们的牺牲，就没有我们的今天，我们要生命不息，战斗不止。"

到了开会的时间，大姐说："咱们一起去开会，以后有机会到北京见。"冯烨握着大姐的手说："你老人家多保重，到北京我一定去看您。"

校庆会场设在省体育馆，场内坐满了师生和校友代表约九千多人。邓大姐到会的消息已在他们中间传开，他们期盼着邓颖超的出现。

9时整，邓大姐在省委负责人和校领导的陪同下，步入会场。当大姐出现在主席台入口处，全场起立，人们使劲地鼓掌，全场高呼："您好，邓大姐！"在邓大姐的一再道谢下，同学们才慢慢坐下。

大会按照程序进行。当主持人宣布请邓颖超同志讲话时，全场又一次爆发出热烈的掌声和欢呼声。邓大姐讲话时，全场顷刻鸦雀无声。她说："我作为一个校友，今天仅仅是一个校友，一个老校友，能作为师范大学的校友，我很荣幸。你们现在是大学生，我当年在学校可不是大学生，1920年毕业时我不满十六岁。我今年八十二岁了，能活到今天，在建校八十周年的校庆来到学校，和同学们相聚在这样一个隆重的大会上，你们能够想到吗？我是多么的高兴！多么的愉快！"

掌声会意了邓大姐的心声。

邓大姐接着说："这次我专程来参加校庆，是我多年的愿望。毕业后，我当过几年教员，后来离开了教育岗位，但是我一直喜爱教育，教育是塑造人的。在今天校庆这个庄严的大会上，我要说，学校八十年的变迁，由天津迁到了石家庄，由原来的直隶女师成长为今天的师范大学，这是一个多么不小的变化。我也八十多岁了，作为一个幸存者，我又是多么的幸运。"邓大姐非常动情的讲话赢得全场一阵阵掌声。邓大姐喝了口水，接着说："师范学校和其他学校不一样，它是培养老师的，你们出去要当老师。我希望同学们加强对师范教育的认识，要高度重视，对自己能在师范学院学习感到光荣，也要认识到你们所负担子的分量，要把这种责任感一代一代传下去。要做先生，就应该有理想、有道德、有纪律，而且更要有全心全意为教育事业服务终生的决心。"

全场的目光都注视着这位讲话的老前辈，他们聆听着邓大姐——这位老校友、当代国家领导集体的重要成员的教诲，看到老一辈革命家对教育事业、对下一代的关怀和希望。大会在庄严的国际歌声中结束。

当天下午，邓大姐乘火车准备回京，当得知在师范大学任教的英籍教师露西·布鲁恩女士希望见见邓大姐时，大姐当即表示很愿意见她，约她上火车。邓大姐握着露西·布鲁恩的手说："谢谢你为我们的教育事业作贡献。"露西说："你的讲话太好了。我很热爱中国，我最崇拜周总理。"

火车徐徐开动了，大姐站在车厢的窗口，向送别的师生们挥手致意。送别的人群渐渐消失在我们的视野之外，但看上去邓大姐回母校的愉悦心情远没有消逝。我们围坐在她身旁，她再次说："没想到我八十多岁了，还能参加校庆，看到今天大会的场面，我真高兴，好像又回到从前。教育事业在发展，国家需要高素质的人才，教育是本，万不能忽视教育。"

邓大姐坚持锻炼

深受全国人民爱戴的邓大姐，年已八十高龄，但她仍然肩负着党和国家的重要工作，终日辛劳，孜孜不倦。她老人家红光满面，行动利落，思维敏捷，记忆超群。在耄耋之年，她仍能保持身体健康，精神矍铄，得益于其数十年坚持锻炼身体。

邓大姐年幼时身体较弱，参加革命后，工作条件很困难，生活条件更是艰苦。因此，在长征的路上，她疾病缠身，20世纪40年代得过肺结核，50年代患有糖尿病，60年代闹更年期，反应厉害。所有这些都影响着她为党、为人民多做工作的成效。为了使身体逐渐好起来，从1958年开始，邓大姐向沈钧儒先生学做保健操。后来，在杜子明医生和孟继茂医生的指导下，坚持做按摩治疗，开始了有规律的锻炼。她还经常舞剑和打太极拳。随着年龄的增高和身体条件的变化，她又开始练"八段锦"，进行体操锻炼和散步等活动。在长期锻炼的过程中，邓大姐逐步摸索出一套适合她自身的锻炼动作，编成一套保健操：从面部、头部、两耳、颈部、上肢、腰部到腿部的全身运动，共有四十多个动作。她说，这是她吸收了各"流派"的精华并结合自身需要的结果。

邓大姐锻炼身体从不间断，即使在工作最忙或是出国访问的时候，她宁可晚睡一点，早起一点，也要把那些动作做完；如果因病住院，也要在医生的指导下坚持运动。她经常讲，人到老年，要活得健康，就得运动。

有个好身体，才能为党、为人民做点力所能及的工作，充分发挥自己的余热。

运动，这个使人体健康的重要因素，使邓大姐减轻或消除了不少疾病。例如，她患鼻炎已有六十多年的历史，就是用按摩的方法使鼻炎明显好转的。1980年，邓大姐不慎把右臂摔成骨折。手术后，医生们认为，像她这样高龄的老人，右臂能恢复到伸展60度就不错了。可是，她按照医生们指点的动作，坚持刻苦的锻炼，不到一年时间，基本恢复正常，根本看不出她的右臂曾是摔断过的。

邓大姐做的每一个动作，都有科学依据。像"风池"和"足三里"，是强壮身体、预防

◆ 邓颖超向老中医学做健身操

疾病的保健穴位，她便经常对这些穴位进行按摩。同时，她还针对自己的身体状况而增减一些动作。如，随着年龄的增高，两腿行动不便，她就增加了下肢的活动；老年人腰部容易酸痛，就添一些腰部的动作。同时，一些不适于她的过激活动如舞剑等就停止做了。

邓大姐说，每个人的条件不同，锻炼的方式、方法可以不同。但是，

有一个很重要的共同点，就是要有毅力，要坚持，要有"贵在坚持"这样的精神，长期地坚持下去就会有成效。

　　邓大姐经常说，身体好，也不完全为个人，多活几年，可以为党多做些工作，身体好了，也可以为别人少增加麻烦。健康长寿，只有健康地活着，长寿才有意义。一个人不健康地活着，只会增加个人痛苦，还会给别人增加负担。

相忍为党　力挽狂澜

为老百姓做最后的努力

出席"关于罗瑞卿"的上海会议

1965年12月5日,周总理让我们准备飞机去上海。邓大姐知道后,问总理这么突然去上海有什么事。当知道是毛泽东主席召见时,她也就不再问了。因为毛泽东在外地召见的次数太多了,她不便问什么事,只是问大概要多长时间。总理说:"只说有事,不知什么事,大概一两天就可以回来。"我们从他俩的对话中估计时间不会太长。不过根据多年的经验和习惯,我们为总理准备外出的行装是很充分的,出去一天和出去一个月所带的衣物一样多,甚至于还要带一些适应天气变化和再改变去处的衣物。我们个人所带的换洗衣服就没那样充分了。记得那次去上海,我只是带上了洗漱用具,说是一两天就回来,我连换洗的衣服都没带。

到了上海,总理住锦江饭店南楼十四层。当天,毛泽东召见了总理。晚上周总理就叫秘书周家鼎了解刘少奇主席的行踪,此时刘主席出访亚洲四国,回国后打算在昆明休息几天,得知毛泽东主席请他开会的通知后马上飞到上海。几天之内,中央常委、政治局、书记处的部分同志和有关省、部队的负责人陆续到了上海。12月8日会议开始,是毛泽东召开的政治局扩大会,会议内容我们这些警卫人员一无所知。与会的领导同志和工作人员住锦江南楼。毛泽东、林彪不住在这里。会议规定工作人员不得相互走串,不得离开酒店上街。规定制度的本身是与会议相适应的,严格保密,怕走漏风声。首长去开会,规定警卫人员只准把首长送到电梯口,不得跟随至会场,常委的警卫人员也不例外。

随领导同志来上海的工作人员,大部分不知时间长短,可有一条,谁也没估计到会开得这么长,也从来没规定这么严格过,连街都不能上。我连换洗的衣服都没带,脚上的袜子只有一双。当时是冬天,上海不断地下小雨，较厚的尼龙袜，当晚睡前洗了，第二天又不会干。应我们工作人员的要求，上海接待处经请示会议批准，临时在锦江北楼设一小卖部，以便我们去买换洗的衣、袜。借去小卖部的机会，到院子里透口气。说实话，一天到晚在楼内待着真难过。

会议的气氛越来越紧，我们虽然不去打听会议内容，因工作关系也会听到一言半语。觉察到身为国务院副总理、解放军总参谋长的罗瑞卿出了事。这在"文化大革命"前真是天大的事呀，是继高岗事件、彭德怀事件后的又一大事件。由于不了解事件的真相，心里更怕。

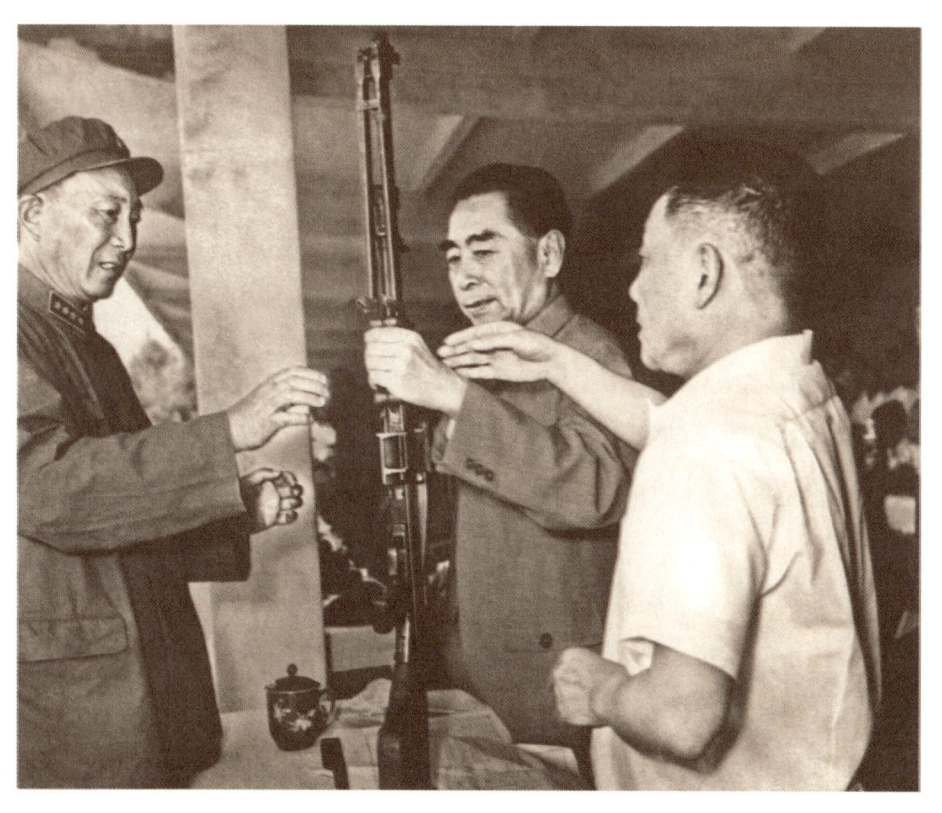

◆ 1964年6月，济南部队、北京部队在北京市郊举行军事表演。这是周恩来、邓小平、罗瑞卿（左一）在观看国产轻机枪

成元功和我，还有保健医生卞志强随总理到上海，看到这次会议的情况，特别当知道是罗瑞卿的事情后，在总理去开会的时候，我们很自然地聚在一起，议论上几句。总理来得这样匆忙，对大姐说一两天就回去。党内出了这么大的事周总理事先一点不知道，刘少奇主席也是临时由昆明赶来上海开会，也会感到突然。另外，叶群在这里搞什么名堂？她既不是政治局成员，也不是书记处成员，她怎么来参加会？还有她的女儿也跑前跑后，这到底算个什么会？我们的议论是无边际的，但也不是捕风捉影，最后还是落到这会什么时候结束，这会的结果怎么样，罗瑞卿会怎么样，因为他一直是我们的老首长呀！

12月15日，会议结束了。我们虽不知会议的内容，但已比较明确地看出这次会是针对罗瑞卿的，属什么性质的问题搞不清楚。我们这一家除周总理就属周家鼎最清楚了，他们谁也没对我们透露半句会议的内容。

时任警卫局副处长的孙勇把我们各家召去开会，宣布回北京分乘几架飞机的名单。周总理、邓小平、李富春和罗瑞卿合乘一架飞机，最后离开上海。当听到这个乘机名单后，我有些放心了，猜想着罗瑞卿的问题不会太重，不然的话，为什么能和两位常委同坐一架飞机呢？回来我对成元功一说，他也有同样的看法。

12月17日上午，飞机由上海起飞，周恩来、邓小平、李富春、罗瑞卿围坐在一块，相互交谈着，看得出，他们都很沉闷。罗瑞卿总长显得更为憔悴。回到北京后的很长时间，看不到罗总长参加什么会议，怎么也没想到他会这样被推下万丈深渊。

我再次看到罗瑞卿总长，是"文化大革命"开始后的打、砸、抢时代。在北京乒乓球馆，他被红卫兵用筐抬到会场，与彭真、杨尚昆、陆定一共同挨斗。这场面，惨不忍睹呀。由于长期在中南海领导人身边工作，对这些领导人有一种自然的感情，虽然对毛泽东主席发动的"文化大革命"不敢怀疑，但对一些领导人这样被批斗，感情上实在不能接受。

1978年8月，罗瑞卿同志为了更好、更多地工作，想把"文化大革命"中致伤的腿治好，在手术的过程中不幸死于心脏病。

寻找彭真

早在1966年3月彭真就被扣上了"包庇坏人"的帽子，罪名是"北京市委针插不进，水泼不进，是独立王国"。5月对北京市委进行改组，由李雪峰、吴德分别担任北京市委第一、第二书记，彭真被免除职务，靠边站，住在家里，等待批判。

北京市委改组后，跟着就是对北京各大专院校领导人的更换，各大专院校是"修正主义教育路线的重灾区"。因而各大专院校基本上处于无政府状态，学生们造反的势头很大。

谁也不曾想到，一件出人意料的事情发生了。1966年12月4日，彭真被人绑架了。秘书向周总理报告了这一消息。这是新中国成立以来最惊人的事件。虽然我们的国家搞了像"三反""五反"及"镇压反革命"的运动，但也未发生随便抓人的事情，更何况对领导人，特别对彭真这样在党内外享有崇高威望、为革命作出过非凡贡献的人。虽说毛泽东批评过他，但只是在党内；虽然他不当市委书记，可还是政治局委员，怎么办应由组织上决定，怎么能随便抓人呢?

周总理接到报告，很着急，马上召集有关人员商量办法，分析是哪些人所为，把当时北京有关的几个造反派组织的头头约到国务院会议厅。

造反派组织的头头们到了。周总理说明今天约他们来的用意，向他们

◆ 1956年，周恩来（右一）、陈云（左一）、彭真（右二）、杨尚昆（左二）在一起

◆ 1982年，邓颖超与彭真在天津

打听彭真同志的去处，绑架是何人所为。造反派几个头头相互耳语了一番后，一位女学生开始说话，承认是他们干的。

总理严肃地说："你们这种做法是错误的，是极端错误的。"总理叫他们马上把彭真同志交出来。几个造反派头头辩解说，他们的行为是革命行动，是"向修正主义开火"，是为了叫彭真老实交代问题。

总理说："彭真同志的问题，应由他向中央交代，而你们这些学生，不应干预中央的事情。"

会议进行了几个小时，仍然没有结果。总理有意想把气氛缓和下来，对他们说："同学们如果觉得抓走了，自己放回来面子上过不去，现在说出把彭真同志关在哪里，说出地址，由我派人去接出来也可以。"

造反派们看到了周总理的严厉态度，说话的口气虽然缓和下来，但仍不肯把彭真交出来。他们相互推诿，说是今天来的人谁也不当家，无权答应放人。还是那位女学生开了口："请周总理放心，彭真住的地方很安全。他一次可吃两个窝窝头，我们回去后商量一下，再告诉总理。"

周总理也看出，今天不会有结果，就向他们规定了几条：

第一，彭真同志的安全你们负责，出了问题拿你们是问。

第二，不准打骂、体罚。

第三，不准不给饭吃。

第四，不准再转移到其他地方。

散会后，周总理把北京卫戍区的同志留下，指令他们派出人员，一定要找到彭真同志被藏的地方，想办法营救出来；对其他领导人的家严加防范，不要再发生类似事件。还特意指出像万里同志，一定不要叫他们抓走。

红卫兵要改变红绿信号灯

在那样一个"造反有理"的大气候下，红卫兵们想干什么就干什么，简直无法无天。他们除对所谓的"牛鬼蛇神"大打出手之外，在交通管理方面也要"大显身手"。

当时交通警察指挥车辆用的是红白两色指挥棒。红卫兵们把这指挥棒与苏联赫鲁晓夫的修正主义联系在一起，说是"不能让修正主义来指挥"，应改用"毛主席语录"指挥车辆行驶。好像用"毛主席语录"指挥，就不会出车祸，不会迷失方向。

在夺权的风潮中，北京市公安局的权也被政法系统的红卫兵夺了，他们手握大权，不经任何人批准就把这红白两色交通指挥棒换成了语录本。他们还不满足，又要改变信号灯的功能。红色代表革命，什么"祖国山河一片红""红色的大地"等，当时只有红色最时髦，就差不分男女都穿上红衣服了。他们认为绿灯放行车辆是不合理的，应该改成红灯放行。于是展开一场不大不小的辩论。因为这与警察手中的指挥棒不同，路中间站着警察，你拿什么指挥都没关系，放行或不放行的手势没改变，司机们首先看到的是警察。而这红绿灯就不同了，这一改变就容易乱套。再说这红绿灯的指示标志是国际性的。绿灯放行，这是国际上通用的交通规则，怎么能随意改呢？红卫兵们可不管这些，硬是想当然地以中国为中心，欲将红色海洋染向世界。

坚持不下的两种意见反映到周恩来那里。总理听后觉得可笑，形式主义猖獗，无知到了什么程度！怎么办？不能听之任之，最好的办法也是当时唯一的办法，就是把那些持"红灯放行"观点的"革命小将"找来谈判。这些"小将"们在会上把那些可笑的所谓"理由"大谈特谈，什么"北京是世界的延安","红色是代表着革命火种","要把革命推向世界,让红色染遍全球"等等。他们讲得头头是道,却不懂得这恰恰违背了毛泽东思想。毛泽东思想是不要输出革命,是马列主义要与本国的实际相结合,革命走什么路,是靠本国人民,不是靠外界去指挥。头脑发热的红卫兵"小将"们忘记了这些,只是一味地"造反"。周恩来总理花费了几个小时向他们讲解红绿信号灯不能改变的道理。红卫兵们虽说思想不通,因为是周总理出面解决这个问题,总理的态度又很坚定,也就只好服从了。

就这样"绿灯放行"没改变,用小红本指挥交通也没维持多久,又恢复了红白两色的指挥棒。

红卫兵住进中南海

"红卫兵"这个在"文化大革命"初期产生出来的群众组织,开始出现于北京的一些中学。后来,从工厂到农村,由机关到大学,包括军队院校也都争相成立红卫兵组织,男女老少都带上了印有"红卫兵"字样的红袖章。为了区别单位的不同,袖章又印上"××红卫兵",也有的为标榜自己最革命,就印上"毛泽东思想红卫兵"等。

全国解放以后,习惯于搞运动,像"镇反""肃反""三反五反"以及"大跃进"等。1966年6月,红卫兵一出现,迅速形成声势浩大的"运动","红流"由北京推向全国各地。北京的红卫兵成立三个司令部,到全国去点燃"文化大革命"的"熊熊烈火"。各省、市的红卫兵也来北京串联、取经。

红卫兵运动起来了,毛泽东支持这些"小将"起来"闹革命"。红卫兵称毛泽东为他们的"红司令",毛泽东于8月18日走出中南海,穿上绿色军装,戴上红卫兵的袖章,在天安门金水桥上会见了各地来京的红卫兵。这次接见掀起了红卫兵来京的高潮。

各地涌入北京的红卫兵人数难以统计。他们大多是自发地来北京串联。北京的天安门广场乃至大街小巷,到处可见戴红卫兵袖章的人群。吃、住成了大问题,这些问题很自然地反映给周总理。周总理关心他们的吃、住,更关心他们的安全,动员中央、国务院各机关部委以及北京的工厂、街道成立接待站,随时接待来自全国各地的红卫兵。

中南海也与社会上一样,表示响应毛泽东的号召,成立了接待站。经周总理同意,请红卫兵住进了中南海北区的紫光阁、小礼堂、武承殿等处。机关的几个食堂也都改为红卫兵做饭,机关人员都另起炉灶了。

周总理亲自过问红卫兵的吃饭、睡觉。有一次,夜深了,他开会回来,去了红卫兵住的紫光阁、小礼堂等处,查看这些"小将"的住处。串联了一天的"小将"们早已进入梦乡,总理轻轻地走过他们每个人的铺前,亲自给年纪很小的学生盖上被子,并向负责接待的人员交代:"这些是毛主席请来的客人,你们要把生活搞好,晚上要有人值班,要查铺,不要冻着他们。房内人很多,要定时通风,千万不能出问题。"

毛泽东、林彪、周恩来、陶铸、陈伯达、康生、邓小平、刘少奇、朱德、陈云、李富春等中央常委及党政军的负责人,在天安门城楼上检阅着红卫兵。百万人的队伍,要走一个上午,才能通过天安门广场。每次接见红卫兵,都把参与组织工作的各级人员搞得吃不好,睡不好。

毛泽东的第一次接见,鼓舞了全国各地更多的学生像潮水般涌向北京,北京安置各地来京学生非常困难。学生们以各种方式、各种渠道表示,要见到"红司令"毛泽东主席。

以什么方式接见这几百万的红卫兵却是个大难题。第一次,毛泽东站在天安门城楼上。通过天安门广场的学生们,由于看不清毛泽东,走

◆ 周恩来在红卫兵召开的座谈会上

得很慢。所以用了整整一个上午,才结束这长达几小时的"检阅"。后来总结经验,改变方式,让红卫兵站在卡车上,列队通过天安门广场。这个方式不错,时间有了保证。但一百多万人,用车太多。所以,从1966年8月到11月,毛泽东八次接见红卫兵,采用了不同的方式。一次在西郊空军机场,由红卫兵列队,毛泽东等乘坐敞篷车,像阅兵那样,在红卫兵面前通过。时间虽然缩短了,但引起一场混乱,由于后边的人向前拥挤,毛泽东的车几乎被包围,拥挤的学生们由于相互挤撞,伤了一些人。周恩来还亲自到医院看望这些被挤伤的学生。

今天,用当时的语言,叫做"随着文化大革命的深入开展","一个胜利接着一个胜利",实际就是由红卫兵、造反派把各省、市的党政机关工作正常秩序全部打乱,各级领导逐一被拉下马。各地都出现两派乃至多派,相互称对方为保守派,视自己最革命,是执行毛主席革命路线的。省、市、县的领导机构被打垮了,领导人被揪斗了,所有问题都要党中央解决,都到北京来说理,要中央肯定他们的行动。他们云集北京,排队等待接见。周总理是"中央文革"碰头会的召集人,因而接见的红卫兵及各派群众组织最多,被纠缠时间最长,经常因接见而吃不上饭、睡不好觉,往往是一边开会一边与红卫兵一起吃几片饼干。这样的接见会，有时要开几个小时，往往是一个会开到深夜，另一个会又从深夜开到东方大亮。太阳升起时，周总理才离开会场，拖着疲惫的身子回家，而到家后，办公桌上还摆着厚厚的文件。这些文件是秘书们挑选出来的。秘书根据总理回来时间的早晚，决定送多少文件。有时他们实在不忍心让总理劳累，就几次到办公桌上抽回需要总理批阅的文件。疲劳一天的总理看着这些"先呈总理"的文件，只好用热毛巾擦擦脸，接着批阅，实在太困了，就打一会儿乒乓球提提精神。

周总理体重六十八公斤，身高一米七四，他和普通人一样，不是铁打的，更不是机器人；他也累，而且很累；他也疲劳，而且是超负荷的疲劳。连续的工作不能不使已七十高龄的周总理的心脏发生变化。1967年，总理的心脏出了毛病，心律不齐时有发生，服用消心痛，随身带上了硝酸甘油，以应急用。开始他不让医生跟随，药由我们带上。后因病情变化，在我们一再要求和邓大姐的劝说下，他才允许保健医生跟随活动。

红卫兵住在中南海北区，即国务院办公所在地，也就是与周总理、邓大姐住的西花厅同属一区。当时规定红卫兵不得自行到中南海南区，而没限制他们进西花厅。邓大姐明确地对我们讲，如果红卫兵提出进西花厅院里看看，表示欢迎。邓大姐这样一讲，我们觉得西花厅院里与院外不太协调。院内没有"文化大革命"的气氛，于是建议装扮一下，在院子里竖起一个"念念不忘阶级斗争"的毛主席语录牌，以"迎接"红卫兵的到来。

红卫兵们在北京的街头、机关、院校"造反精神"十足，进了中南海，还是很守规矩的，始终没有人提出进西花厅。说真的，也没有人向他们透漏消息，他们也不知道哪里是西花厅。

为谭震林解围

谭震林是中央政治局委员、国务院副总理,在国务院分管农林口的工作。"文化大革命"中,也是被冲击的重点人物。1967年1月8日午夜,接到报告说造反派已冲进中南海西门,被挡在门内十多米处。周总理正在国务院会议厅开会,接到这一消息,他停止了开会,马上乘车去西大门。因为走得很急,他没穿大衣就上了车。到了中南海西门,看到冲进来的那部分造反派被围在那里,与八三四一部队的战士们相持着。周总理下了车。学生们发现后,开始喊了几声口号,无非是"打倒谭震林""与谭震林血战到底"等。他们喊口号的劲头比在大街上或批斗会上小得多。这也许是因为冲了中南海自感理亏,或是因为人少形不成气候。周总理站在那里对他们讲,说他们冲进中南海是极端错误的。中南海是毛主席、党中央的所在地。要他们马上退出去。尽管总理很严肃地批评他们,但他们谁都不动,似乎感到冲进来很不容易,不能就这么轻易退出去。

二十多分钟过去了。周总理没穿大衣,怎么劝他都不穿。他多少年来是不穿毛衣、毛裤的。在这零下十多度的大冷天里,我穿着毛衣站在他身旁都冻得直哆嗦。经总理一再做工作,造反派们才答应选出代表谈退出的条件。我们才借此劝说周总理走进西门警卫室,在那里会见造反派代表。这房内有暖气,千万不能让周总理冻出病来。

周总理进了警卫室,值班的警卫战士给周总理送来一杯开水。总理接过水杯,暖着手。不多时间,造反派的几个代表,左臂上戴着"红卫兵"袖章,气呼呼地进来,看到周总理有些收敛。因为此时造反派、红卫兵还不敢对周总理怎么样。

周总理与来者一一握手,招呼他们坐下。总理又一次指出他们冲中

◆ 1966年9月，周恩来和陶铸、李富春、谭震林等接见来北京串联的各界群众和红卫兵代表

南海是错误的，冲进来更不对，提出揪斗谭震林是错误的。谭震林是在毛主席身边做实际工作的，怎么能随便揪斗呢？必须马上退出中南海。红卫兵虽说气焰很凶，但也没有更多的理由待在这里，只是提出他们自己也认为达不到的要求——把谭震林交出来。周总理提出两条意见，第

一要他们承认冲中南海是错误的,第二是把所有的人集中去人民大会堂大礼堂,请谭震林同志到场与大家见个面。开始红卫兵们不答应第一条,周总理说不承认第一条,就不存在第二条,围在西门内的造反派就难以退出。

在这会见的同时,八三四一部队又充实了人员,把那些冲进来的造反派围得更紧,现在不是他们冲的问题,而是部队不开个口,他们也难以退出去。

造反派的几个头头退出警卫室,开了个小会,内部达成协议。他们不讲错误,说是接受总理批评,不该冲中南海,周总理看他们已接受批评,为了中南海的安全,命令部队闪开一个口,放他们出去。

稍事休息,周总理首先肯定西门的警卫工作布置是严密的,处理与造反派的关系也合情合理,同时也指出,预防措施欠周到,今后无论如何,不能让任何人冲进中南海来。如果形势紧张,靠人挡不住,可以把大门关上。当然,关大门是在不得已的情况下。总理说完就乘车去人民大会堂。

约凌晨2时许,周总理到人民大会堂118厅。大礼堂的人已坐满。周总理等谭震林到后,一同走向礼堂的主席台。刚一入台口,台下口号响起,声势逼人。

就座后,由农林口的造反派主持发言,主题是批判谭震林,内容大体是说"谭震林是刘少奇在农林口的代理人,是执行资产阶级路线的代表"等。时至凌晨4时,大会才宣告结束,虽然没能缓解造反派对谭震林的反对情绪,但是,在周总理的亲自安排和陪同下谭震林与农林口的群众算是见了一面。如果说这对谭震林是一次批斗,那么周总理则是以"陪斗"的身份出场,大大地缓解了造反派揪斗谭震林的气焰。先后花了四个小时,总算解决了造反派们冲进中南海的僵持局面。

深夜看望余秋里

"文化大革命"初期,余秋里被造反派揪来揪去。周恩来总理想找到他都很困难。为了便于保护余秋里,周总理请他进中南海,把他安排在会议厅东侧的一套房里住。这样红卫兵要想抓斗余秋里就不那么容易了。

一天夜里,总理从人民大会堂回到家里。下车后,总理说去看看余秋里。我习惯地看了一下表,是11点多钟,就说:"总理该吃饭了。"总理说:"今天回来得早,先去看,回来再吃饭。"我打开通往东院的门,走到了余秋里的门前。门半开着,余秋里正在办公。总理推门而进。余秋里看到总理进来,一边站起一边打招呼:"总理,这么晚了,你怎么还来?"总理问余秋里:"住得怎么样,吃饭还可以吗?"余秋里请总理坐下,答道:"这地方保险,晚上可以集中精力办点事。"总理看了看床上没有折叠的被子,问:"有人帮助料理生活吗?"余秋里答:"有人,有秘书在,有服务员管。"余秋里大概察觉到周总理在看他床上的被子,忙说是他自己没叫服务员叠,这样可随时躺下。总理笑了笑说:"你大概还是老习惯。"余秋里也笑了,表示接受总理批评,可以改。

总理坐下,他俩说了一会儿话。分手时,总理请余秋里注意休息。余秋里说:"真正应该注意休息的是总理,你太累了。"

总理回到办公室,我端上饭。他一边吃一边问我:"你看到余秋里同志房子窗台上那些瓶子吗?"我说:"看到了,全是二锅头酒的空瓶子。"总理问:"他喜欢喝二锅头吗?"我说:"现在只能买到这种酒。我问过他的秘书,都是到街上的副食店去买的。酒喝完了,这些空瓶子还没来得及扔掉,顺手摆在了窗台上。"总理说:"送他两瓶茅台酒。"第二天,我拿上茅台酒送去并说明来意。余秋里激动地说:"总理真细心呀!现在喝到二锅头就不错了。这茅台酒我哪舍得喝。"我说："总理叫我送来，是要你喝的。喝完了，再送。"他说："小高，你不要瞎来。谢谢总理，以后不要再送了。"

这件事，虽说是总理与余秋里接触中一件很小的事，可在当时那样的环境中，总理去看他，送两瓶酒，这就不寻常了。1980年，也就是周总理去世的第四年，余秋里已是政治局委员、国务院副总理。有一次，我作为警卫局的副处长，担负着他外出的警卫任务。途中，他和我聊天。当然是谈过去，谈"文化大革命"，更多的是谈周总理，谈周总理为党、为国家、为人民忘我工作的精神。他语重心长地说："难找这样的人哪！"他怎么也不会忘记周总理在动乱年代对他的爱护和帮助。说到那两瓶酒，他说："放了好几天，没舍得喝。后来还是先念同志来我这里，说是你这家伙过得不错呀！还有茅台酒喝。我告诉他是总理送的。先念说，送了就喝嘛！别等以后喝不

◆ 1962年6月，周恩来视察大庆油田职工宿舍。前排左一为余秋里，队尾站立者为顾明

上了。这才开始把那酒喝了。"这时我才告诉他:"给你的那两瓶酒,是第二天去供应站买来的。平时总理家只有一瓶酒,都是喝完一瓶再去买一瓶。"

在余秋里视察的空闲时间,我俩有说不完的话。他在视察大同煤矿、胜利油田的过程中多次开会,听汇报。他点名叫我列席,会上我听到、学到不少知识,更主要的是看到余秋里认真的工作态度和求实精神。他知识面很广,总要把事情搞个水落石出。他亲自下到煤井里去看挖煤的工人。我随他下去,这是我第一次下煤井。穿上那煤矿工人的衣服,下到井底才更体会到,挖煤工人的辛苦。余秋里走到坑道的尽头与工人们交谈。坑道的顶部不停地向下滴水。在人们的一再劝说下,他才返回井上。走到了井口,我看他脸上、鼻子上全是煤灰。其实我们都一样,从脸上已看不出谁是谁了。

在以后的日子里,余秋里经常约我到他家做客。在我们的闲聊中,话题总离不开周总理。他怀念周总理呀!

约陶铸谈话

1967年1月4日晚,陈伯达、康生、江青等在接见广东来京的红卫兵会上,突然宣布陶铸是"中国最大的保皇派",是"中南局镇压群众的总后台"。几乎与此同时,中南海周围的街上就贴出了揪陶铸的大字报,游行的队伍也随之而来,声势浩大。可见是事先已作了布置的。对这内外相呼应的局面,周总理也感突然。在这之前周总理已知江青在毛主席面前诬告陶铸。总理在毛主席那里肯定过陶铸在接见"赴广州专揪王任重造反团"的讲话,不是镇压群众。

怎么办？陶铸这位中南局的第一书记，国务院副总理，中共八届十一中全会上又被选为中央政治局常委，排在毛泽东、林彪、周恩来之后的第四号人物，转眼间，被宣布为毛泽东的对立面，成为"打翻在地再踏上一只脚"的"资产阶级反动路线"的代表人物。江青等人善用突然袭击的伎俩，这已不是新鲜事。雍文涛、周荣鑫、吕正操就是在"文化大革命"开始时，被江青在红卫兵大会上点名出局的。可他们都是部长级的人物，而像陶铸这样的政治局常委，也同样可

◆ 1966年，周恩来和陶铸在北京

以被江青一点名就垮下台来，确实惊人。可见党内不正常的现象正在逐步升级。

就在江青等人宣布陶铸是"保皇派"的同时，陶铸正在国务院小礼堂接见红卫兵，幸而被接见的那些小将们不知陶铸已经倒霉。不然的话，他们会群起哄之，会把这接见的会场马上变成批斗会。周总理等陶铸接见结束，约他来西花厅。此时，陶铸本人还不知自己出了事，进门时还说了句"要不是周总理叫我有事，那些红卫兵还不会放我走"。

在周恩来办公室，两人相谈很久。总理送陶铸出来时，陶铸低头无语。周总理心情沉重地与陶铸握手道别。这以后，周总理再也没单独见过

相忍为党　力挽狂澜 | 165

陶铸，而陶铸只好隐居在中南海的万字廊。

请贺龙住进西花厅

贺龙家住在东交民巷 15 号，"文化大革命"开始后，贺龙就成为林彪、江青的打击对象。他们鼓动着造反派大反贺龙。周总理为了贺老总的安全，请他住在新六所，这个地方是中直机关直接管理的。50 年代，这里曾接待过苏联、东欧国家领导人。这地方比较保密，应该说比较安全。贺龙住进去不久，体委等单位的造反派就知道了，多次冲向这个地方。虽然有部队保护，但是不能外出，不得安宁。东交民巷的家也被抄了。搞得这位南昌起义的总指挥、解放军缔造者之一的贺龙元帅有家不能归。周总理得知后，很担心贺老总的安全。

1967 年 1 月 11 日，由贺龙的儿子贺鹏飞驾车，拉着贺老总和夫人薛明、警卫参谋杨青成进了中南海，直达西花厅。周总理没有睡觉，马上到客厅，见了贺老总夫妇。贺老总见到总理，声音洪亮地说："总理，我的家实在住不下去了，只好到你这里来了。"总理双手握住贺龙的手，说了声："我懂你的意思，你大概一夜没睡吧，我也没睡，咱们先休息，住在这里你可以放心了。"

我们在一旁听着他们的谈话，还不能完全吃透这里面的含义。事后才知道，当时贺老总受到冲击，总理亲自安排他的住处，还不能保证他有个安静的地方，只好请他到自己家来住。进西花厅是总理当天夜里安排的。邓大姐事先也不知道，难怪中南海的门卫报告说："贺鹏飞驾车冲进中南海。"

总理亲自安排，请贺老总夫妇住在西花厅前厅，就是他经常见外宾和

◆周恩来、贺龙在中南海怀仁堂后花园交谈

开会的客厅。由总理的厨师做饭，警卫参谋也不要去食堂吃饭，指定专人给他打饭。不让贺鹏飞、杨青成随便出去，这样不至于被更多的人知道。

贺老总住在西花厅，环境好了，但他的心情很不平静。正像薛明讲的那样，看着总理天天为国家操劳，工作那么紧张，还要照顾他们，心里很不是滋味。

中南海的大墙也挡不住"文化大革命"的风浪，中南海机关也分成了派别，也有各种不同的观点。贺老总住在西花厅的事，很快被人发觉。社会上揪斗贺老总的声势更高了，这后边当然是有人挑动，有人支持。贺老总继续住下去，也就困难了。

1967年1月19日，总理约李富春一起，来到贺老总面前，向他讲叙了中南海也不是世外桃源，不是久住之地，再给他安排一个更秘密的地方去住。贺老总、薛明理解总理的难处，同意总理的安排，搬出去住。

总理事先选定了地处北京西郊的象鼻子沟，在玉泉山西边的山脚下，这是国务院管理的房子，也是为领导同志准备的，一般老百姓是不知道这一住处的。总理选了条件比较好的一栋房子给贺老总。

1967年1月20日凌晨3时，由杨德中护送贺老总和薛明转移出西花厅，先是进了玉泉山，再换车秘密地住进象鼻子沟。这以后，周总理与贺老总的联系，都是由杨德中负责。杨德中多次代表周总理去看望贺老总夫妇，关心着他们的生活和身体情况。

贺老总住在这里，就与外界失去了联系。造反派也不知道他住在哪里。他们到处找，几次冲到玉泉山，要抓贺龙。说明贺龙住在象鼻子沟的消息没有传出去。后来，林彪指使成立了贺龙专案组。至此，贺龙的一切都交该专案组，不让总理再过问贺龙的事，杨德中也不能再去看望贺老总了。总理与贺龙的联系中断了。

从1927年8月1日南昌起义开始，到新中国成立后共同掌管国务院工作，贺龙与周总理是共同战斗了几十年的老战友、老同志。"文化大革命"无情地剥夺了他们相互联系的权利。这对周恩来总理是多么沉重的打击啊！

1969年6月9日，贺老总被迫害致死。他死后，没有追悼会，没有花圈，没有同志和战友为他送别，被无声无息地秘密火化了。

林彪摔死后，周总理派人找回了薛明，委托邓大姐去看望她，并告知薛明，要为贺老总平反，为他举行骨灰安放仪式。

1975年6月9日，是贺老总去世整六年的日子，也是特意选定了这一天，总理说一定要去参加贺老总的骨灰安放仪式。

骨灰安放仪式在八宝山举行。周总理是动过四次大的手术后去参加追悼会的。他身体很虚弱，复杂的心情又使他一夜没有睡觉。走进八宝山，他喊着薛明的名字进了休息室。他拉着薛明的手，说出他埋在心里多年的话："我对不起你，我没有保护好贺龙同志。"总理哭了，薛明和孩子们围抱着总理，也放声大哭。整个休息室，整个八宝山都在哭。这哭声是对死者的怀念，是活着的人们吐出的多年的冤屈，是对林彪、"四人帮"的控诉。薛明和孩子们多么想对多年未见的周总理叙说内心的苦痛啊！可今天，见到大病未愈的周总理，他们只能劝总理保重，注意身体。骨灰安放仪式开始，周恩来带头向贺龙的遗像连续七鞠躬！至今人们也不能理解为什么他不是三鞠躬，而是七鞠躬。让我们永远记住周总理的这七鞠躬，记住这段不寻常的历史。

"他俩是'五一六'我不信"

"五一六"是指红卫兵"五一六"兵团。在1967年7、8月间，北京街头出现的署名"五一六"兵团的标语中有些是攻击周总理的。这当然有人幕后指挥。当时谁反对毛主席谁就是反革命！谁反对林副主席（指林彪）谁就是反革命！后来又出现"谁反对江青谁就是反革命"的口号。但是"谁反对周总理谁就是反革命"的口号却出现很少。但是，"五一六"兵团攻击周总理，是群众起来把它定为反动组织的。"五一六"兵团的寿命不长，但影响很大。全国掀起揪"五一六"兵团成员的浪潮，派系之间也以"五一六"定罪。由于斗争的扩大化，就很容易错划了一些"五一六"分子。周总理曾经指出，"五一六"是少数，不要扩大化。而别有用心的人利用这个机会搞扩大化，把揪"五一六"分子推向全国，以证明反周总理的人很多，为他们以后的"倒周"制造影响并打下基础。

万万没想到，扩大化扩大到周总理办公室的工作人员。一位国务院机关的干部，被定为"五一六"分子。另外一派就对他实施"坦白从宽、抗拒从严，立功赎罪"的政策。他被定为"五一六"自感冤枉，于是就来个以攻为守的"坦白"，把张树迎和我"坦白"了出来，说我俩是"五一六"分子。说我们一旦有了机会，会对总理下毒手。这个令人震惊的消息很快面报周总理。周总理当然不信，说是只凭一个人的口供，就给别人定性，不可靠。"老张（树迎）、小高（振普）在我这里工作多年，从他们的工作表现说他俩是'五一六'我不信。"以后的事实证明，周总理当时的判断是正确的。1969年我家搬进国务院宿舍大院，有人对我说，当年说我们是"五一六"的那人也住在这里。说真的，这时我才知道，我曾经被"咬"成为"五一六"。张树迎比我知道得早。在一个大院住的时间长了，与这人相识了，我便问及此事。他很不好意思，说是当时没办法，"文化大革命"中是说了一些错话，但没有反对过周总理。他们就把他定为"五一六"分子，强迫他说出他所知道的"五一六"成员。他被逼得没办法，就把周总理身边的几个人说成是"五一六"，看他们怎么办？他当时连我的名字都不知道，只知道姓高。今天想来实在荒唐，实在对不起。他说："住在一个院子里，见到你们头都抬不起来。"我劝他："没什么，今天找你也不是翻老账，搞清楚也使我心里明白，以后咱们仍然是好邻居，好同志，不再提这件事。"

不能离开中南海

1967年夏，"文化大革命"已发展到了"轰轰烈烈"，在"中央文革"的煽动下，对刘少奇的攻击更加公开，更加猖狂。造反派冲击国务院，围困中南海，揪批国家主席刘少奇，公开攻击刘少奇是"假革命、反革命"，并纠集了中南海内的造反派组织，于7月18日晚，把刘少奇、王光美揪到工作人员食堂，批斗两个多小时，进行人身攻击。在"中央文革"的直接操纵下，首都一些高校、机关团体的红卫兵、造反派数万人在中南海周围安营扎寨，高音喇叭不停地叫喊，形成了声势浩大的"揪刘火线"。当然他们不只是"揪刘"，谭震林、陈毅、陶铸等也是他们揪斗的对象。红旗、标语、漫画布满了府右街道路两侧，后来扩展到中南海北门的文津街、南北长街，以至新华门前。这些人，不分昼夜地狂呼乱叫，要把刘少奇等揪出去。7月26日和8月2日，谢富治、戚本禹还亲自到"火线"看望，支持他们的行动。戚本禹"水到渠成"的谈话，鼓励红卫兵坚持下去，把揪刘活动推向高潮。

中南海在周总理的亲自过问下，部署是很严密的，八三四一部队是听党中央指挥的。中南海各门都有部队重兵把守。"中央文革"只能调动红卫兵。红卫兵与警卫部队面面相对，时而发生冲突，红卫兵冲，战士挡。战士们遵照周总理"不动火，不动气，不打人，不抓人，作宣传"的指示，红卫兵始终没能冲入中南海。

有些高校的红卫兵，还以绝食相威胁，他们声称，不揪出刘少奇，不吃饭。实际上，他们喝的水是甜的，后来发现，他们交替着吃饭，吃完东西再回来继续"绝食"。所以虽然"绝食"持续了好几天，但却无一人饿倒。

时间一天天过去，红卫兵、造反派围困中南海的人数逐渐增加。我们有时走出来，看看他们这"革命"的场面。天气炎热，说真的，这些人也够"辛苦"的。什么时间收场，他们自己也不清楚。他们是受人指挥的。他们的目标根本不会实现，中南海进不去，揪人更不可能，他们的幕后指挥也清楚这一点，只不过是把这些学生们推出来，替他们充当先锋，搞点声势而已。

中南海的新华门、东门、西门、北门、西北门已被红卫兵围堵，车辆出入很困难。周总理就在这样一个环境中办公。外出开会，只好走便门。

夜深了，劳累一天的周总理还要处理积压在办公桌上的文件。墙外的高音喇叭，不停地播放着打倒这个、揪出那个的口号。靠近总理睡觉房间的围墙外，由于造反派高高挂起六个高音喇叭，轮番呼叫，吵得总理很难入睡，他只好加大安眠药的用量。这样一天天地下去，造反派可以轮流休息，可以劳逸结合，周总理却不能，睡不好觉，第二天还要继续工作，怎么办？我们几个人商量，建议搬出去，找个安静的地方，睡好觉才能应付这天天的接见、开会。总理不接受，他笑着对我们说："毛主席、朱老总他们都住在中南海，这里是中央所在地，怎么能离开呢？"

我们真的不知道这围困中南海的场面何时结束。总理卧室的窗子只有一层玻璃。我们建议再加一层，这样会降低一点外边的嘈杂声，让总理多睡一会儿。总理不同意，说这解决不了多大问题，多吃一点安眠药就可以了。被吵醒后，他就看文件、办公。

有一天，总理睡在床上，没有听到外边的高音喇叭声，他风趣地说："他们天天喊，也太累了，今天也休息了，我会不会因为没有喇叭声而睡不好?"我们被总理的话逗笑了。说来也怪,人们是容易适应环境的,总理也不例外,听久了,习惯了,似乎影响不大。哪晓得,造反派们又使出了新的花样,他们在歌声、口号声中,加上了放鞭炮。这不停的爆竹声,更使人难以入睡,睡着的周总理,常被惊醒,只好起床办公。

由"中央文革"操纵的"揪刘火线",无论采用什么方式,使尽了什么招数,也没能攻破守卫中南海的八三四一部队的防线。长期下去,他们也是困难重重。红卫兵们吃不好睡不好,天气炎热,污水、垃圾不能及时清理,有的人开始生病了。他们也感到如果这样坚持下去,不会有太好的结局。

终于收场了。他们要"体面"地收场。8月5日,在天安门广场召集百万人的"声讨刘少奇大会",党中央及"中央文革"的主要领导人,都到天安门参加了大会。

中南海内,由"中央文革"精心组织,分三个会场,对刘少奇、邓小平、陶铸进行面对面地批斗。

周总理要去天安门,但他不放心中南海的批斗会。头天晚上,他就分配了身边的工作人员,分别去三个会场,观察动态,如有过激行为,马上向他报告。大会结束后,秘书分别向总理报告了三个会场的情况,总理听后很沉闷。

自此以后,刘少奇就失去了自由,与王光美被分隔看管起来。

一个偶然的机会,我碰见了刘少奇的贴身警卫科长。他手提菜篮到副食店买佐料。我奇怪地问他:"你不是住在北长街吗,怎么到这边买东西?"他叹了一口气说:"给少奇买的。"

"怎么……"

"不是也造反了吗?"

我们俩握手告别。

◆ 刘少奇、周恩来、邓小平观看北京、济南军区部队的军事汇报表演

我把这事报告了总理。总理指示有关单位，对少奇同志在生活上还要保证供应。

从那时起，对于刘少奇的处境、身体状况，总理都亲自写信向毛主席报告。刘少奇因生活居住条件的变化，精神上的刺激，身体很快病倒了。总理知道后，指示新华社记者，把刘少奇病在床上的情景拍下来，向毛主席报告，让毛主席看看刘少奇已被折磨成什么样子。

"揪刘火线"搞了一个多月，周总理就在这样的环境中艰难地生活工作。在这个过程中，我们也逐步理解了周总理为什么不能离开中南海。

武汉"七二〇"事件前后

1967年7月13日，毛主席在人民大会堂118厅召集在京的中央政治局委员和中央文化大革命小组成员开会。散会后，在回家的路上，总理对我说，毛主席要去武汉看看，准备再去长江游泳，会上决定让他先去一趟。我意识到这是叫总理为毛主席去武汉当先行官。在全国处于"文化大革命"的非常时期，人们以对领导人的观点不同而分为不同的派别，派与派之间，人与人之间有着难以调和的矛盾。这种矛盾有时会转化，但多数是随着时间的推移，越积越深，闹得人们互不信任，甚至一个家庭分解，一对夫妻离异。党组织不起作用，政府机关被冲垮，公检法机关已瘫痪，是以派代政。武汉的情况更为突出，"百万雄师"和"三钢""三新"两大派别，主宰着武汉的局面，当地驻军也被卷入。在这种形势下，能不能保证毛主席在武汉的安全和顺利游长江，谁也没有把握。毛主席决定了的事谁也不能改变。谁能与这两派群众对上话，谁说了话他们才能听，除毛主席的最高指示，当时就数周总理了。只有周总理去一趟，亲自安排，才会确保毛主席这次行动的安全。同时周总理也可以借这个机会亲自看看武汉的情况，有利于解决武汉的问题。

我把总理要去武汉的事报告了卫士长张树迎，由他告诉警卫局准备飞机和派随卫人员。当晚，实际是14日凌晨2时左右，周总理乘空军专机，于4时前到达武汉。下飞机后，由当时的武汉空军副司令刘丰带领，乘车去武汉空军司令部。早晨5点多钟，天虽已大亮，可官兵们还没有起床。周总理和同行的人到会议室落座，室内闷热，几分钟后满身是汗，两个电扇虽不停地吹，仍不能给人们带来凉爽。周总理询问武汉各派的情况，以及武汉的社会治安状况。我们看房内人员较多，室内温度太高，就向刘丰建议，减少参加会的人员。刘丰接受了我们的建议，请一部分人退出会场到另外房间休息，指定几个人去安排下一步的行动。周总理对我们这样做很满意。他向留下的几位负责人交代了毛主席来武汉的具体时间和再游长江的设想。

吃早点时，我记得总理只吃了一个用盐水煮的鸡蛋，就由刘丰等陪同去省委招待所，即东湖宾馆。时间较早，路上行人不多，很快到了东湖宾馆百花一号楼。这栋楼总理过去住过，那是1961年和刘少奇、邓小平同住在这座楼里。走进楼房，服务员三三两两在聊天，看到周总理进来了，他们有些突然，看来事先没有接到通知。总理与他们拉手问候，消除了他们的紧张。他们把总理请进了一个会议室。房内很热，看看温度表是摄氏34度。我们似乎更加透不过气来，看看手表，是早晨8点多钟。我想，到了中午会有多热啊！我问一位服务员有没有冷气，他说发电厂今日不送电，哪里来冷气，什么时候送电也不知道。

周总理和李作鹏、陈再道、钟汉华、刘丰还有军区、空军的负责人开会，详细布置了毛主席的住地、游长江的安全工作。后来又把宾馆的负责人和服务员叫来，叫他们把梅岭一号的卫生搞好，房间布置好，迎接毛主

◆ 周恩来与毛泽东

席的到来。总理一再强调，要求他们不能有派性，要把工作想得周到，安排得细致，要保密，绝对不能出问题。

下午5时，周总理到梅岭一号亲自查看为毛主席准备的房间。房内的设置都是按毛主席的习惯布置的，很多东西都是毛主席过去来时用过的，就是室内温度太高。我们知道，毛主席是晚上9点多钟到，如果房间温度这么高，毛主席就不能住，只好住在火车上。周总理当时也作了这个设想。周总理指定驻军的同志亲自去检查，了解停电的原因，让他们告诉电厂，就说是周总理在武汉，请他们尽快排除故障，恢复向这个地区供电。电厂听说是周总理要他们供电，很快答复，晚8时可以排除故障，准时送电，请总理放心。这样我们估计，毛主席到达时，室内温度可以降下来。实际上他们6点多钟就送了电。

周总理来武汉这几天，不顾天气炎热，带领武汉军区、武汉空军以及武汉航运的负责同志到长江岸边查看地形，做了很细致的安排。如确定下水地点，分析游泳时可能漂流的路线和在什么地方上船，以及会出现什么问题，采取什么强制措施等。还指定气象部门掌握这几天的天气情况，及时通报。周总理用了很多时间约省、市、军区以及地方的领导同志开会，了解武汉的情况，研究武汉的问题。

我们也做了横渡长江的准备，张树迎对我说，到那天不论我值不值班，都让我下水，他留在岸上。我盼着主席确定游长江的日子。7月17日晚，周总理对我们说，这里的工作都安排好了，我们可以回去了。第二天上午，周总理回到了北京。我那游长江的欲望也随之消失了。

7月20日下午，周总理在钓鱼台16号楼开会。16号楼是当时"中央文革"碰头会的地点。3点多钟，卫士长张树迎打来电话，叫我赶快准备行装，再飞武汉。说是一会儿总理回来，见一下大姐就走，详细情况回来再说，让我先报告大姐。大姐听后也很着急，说是刚回来怎么又去？是毛主席在武汉有什么事？责怪我应在电话里问一句。不一会儿，总理回来了，邓大姐跟着总理走进办公室。总理向大姐交代了几句，就乘车去了西郊机场。

机场上停着待飞的三架飞机，有一架是我们熟悉的周总理经常坐的飞机。另外两架已关上机舱门，机舱内坐满了中央警卫团的官兵，他们是奉命随总理去武汉执行保卫毛主席的任务的。我们登上飞机，总理座机的前半部，也都坐满了荷枪实弹的中央警卫团的官兵。看到这种场面，真是有些紧张，不知武汉发生了什么事。

飞机很快起飞了，张树迎对我说了武汉发生的事情：谢富治被围攻，王力被抓走，毛主席的游泳计划也被迫取消。总而言之，武汉很乱。中央对毛主席的安全很不放心，所以还是请总理去一趟，把毛主席接回来。飞行大约四十多分钟，机长来向总理报告，接地面报告，武汉的大街上已贴出了"欢迎周总理亲临武汉解决问题"的大字标语。同时说，王家墩机场跑道上停放着好多辆满载红卫兵的卡车，飞机无法着陆，只好改降备用的山坡机场。总理说，到时看看再说。飞临王家墩机场，飞机降低了高度。我们看到机场跑道上的人群像一条长龙，只好改降山坡机场。这是一个军用机场，飞机着陆后，没有合适的梯子，总理只好从飞机自带的小梯子上走下来。没有进休息室，机场负责人把总理引向一个帐篷，里面有一部军用手摇电话。总理要那位负责人要通了刘丰的电话，询问了一些情况，了解到王家墩机场的群众还没有离开。一位同志为总理送来了一杯开水，总理接过杯子想喝，因水太热不能喝。我赶忙接过水杯，又要了一个杯子来回倒，这样水会凉得快一点。总理指着同来的中央警卫团的战士，对那位机场负责人说，给战士们搞点水，要凉一些的。战士们都已站在飞机的一旁，他们的衣服被汗水浸透，有的脱下军帽在扇风。约十几分钟，战士就喝上了带甜味的汽水。

◆ 武汉东湖三号楼。周总理住在这里处理1967年武汉"七二〇"事件

刘丰从王家墩机场赶到山坡机场，总理与他们商量进城的办法，他们不同意坐汽车，理由是距离太远，更不同意调直升机来，因为武汉很久没有直升机飞越上空，万一有人在下面开枪，就会有危险。总理说先休息一会儿，等天黑下来再说。

太阳虽已落下山，但天仍是亮的。总理走出帐篷，坐在一个板凳上，一边摇着扇子，一边向机场负责人了解他们的生活、训练情况。天不作美，一点风都没有，加上着急，我们都像洗过澡一样，浑身湿透。电话铃声打断了他们的谈话。电话是王家墩机场打来的，说是那里的人们已离开机场，向城里的方向去了，飞机可以降落了。总理听后很高兴，命令全体登机，返回王家墩机场。

王家墩机场休息室里已坐满了人，他们向总理详细报告了事件的经过：7月20日凌晨，满载红卫兵的十几辆卡车，冲进了东湖宾馆的大院，他们很快拥向谢富治住的百花二号楼。王力等也住在里面。谢富治、王力等是从重庆来的，他们是以中央文革小组成员的身份来武汉的。在一次接见红卫兵的集会上，他们对问题的表态有支持"三钢""三新"派的倾向，客观上造成了对"百万雄师"派的压制。"百万雄师"派的红卫兵就冲进了东湖宾馆，要找谢富治、王力辩论，他们对王力在华中工学院的讲话，明显地支持一派、压制一派的做法极为不满，要他们重新表态。这派群众冲进了楼房，拥挤着把谢富治与王力分开，谢富治被挤到一个房间。混乱之中，他们抓走了王力。陈再道回忆说，是被军队造反派抓走的。看样子他们是有目的的，只抓王力，如果想抓谢富治也不成问题，大概因为谢富治是国务院副总理，怕把问题搞得太大。王力是中央文革小组的主要成

◆ 会议室

员,王力的被抓,惊动了中央文革小组。中央文革小组在北京紧急开会,研究武汉发生的事情。他们把围攻谢富治、抓走王力视为是对"中央文革"的攻击,是明目张胆地反对"中央文革"。在当时,反对"中央文革"就是反革命。这次事件就成为"文化大革命"期间闻名全国的武汉"七二〇"事件。

这一事件的发生使武汉的局势更加动荡不安,两派斗争更加尖锐,敌对情绪不断升级,武汉三镇像开了锅,数百辆卡车满载着工人、农民、学生和一部分解放军官兵,分成几路涌上街头,举行大规模示威游行。武汉形势急剧恶化,孕育着一场不可估量的武斗。毛主席在这里的工作和安全都受到严重威胁。要把毛主席从武汉安全接出来的重任,很自然地又落到周总理的肩上。在当时,只有周总理才能说服那派群众把王力放出来。周总理到武汉行动的本身,也可以使那里的群众情绪稳定,有利于缓解矛盾。所以周总理再去武汉是十分必要的。周总理不能停留在机场,要尽快去见毛主席。在场的同志研究着周总理怎么由机场去宾馆。因为城里交通很乱,曾有一位军区负责人乘坐在吉普车内,被人用长矛捅了一下,幸而长矛从他的腋下穿过,才未受伤。大家为周总理进城的安全担心,一时想不出好办法。周总理很果断地说:"天黑下来,坐吉普车进城。"为了缩小目标,总理指定成元功、张树迎、乔金旺、张洪德和我几位负责安全的同志及医生张佐良、护士姚军跟他分乘两辆吉普车,由空军的一位作战科长带路,先行进城,其他人员半小时后再走。

天黑下来了,两辆吉普车飞快地向城里开去。武汉市区的秩序确实混乱,不时看到被打碎玻璃的公共汽车横在马路上,成群的人手持长矛在马路上走来走去,好像在寻找出击的目标,口号声、高音喇叭的呼叫声震耳欲聋。

东湖宾馆的一号楼内,谢富治和当地的负责人已等在那里,还有随谢富治去的全国有名的北京院校的造反派头头。看到总理到了，这些人都抢着向总理叙说着7月20日发生的事情。总理先招呼几位负责人到一个小会议室，研究确定了保证毛主席安全离开武汉的详细办法，从主席出发的时间、乘坐什么车辆，到行车路线以及由哪些人负责护送，都做了周密细致的布置。会议结束后，总理去看毛主席，当面报告了请毛主席离开武汉的安排。毛主席接受了总理的建议，决定当晚乘专机离开武汉去上海。

周总理在百花一号楼约请当地各方面的负责人开会，指出抓走王力的做法，更会引起武汉两派的严重对立，把问题搞得更加复杂化，以后会围绕着抓王力事件展开无休止的争论，请他们劝说抓走王力的那派群众，尽快放出王力。最后总理指定军区的同志负责传达他的意见，叫那派群众马上放人。

毛主席乘飞机离开了武汉，总理这才松了一口气。有人报告说，王力已由造反派放了出来，被转移到空军的山坡机场。总理说事情都已解决，我们休息一下再走。我看了看手表，已是7月21日凌晨2点多了。张树迎、乔金旺和我随总理走进楼上的一间卧室，总理上床休息，我们三人守在房外，很快就听到总理的鼾声。

楼外的路灯很暗，透过窗子看到院内有很多人在走动，还有人在搬梯子。这一出乎意料的行动，驱走了我们三人原有的睡意，一起仔细观察着外边这些人的一举一动。可能是出于职业的敏感，我们以为是被人包围了，就作了最坏的准备。张树迎派我下去看看。原来我们是虚惊一场。是毛主席离开武汉时专门留下十几名战士来保护周总理的，他们正在清理楼房外的场地，把梯子搬到离楼房较远的地方。

总理已睡了两个多小时，按照睡前的约定，我们把总理叫醒，并坦白地对他说，晚叫了他十分钟。总理笑了笑问我们："你们三个都没睡呀？"我们说："回北京一块睡吧。"总理笑了笑，问我们："都准备好了吗？"我们说:"现在可以走了。"天还没有亮,我们还是由空军那位作战科长带路,按原定计划,先去山坡机场,接上王力一起走。这是周总理得知王力被放出后,为防止再生事端,亲自布置的。车开了两个多小时,天亮时我们到了山坡机场。王力已躺在一个房间里,这个"中央文革"的成员,也自食了他们一手炮制的"文攻武卫"的味道。只见他身上多处被扭伤,一只脚腕肿得很粗,护士正为他敷药。看到总理来了,他显得有些激动,起身与总理握手,向总理叙说被抓挨斗的经过。总理说,现在事情都已解决,今天可以回北京了。王力由护士和几位战士抬着上了飞机转到王家墩机场。7月22日下午,总理离开了武汉,到达北京的西郊机场。机场上站满了欢迎的群众,原来是"中央文革"安排欢迎谢富治、王力等人的。群众看到周总理走下飞机,以高昂的口号声迎接总理。几分钟后,谢富治、王力的飞机降落了,王力被扶着一拐一拐地走下飞机,这扭伤的脚变成了王力宣扬自己的资本。

周总理拖着疲乏的身子回到了西花厅。"七二〇"事件所带来的后果远没有结束。陈再道、钟汉华被"中央文革"确定为事件的主谋,调来北京接受批斗;很多群众也被牵连,遭到打击迫害。直到1978年7月26日中共中央通知决定为因"七二〇"事件遭到打击迫害的人平反昭雪。"七二〇"事件作为历史的一页被翻了过去,但是人们永远不会忘记周总理这位"救火队长"在处理武汉事件中的日日夜夜。

陪陈老总挨斗

陈毅是我们党和军队的卓越领导人,在"文化大革命"中,也没能免遭危害。身居外交部长要职的陈老总,在这些被他称作"娃娃"的红卫兵面前，也无法施展才华。战争时期，他指挥千军万马；新中国成立后，他的外交才能，威震中外。今天，运动来了，而这场运动是毛泽东主席亲自发动，亲自领导，亲自指挥的。造反派又自称是"毛泽东思想红旗举得最高"，说陈老总领导的外交部是执行了一条修正主义、投降主义的外交路线，还要彻底打烂外交部。而造反最积极、打头阵的，又是外语学院的学生和外交部的一些人。这就和其他系统一样，形成了外事系统的批斗舞台。被推上舞台挨斗的当然是以陈老总为代表的外事部门的各级领导人。

批斗陈老总的会也是由小到大，范围越来越广。开始在国际饭店，就是位于北京东交民巷路口的饭店，过去也称它为六国饭店。这里是1948年底，我军已胜利在望，国民党南京政府危在旦夕，派出以张治中为首的代表团与以周恩来为首的中共代表团进行国共谈判的地方。今天，在这里，周总理与陈老总并肩坐在了被斗的位置。面对那些造反派，周总理宣布了几条规定，与会人员共同遵守。意见是这样的：有什么意见都可以提，但要实事求是。不要离开自己的位置，不准呼"打倒陈毅……"的口号。大家以掌声同意了这个规定。

陈老总和总理分别坐在两张桌子前，这是造反派有意安排的。陈老总拿着笔，边听边记。周总理也认真听，时而抬头看看那些发言的人。随着批斗会的进行，会场的气氛逐步升温。那些口号式的发言，嗓门越来越高。有的学生手持《毛主席语录》小红本站在陈老总的面前，用力呼出了"打倒陈毅"的口号。周总理马上制止他，并提出这违反了会议开始时的协定，这些学生知趣地退了回去。场内渐渐地平静下来。我们站在一旁，以为周总理这样一说，就不会再出现那样的场面了。其实不然，他们退了几步，用更高嗓门呼出"打倒陈毅"，会场内的一些人也都举手握拳高呼"打倒陈毅"。看着这个场面，我们有些紧张。周总理、陈老总不举手，也不呼喊。我们作为局外人，还管你呼什么口号，我们只想着我们来

◆ 周恩来和陈毅在长江三峡合影

的任务。他们的口号一味地"打倒陈毅"。看着周总理严肃、冷峻的面容他们改变了办法,把"打倒……"的口号和"毛主席万岁""无产阶级文化大革命万岁"连续在一起呼喊,其中还夹上了"向周总理致敬"的口号。有的口号必须呼喊,不喊就是个态度问题、立场问题,因而头脑必须很清醒。在杂乱的声音中,要分清哪个口号该呼,哪个不该呼。

周总理看这形势不妙,向主持批斗会的造反派头头建议,休息一会儿再开。他们接受了建议,周总理和陈老总走进休息室。造反派要表现出他们的"革命精神",谁不遵守纪律,谁最有造反精神,谁就最革命。他们不听劝阻,涌进通往休息室的走道。调来维持秩序的八三四一部队的官兵们守住了房门,把他们堵在门外。他们喊出了"打倒……"的口号,要找陈毅辩论。周总理和陈老总在休息室内,听到外面乱哄哄的声音,他们很清楚外面在干什么。陈老总对总理说:"总理,你把我交出去吧,他们是想抓我的,这样待下去,你也不安全。你就不该来陪我挨斗。"总理对陈老总说:"不要讲这些,我来对了。我要不来,这个局面就更难收拾了。咱们想办法出去,这会就算结束了。"总理指示部队负责人:"无论如何要保护陈老总出去。你们把人都集合来,挡住通道,现在就走。"

为了保护两位首长的安全,预防会场发生意外,八三四一部队的官兵这时发挥了很大的作用。他们力大心齐,很快疏通了走道。总理在前,陈老总紧跟。造反派眼看着陈毅走了,不停地高呼"打倒陈毅",想冲也无济于事。他们被死死地挡在了后面,眼看着陈老总上车。周总理等陈老总

◆ 1966年12月,周恩来和受他保护的陶铸(右一)、陈毅(右三)、贺龙(右四)在群众批斗大会上

的汽车开动后，才走进车门，离开了国际饭店。

就这样，周总理几乎每当陈毅挨斗时，他都陪着。有一次，周总理在钓鱼台开会，有报告说，陈老总在批判会上被学生们围住了，他的汽车轮胎被放了气。看样子，他们有绑架陈老总的势头。总理听后很生气，走出会场，面向着国际饭店的方向问："这次会事先怎么不知道？"秘书报告说，是造反派临时定的。总理指示再派一些人去，一定要把陈老总保护出来。于是，八三四一部队赶到会场，大声宣布，是周总理派来接陈老总的，你们必须放人。就这样，边喊边冲进会场，请陈老总上了吉普车。陈老总在车上说："你们不该报告周总理，他太累了，我的事不要再分他的心了。"说着说着，陈老总掉下了眼泪。

1967年8月7日，中央文革小组成员王力在外事口发表讲话，人们称之为"王八七"讲话。他的讲话把陈老总推向更加困难的境地，可以说掀起了更为嚣张的反周总理、反陈老总的浪潮。他们像疯了一样，一定要把陈老总拉下马，就是在陈老总去机场接外宾的时候，他们也利用客人未到之前的时间，拉开向陈老总攻击的"辩论战场"。

陈老总在"文化大革命"期间，随大气候的变化，时起时落。记得有一次，毛主席会见一位外国客人，周总理、陈老总作陪。毛主席在送客人上车前，对客人说："陈毅是个好同志，他们那些小将还要把他打倒。"这些话，我们都听到了。但是没有人把这句话当最高指示，敲锣打鼓地宣传，更没有"一句顶一万句"。只是陈老总的日子好过了一阵子。批斗会还照样开。陈老总的大将风度世人皆知。在一次批斗会上，他掏出《毛主席语录》小红本，请大家翻到271页。人们都知道语录只有270页，哪有271页呢？陈老总幽默地说："我这本语录是最新的，印上了毛主席的最新指示，请大家跟我读'陈毅是个好同志'。"因为是最高指示，谁也不能不读，这是对毛主席的态度问题。会场内回荡着"陈毅是个好同志"的朗读声。我们为陈老总这种风度所感动,不禁愉快地笑出声来。

"文化大革命"还在进一步发展。陈老总的日子越来越不好过,批斗会的场面越来越大,参加的人数也越来越多。有一次,几千人在人民大会堂大礼堂开会批判陈老总。周总理坐在一旁。批斗的内容,不外乎什么外交部的大权已落在"修正主义者"手里,搞的是一套投降主义路线。甚至于对陈老总搞人身攻击,说陈老总是赫鲁晓夫式的人物,是外部势力搞垮中国共产党的内应。他们用这种"新闻"来鼓动会场上的气氛,达到运动群众的目的。就在这时,有人请周总理接电话。就在总理离开会场去接电话的空隙,台下的人冲上了主席台,对陈老总施以暴力。虽然几位警卫把陈老总围在中间,也很难持久。周总理闻讯,挂断电话,拨开人群,同陈老总站在一起,很气愤地对造反派说:"你们违反了事先达成的协议,你们必须马上退下去,你们不退下去,我就宣布散会。"那些几乎疯狂的造反派哪里听得进这些,看阵势非要把陈老总揪走不可。八三四一部队增加了力量,把周总理、陈老总护送到休息室。大礼堂的叫喊声越叫越高。

陈老总就是在这种环境中,时而工作,时而靠边,直到病重住院,才摆脱了批斗大会。直到陈老总上了手术台,他们才向总理报告,说是陈老总患急性肠炎,请示开刀。总理听后,放下手中文件,很生气地说,紧急的病由医生决定,为什么还请示。说后就派他的保健医生到医院,亲自了解陈老总的病情,并及时向他报告。总理怎么想的他没说,从大夫报告陈老总的病况看,总理派大夫去医院是从多方面想的。医院是按盲肠炎开的刀,开刀后确诊是结肠癌,于是又扩大刀口。虽然采取了应急措施,但对病人总是一个不小的损伤。手术后不久,周总理到医院看陈老总,还做了检查,说是没关照好,使陈老总多受了一刀。周总理把医院的领导找来,狠狠地训了一通。后来陈老总的病需化疗,就转到了日坛医院。总理多次去看望陈老总。他不仅仅是看望,更多的是向陈老总通报一些国际、国内的事情，更多的是内部的事情。

得知林彪粉身温都尔汗，陈老总与全党、全国人民一样高兴。对长期被林彪迫害的陈老总更是值得庆贺的事。陈老总虽已病魔缠身，可他为了党的事业，为了提高人们对林彪危害的认识，积极投入到揭发批判林彪的运动中去。他坐着推车进入会议室，出席老同志（指当时没有安排工作的老革命——徐向前、聂荣臻、王震、邓颖超等）座谈会。陈老总在会上讲话两个小时，忘记了自己是还在继续进行化疗的病人。

哪有时间"天天读"

"早请示、晚汇报""天天读"，这些"文化大革命"中出现的"新鲜事"，都与林彪搞的"语录不离手"的"三忠于""四无限"有关。《毛主席语录》本是由毛泽东选集中摘录下来的警句，便于人们学习记忆，当个人崇拜风在中国大地上越刮越猛时，林彪利用这股风，吹捧毛泽东，更主要的是抬高他自己。"天天读"就是林彪搞的形式主义，意思是要每个人每天都要读毛主席的书，用毛泽东的语句，指导每天的工作。人们手持"红宝书"，"天天读"的人确实不少，而真正用毛泽东的话指导工作的不多，更多的是把"语录"作为在派性斗争中攻击对方的武器。"革命不是请客吃饭，不是做文章……"为派系之间的无情争斗作理论指导；把他们"打翻在地，再踏上一只脚"，为搞武斗壮胆；"造反有理"，为无政府主义助威。这些都曲解了毛泽东思想和原著的本意，离开了当时的社会背景，也就是不实事求是。那年代谁把语录本举得最高，谁喊得最响，谁就最革命。

"天天读"确实也促使一些人看书，有些单位就搞起了背诵"老三篇"（即毛泽东写的《为人民服务》《纪念白求恩》《愚公移山》三篇文章）、"毛主席语录"比赛。能把"老三篇"全文一字不漏地背诵下来的人居然不少，全文背出"语录"的也大有人在。有人还能搞抽试，随便提出哪一页，第几段，他马上可背出这一段的内容；你读一段语录，他马上说出在哪一页哪一段。"天天读"已在全国"蔚然成风"。

我们办公室不是世外桃源，我们也在学习室里挂上一块小黑板，抄上一段毛主席语录，集体读一下，就叫做"早请示"；学习完后，再读一下，就叫"晚汇报"。这种做法与外界不同，因为我们的工作规律是随总理、大姐的。早晨人员都忙于工作，很难集中，只有利用下午的时间来完成"早请示，晚汇报"，同时也"天天读"了。

社会上，也可以说在中国大地上发生的这些事，周总理是清楚的，平时他很少与我们谈他的看法。一次偶然机会，总理问我，你们怎么学习？我如实地讲怎么样与社会上一致，怎么样体现忠于毛泽东思想的做法。他听后很坦然地说："你们还有时间坐下来学，集体读。我哪有时间天天读，我能每周读一次就不错了。"我笑着说："你一天到晚工作，连睡觉时间都很少，怎么读呀！"周总理只是淡淡地一笑。

江青闯闹接待厅

1968年3月18日，周总理在北京人民大会堂南门接待厅开会，商谈解决东北问题。参加会议的有李作鹏、杨成武、汪东兴等。正式开会之前，总理与先行到会的同志交谈。我习惯地和几位工作人员守候在接待厅一侧的小房内，东南西北聊聊天。忽听有人大声吵闹，仔细一听是江青的声音。江青也是来参加会的呀！她的秘书来电话说是晚到一会儿，怎么进会场就吵起来了呢？只听她提高了嗓门喊："总理，你见什么人？为什么我不能进？"总理被她这一突如其来的喊叫，弄得丈二和尚摸不着头脑，便对江青说："你有什么事，到别的房子去说。"总理起身走出客厅，江青紧随其后。总理招呼汪东兴、李作鹏、杨成武一块进了"山东厅"。这个厅比较小，叫"小山东厅"。另外还有一个"山东厅"。江青不停地大吵大闹，说是周总理叫成元功阻止她进会场。周总理只好叫汪东兴把成元功叫进来，当面说清事情的原委。总理自己便退了出来。

成元功进去解释说："接孙占龙（江青的警卫员）电话，说是江青同志来大会前得先吃饭，在南门找一个地方，吃完饭再参加会。大会堂的同志就给安排在'小山东厅'。因'小山东厅'的位置靠近接待厅。"江青不等成元功把话讲完，就高声吵道："你有什么权力阻止我！你们都给我出去！"站在走廊上的我，见汪东兴、李作鹏、杨成武和成元功都出来了，便去告诉总理："他们都出来了，只有江青在里面。"总理推开门进去，我仍守在门外，观察厅内的动向。

周总理对江青说："成元功对你都讲清楚了。"江青打断总理的话，叫道："他是你的一条狗。"周总理早已埋在心里的火被点燃了，厉声说："江青同志，你像什么样子！你说什么话！成元功是警卫局的处长，我谅他也不会对你怎么样，更不用说阻挡你了。你何必发这么大的火。对我们这些老同志，你要相信嘛！"

"我管不了那么多，成元功这个人历史上就不是好人，不能用。"江青蛮不讲理。

"成元功在我那里工作很多年，现在已回到警卫局。由汪东兴去安排，你、我都不能决定。"

江青想继续纠缠。总理推开门，顺便说了句："今天的会不开了，我还有别的安排。"便离开了。江青没趣地走了。

次日凌晨5时左右，忙了一天的总理刚回到家里，秘书向他报告，江青的秘书来电话，请总理去钓鱼台十七号楼。我们调转车头，十几分钟到了钓鱼台，走进十七号楼的大门。服务人员把总理引进休息室。我跟了进去，见江青、张春桥、姚文元、汪东兴已坐在那里，还有警卫局的一位副局长和几名干部。我观察这些人的表情相当严肃，鸦雀无声。见势不妙，我转身退出。只听江青叫了一句："你别走，也参加。"我吓坏了，心马上提到嗓子眼，找了后边一把椅子，坐下了。

江青说："很对不起总理，白天我不该发火，今天把你们请来，我还是要说说白天的事。"她的嗓门又提高了，"成元功这个人不是好人，在延安他就反对过我。我有事找恩来同志，他就阻挡我，到西花厅他就找我的别扭。这样的人，怎么能用呀，怎么能在警卫局？"

江青为了说明自己的讲话多么"正确"，叫在场的领导表态。张春桥、姚文元、汪东兴都没讲话。

周总理讲："成元功对你没有什么恶意，他叫你进去吃饭，他是过于热情，本来不是他的事，他可以不管你，是热情出了毛病。成元功十四岁就出来了，在我那里很多年，我对他是了解的，工作问题由组织安排。"

江青听总理讲话的意思，自知对她恶意诬陷成元功的话不可能支持，不知趣地把话题投向在场的工作人员，问有什么意见。我们看透了今天这个场面是杀鸡给猴看。这里不是我们说话的地方，当时除同情成元功外谁还能想什么，大家相互看了看，谁也没说话，都低下了头。她把目光逼近了那位副局长。我们都是他的部下，他只好说几句了："听了江青同志的讲话，我们很受教育，总理的讲话非常重要……"江青听他只说了一句对她的讲话，而开始说总理的讲话，唯恐他再说下去，马上打断他的发言，说："你们警卫局还有坏人，那就是曲琪玉，他对毛主席不忠……"

我们坐在那里，如坐针毡，心里悬着十五只吊桶七上八下。谁没私下议论过江青呢？谁没私下发泄过对江青的不满呢？今天她开始点名了，成元功要完了,突然又点个曲琪玉,下一个是谁呢?天哪,这个会快点结束吧。

江青也不是傻瓜,看出我们这些工作人员的表情,于是又把话题转向我们:"警卫处的人,好的是多数,像曲琪玉这种人是个别的。""如果没有别的事,可以散会了。"

"散会"二字刚一出口,我们都站了起来。总理紧锁着眉头,对汪东兴说:"有些事由你来做。"说完转身走出了会场。

几天后,被江青点名的曲琪玉,离开了他警卫处长的位置,与成元功一起先后进了中办学习班,后转入中办在江西进贤县办的"五七"干校接受"劳动改造"。

看电影请假

1968年10月22日,周总理正在开会。我接到江青的秘书杨英路的电话,说是江青请总理到钓鱼台看电影。我马上写了条子,送给了总理。条子是这样写的:

总理:

　　杨英路问今晚开会的内容。江青同志提议今晚在钓鱼台看电影"智取威虎山",请总理、伯达、康生同志参加,看完电影后再开会,是否可以。

　　　　　　　　　　　　　　　　　　　　　　　高振朴(普)

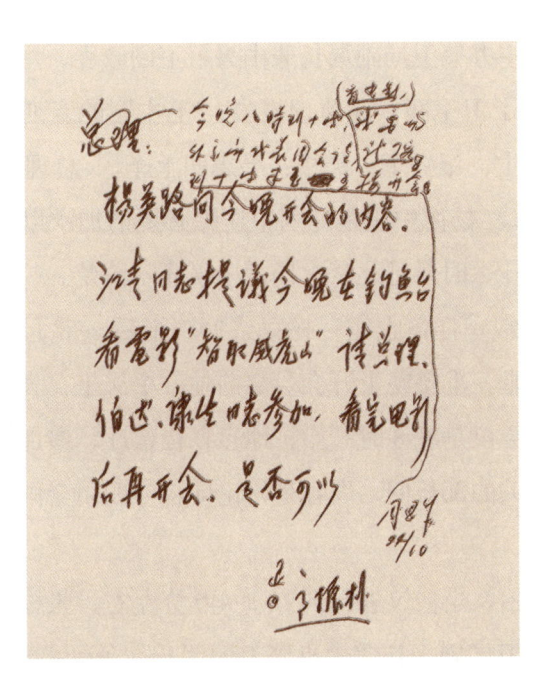

周总理是这样批注的：

今晚八时到十时，我要与外交部代表团会谈，看电影请假。到十时半至五楼开会。

这里的五楼，指钓鱼台五号楼。

面对"九一三"突发事件

1971年9月12日下午5时左右，周总理起床。他是工作到上午11时才睡的。"文化大革命"以来，他又恢复了50年代白天睡觉的习惯，那是战争年代养成的。这天由于睡够了六个小时，总理显得特别精神。早已等候的杨德中（中办警卫局副局长兼中央警卫团政委，主管总理的警卫工作）跟着总理进了卫生间，向总理报告："毛主席的专列已停在丰台，到丰台后就把李德生、纪登奎、吴德、吴忠叫上车。"总理听后说："怎么这么快就到了丰台。"杨德中说是专列中途除必要的加水以外没有怎么停直奔北京。总理问什么时候进北京，杨德中说还不清楚。

周总理和往常一样，吃完一杯豆浆冲鸡蛋后，带上他那厚厚的文件包，去人民大会堂，准备晚上开会。会前他一个人坐在大会堂东大厅的北小厅翻阅文件。会议是晚8时开始，地点在福建厅，参加会的人员是部分政治局委员和有关的部长们，内容是讨论即将在四届全国人大会议上作的"政府工作报告"。

会议准时开始，当会议进行到10时40分左右，张耀祠（中央办公厅副主任、中办警卫局副局长兼中央警卫团团长，分管毛主席的警卫工作）来电话，有紧急事情要向总理报告。周总理离开会场，接通了电话。张耀祠向总理报告说，接张宏（中办警卫局副局长兼中央警卫团副团长）从北戴河打来的电话：林豆豆（林立衡，林彪的女儿）来队部报告说，叶群和林立果要挟持林彪出逃，先去广州，再去香港，晚8时已调来了林彪的专机256号。周总理紧锁眉头，对张耀祠说：请告张宏同志，派人密切注意动向，及时报告。并问张耀祠现在什么地方，张回答说在中南海游泳池。周总理实际上是在询问毛主席在哪里。总理放下电话，进入会场，向开会的人宣布，今天的会议结束，政治局的成员留下，其他人员请回。

周总理向空军司令吴法宪查问空军一架三叉戟飞机去山海关机场的情况。吴法宪支支吾吾说不清楚。总理叫他马上查。吴法宪就用空军副参谋长胡萍编造的假话向总理报告，说是一架改装的飞机，试飞中发生故障，降在山海关机场。总理听后，叫吴法宪下令这架飞机停在原地，不准起飞。

周总理预感到事情的严重,他在思考着应付的办法……

11时20分,叶群与总理通电话说:"首长(指林彪)想动一动。"

"是天上动,还是地上动?"总理仍沿用他多年的习惯。凡关系到领导人的重要活动,他都用对方可理解的语言讲话。这是他多年养成的保密习惯。

"是天上动。"叶群答。

"你那里有飞机吗?"

"没有。"

周总理知道停在山海关机场的飞机是当天晚上调去的,她却说没有飞机,纯属假话。总理看透了她电话的目的,也想到了事情发展的严重性。

总理指示海军政委李作鹏,下令山海关机场,不准那里的任何飞机起飞。

周总理又让通知其他政治局委员到福建厅。汪东兴仍留在毛主席那里没有到会。周总理又把开会的会场由福建厅改在了新疆厅。总理对到会的同志说,有件事先去处理一下,请同志们等一等。

周总理驱车到了中南海游泳池,亲自向毛主席报告今天发生的一切,最后建议毛主席转移去人民大会堂118厅。那里是毛主席召开会议、会见外宾和休息的地方。

9月的北戴河,秋高气爽,海水是那样的平静,可林彪的住地96号楼内一片混乱。叶群发现林豆豆已不在楼内,又得到胡萍报告周总理查询飞机的消息后,本想要通周总理的电话探听虚实,为其阴谋放个烟雾,不料露了马脚。她做贼心虚,加速了思维的混乱,大声疾呼地指挥着人们加快外逃的准备。找人的找人,装箱的装箱,急急忙忙把文件、物品塞进林彪的红旗车内。

林彪、叶群、林立果、刘沛丰、李文普（林彪的贴身警卫）挤进一辆车内，由司机杨振刚开车，离开96号楼。杨振刚原为叶群的专车司机，后为林开车。出门不远，就遭到驻地部队的拦阻。随着一声刺耳的喇叭声，汽车冲向部队。战士们急忙闪开，险些被这夺命的汽车撞上。中队长肖奇明见此情景，举枪向汽车尾部连开两枪，此刻他已忘记这是红旗防弹车，别说是手枪，就是两颗手榴弹投到车上也无济于事。事后验证，他那两枪都打在汽车的后挡风玻璃上，只在玻璃上留下两个白点。后来，周总理对这两枪提出批评，说是没有明确指示，怎么能开枪呢？

汽车取道海滨路，疾速驶向山海关机场。李文普察觉情况不对，果断地跳出车外，保全了生命。中央警卫团的战士们在中队长肖奇明、大队长姜作寿和副团长张宏的带领下，先后乘吉普车、卡车和吉姆车以最快的速度紧追。

周总理从中南海回到大会堂新疆厅。我们按规定留在厅外。9月12日半夜12点多钟，即13日凌晨，周总理又接到张耀祠报告：林彪已离开住地，向山海关机场跑去。周总理询问先派出去的部队能否先到机场。张耀祠不能作出肯定的答复。总理又一次叫李作鹏下令山海关机场，不准停在机场上的任何飞机起飞，要设法阻拦。李作鹏没有遵照总理的指示下达命令。

正当午夜，在通往山海关机场的路上，林彪、叶群、林立果等乘坐的防弹红旗车，以每小时一百多公里的速度急驶，消失在黑夜里。

紧追其后的中央警卫团的跑在最前面的车，已看到了红旗车的尾灯。张宏命令司机再快些，司机为难地说，已是最大油门，再没有办法快了。

横贯东西的京哈铁路，与公路交叉。正巧一列火车从东往西通过，红旗车抢先过去，而后面追来的车被火车挡住。林彪的车抢先进入机场，直奔停机坪。"256"号专机已静静地等在那里。林彪等推开车门，顺着飞机驾驶舱的小梯子爬了上去，往常是不会用这小梯子的。追赶的战士们远远地看到林彪、叶群等急忙登机，叶群在先，林彪紧跟其后。林彪没戴帽子，这是少有的事，他平时夏天也要戴帽子，可见今天跑得慌张，把帽子丢在96号楼。林立果手提着枪，气急败坏地叫人们快上。他们没来得及把车上所有的文件、物品带上，没等报务员、领航员上机，就关上机舱门，发动飞机。

中央警卫团副大队长于仁堂见此情景，急步跑向调度室，正遇到机场童副参谋长。于仁堂请他阻止飞机起飞，童讲："已接到总理的电话指示，飞机已滑向跑道，挡不住了，只好采取灯火控制的办法。"于是，他向天空连发三枪，机场闻声关掉灯光，顿时一片漆黑。飞机在黑暗中，滑到起飞的位置，于9月13日零时32分向西北方向飞去。

张宏把林彪一伙乘机已经起飞的消息经张耀祠向总理报告。周总理拿起电话命令空军司令部调度室向"256"飞机喊话，希望他们回到北京，不论在哪个机场降落，周总理都亲自去接。调度室照总理的指示办了，可"256"飞机没有答话。

周总理自得知林彪、叶群的行动后，一直采取一切可采取的措施，还是没能挽回这必然的结果。

周总理请李德生、纪登奎到北小厅，交代了任务。李德生去空军作战部，纪登奎去北京军区。

总理叫吴法宪马上去西郊机场随时掌握机场的情况，并派杨德中"协助"吴法宪工作。杨德中凭他多年在总理身边工作的经验，理解总理派他去的用意，随吴法宪去了西郊空军机场。

飞机飞出国境，在荧光屏上消失。人民大会堂内的空气变得更加紧张。会有什么事情发生？怎么办？周总理向毛主席详细报告了这一切。毛主席说："天要下雨，娘要嫁人，由他去吧。"

周总理回到新疆厅，宣布了林彪北飞的消息，场内哗然。人们面面相觑，谁也没有讲话，也不知道该讲什么。无言、沉默，沉默得使人透不过气来……

周总理看看大家，声音不太高地说："请你们待在这里，都不要离开新疆厅。"说真的，在座的领导们谁也不想离开，而想离开的这时也不敢离开。

周总理走出新疆厅，对厅外的环境作了进一步的安排，指定专人看守厅门，无关人员不准进入，所有随领导们来的人员，一律原地休息，谁也不准靠近新疆厅。

西大厅内的北小厅，厅内有办公桌，装有军用和各种电话，还有一张床。周总理往常在这里办公和休息。总理走进来示意关上门后，拿起电

◆ 周恩来在北京人民大会堂的休息室，1971年在此处理"九一三"事件

话，向全国下达了禁空命令，即：没有周恩来、黄永胜、李作鹏、吴法宪共同签发的命令，飞机不准起飞。

总理直接向各大军区下达命令，派陆军进驻空军、海军机场，与原守卫部队共管，严格遵守禁空命令。

刘贤权来了，他是铁道兵司令。我们事先不知道他要来，把他挡在门外。刘司令火了，冲着我们说："总理叫我来，你们不叫我进，什么意思？"我们把他引进西大厅，马上向周总理报告。周总理请他进了北小厅，二十多分钟后，刘司令出来了。我们向他道歉。他严肃的脸上露出一点和意，对我们说："不怪你们，你们做得对。"我们送他出去，他坚定地说："我照总理的指示去办。"

周总理指示外交部，密切注意外电报道，并研究和提出各种情况下的交涉和应付方案。

李德生坐镇空军作战部，掌握全国空军的动向，更注视着首都各机场的情况。9月13日凌晨3时15分，北京沙河机场报告起飞了一架直升机，向张家口方向飞去。李德生立即将这一突如其来的情况报告周总理。总理果断地指示："迫它降落，不听就打下来，决不能让它飞出去。"于是空军先后派出八架（次）飞机拦截。因天黑没有找到这架直升机。空军调度室一片紧张，大会堂内在等待着。这架被周宇驰、于新野、李伟信劫持的直-5飞机，携带大量文件向北飞，企图追随林彪逃往国外。驾驶员陈修文是一位智勇双全、具有高度觉悟的驾驶员，他识破了他们的企图，机智地骗过他们，把飞机飞回北京，曾接近西郊机场。杨德中后来说，在西郊机场曾听到这架飞机的声音。周宇驰等发现被骗，用枪逼迫陈修文北飞。陈修文以没油为理由，将飞机降落在怀柔县境内。接近地面时，陈修文与周宇驰等搏斗，被周宇驰枪杀。周宇驰等爬出飞机，狼狈奔逃，被赶来的部队、民兵、群众追进庄稼地里，团团围住。周宇驰、于新野、李伟信料已无法脱逃，周宇驰提出，由他先把于新野、李伟信打死，然后自杀，于、李不同意，约定一起自杀。周宇驰、于新野当场毙命，李伟信朝天空放一枪，保住性命，被战士、民兵捕获，留下这一活的口供。

天已大亮，关掉了大会堂内的部分灯光。隔窗外望，长安街上人来人往，上班的、上学的、散步的，他们与往常没有什么不同，他们是那样的平静；天安门广场，首都民兵师的队伍在演练队形，他们练得是那样认真，走得是那样整齐，为的是接受国庆二十二周年的检阅。他们哪里知道今天发生在高层的这一切。明天会怎样，谁又能预测？

周总理没有问时间，没有顾及天亮，就连我们关灯、拉开窗帘都没有抬头看一下，他陷入了深深的思考……

总理走出小厅，向毛主席所在的118厅走去。他不像往常那样，先问一下主席是否休息。我们紧跟他，靠近他。总理从12日晚7时30分吃过一餐饭后，到现在十多个小时没吃东西，又处在这样非常的紧张状态之中，我们担心他的身体。他回过头来看了看说："不要都去，留下人听电话。"张树迎示意我留下。约半个小时的时间，总理又回到了新疆厅。

电话铃响了，是南京军区许世友司令员打来的，找总理亲自听话。他的嗓门很大，在我把话筒递给总理的瞬间，听他说出了关键的一句话："报告总理，我已派参谋长带部队占领了南京的全部机场，辖区内的其他机场也已同时出动部队全部占领，请总理放心，请毛主席放心。"总理微微一笑，放下话机。

上午9时，我们几个人商量请总理吃饭的事。这中间虽说送过葡萄糖水、花生米和玉米面粥，但这些不能顶饭吃。据我们的经验，已到了可以劝他吃饭的时候。于是先请厨师做好了一碗热汤面，几个小包子，一盘小菜。一边请他吃，一边送上去。他接受了，吃了一碗面，一个包子。看着他吃剩的包子，看着他吃空的面碗，我心酸了，眼睛湿了。如果是以往，我会觉得轻松许多。因为总理忙起来，不睡觉不吃饭是常有的事。可今天我轻松不起来，只是深深地吁了一口气。

总理约来了军委和总参作战部的同志，在大会堂东大厅开会。作战部的同志铺开地图。总理与到会的同志们共同分析由于林彪外逃可能发生的情况，研究制定了应急方案，调整部队部署，重点是应付国外势力的入侵。

邓大姐打来电话，这已是第三次了，她不知道这一夜发生了什么事情，也没有人向她报告。我们只对她说是开会。邓大姐关心着总理的身体，总理1967年已患冠心病，过度劳累会出现什么结果，邓大姐比谁都清楚，可她又有什么办法。"文化大革命"以来，总理的工作量是超负荷的。邓大姐盼着这没完没了的事情早点结束，总理的担子也可以减轻一些。可事与愿违，事情多得像一团乱麻，越扯越乱。多年的经验告诉她，今天发生的事情不同一般，她从总理近二十个小时不回家，我们在电话里支支吾吾，断定有大事情发生。她也不像往常那样催总理散会，也不催总理回家，而是一再叮咛我们给总理按时吃药，不要饿得时间过长，掌握时间送点吃的，提醒总理休息。我们如实把邓大姐的话向总理作了报告。总理让我们转告邓大姐，请她放心，事情完了，就会回去。

钱嘉东、纪东两位秘书在家值班，这段时间，我们之间也没了联系。他们接到丁盛（广州军区司令）这样一个电话：请报告总理，他忠于毛主席，听毛主席的，听周总理的，周总理怎么说，他怎么办，他已遵照总理的指示去办了。纪东接电话后，一时没搞清怎么回事，叫我向周总理报告。总理听后问我向纪东讲了什么？我说没讲，总理让我通知纪东到大会堂来。纪东到了大会堂，向总理讲述了丁盛的电话内容。总理让他留在大会堂，帮助处理事情，没再回办公室。

新疆厅的领导人已按照总理分配的房间,到各自厅室去休息。他们也是很长时间坐在那里,虽然可以走出厅室散散步,可谁也没有离开大会堂。

我们劝总理休息一会儿。总理答应了。就在北小厅,他坐在沙发上,闭上眼睛。我们轻轻地关上门,退出来。十几分钟后,总理叫我们进去,说是睡不着,于是又继续翻阅着他那些文件,不时接着各方面来的电话,却一直没有林彪飞机的消息。

14日上午11时,已忙碌了四十多个小时的周总理,显得格外疲倦,在我们的一再劝说下,才服了安眠药,上床休息。

总理躺下后,很快便发出了轻微的鼾声。我们终于松了一口气,退出小厅。我把褥子铺在他门外的地毯上,和衣而卧,看着天花板。是紧张,是责任,还是什么,一时也说不清楚。怎么也合不上眼,索性不睡了,想着发生的一切。林彪是副统帅,怎么能这样干呢?庐山会议后的批陈(陈伯达)整风,虽说林彪有错误,没点他的名,是有意保护了他,当然也是警告他。怎么能跑呢?在我们党的历史上出过张国焘,那是在战争年代。在执政二十几年的今天又出了个林彪!局面会怎么样呢?国家会乱吗?难说。除去已跟林彪跑的,还有谁呢?周总理向各大军区下达的命令,说明毛主席、周总理在直接指挥,军权在中央,不会出大乱子,像丁盛那样的都表示服从指挥了,还会怎么样呢?……

14日下午2时,服务员叫我们接电话,纪东接电话回来,说是王海容问总理在什么地方,她有重要情况要向总理报告。我们叫醒总理,报告了王海容电话的内容。总理叫她马上来大会堂,并让我到门口等王海容。王海容手持密封信,边走边着急地问我:"总理在哪里?"我说先进去吧。总理已在卫生间漱口。纪东接过王海容手中的信,总理催他快念。信中说,一架军用飞机在蒙古失事,机上九人全部遇难,其中有一妇女,机

◆ 林彪的座机——256号三叉戟飞机残骸

号：256。总理听后拿过电报，穿着睡衣拖鞋，急步走向毛主席所在的118厅。他们谈得很久，约4时，总理才离开。政治局的全体成员已转到福建厅，总理向他们宣布了林彪摔死的消息，会场马上变得一片轻松。总理叫准备饭，他们要好好吃一顿饭了，还破例喝了茅台酒。

周总理指示外交部，电告驻蒙古使馆，请许文益大使亲自带人到出事现场，查清飞机型号，遇难九人的身份，从各个角度拍摄下飞机、现场和九人的照片，特别是遇难人的照片分角度、拍特写等。并向蒙方交涉，把死难的九人的遗体运回国内。

14日午夜，周总理开始分批向中央机关、国务院各部委和军队系统的主要领导人通报林彪外逃事件，比较详细地讲述了事件的经过，嘱咐各单位各系统的领导要把握住本单位，紧紧地团结在毛主席周围，制定防范措施，以应付可能发生的事情。这分批的通报会持续到15日下午4时才结束。总理很疲劳,该回家了。我抢先一步收拾好他的文件包,随他走出会场。总理与大会堂的工作人员握手,道谢。整整三天三夜,七十三岁的周总理只睡了三个小时,加上沙发上的几次小憩,也不足五个小时。

总算离开了大会堂,回到西花厅。

邓大姐迎在门前,对总理说:"老伴呀,看你的两条腿已抬不起来了。"总理微笑一下说:"这很自然了。"邓大姐已知事件的情况,这是在向各单位通报时,周总理派杨德中向大姐报告的。她随总理走进办公室,跟他谈了一会儿话,劝总理好好睡一觉。总理接受了大姐的建议,在我印象中,总理这样痛快地接受休息的劝说并不多见。

周总理处理"九一三"事件的全过程,我和张树迎形影不离地守在他的周围。他开会,我们守在会场的门外;他睡觉,我们睡在他门外的地毯上;他单独在房内走动,我们会随他散步。这是在发生了那样的特殊事件,在那样的特殊环境,我们警卫人员的职责,是要保证总理的安全。即便是他约个别人谈话,我们也会精心地观察动态。就是这样,我们与周总理度过了那三天三夜的危难时刻。我们看到周总理处事泰然,有伟人的胸怀。从他的表情也看出了他为党、为国家忧心忡忡。这样的心情他不会对任何人去讲,他也没有用任何方式表露。

时间一天天地过去,外交部向总理报告,我驻蒙使馆派孙一先携带材料于9月19日乘火车回国,于21日下午到京。周总理于21日当晚听取了孙一先的报告,仔细地看了他带来的现场照片。参加会的,除政治局部分成员外,还请来了外交部的姬鹏飞、韩念龙、符浩,公安部长李震,北京空军司令李际泰,警卫局杨德中等。大家分析了飞机坠毁的原因:飞机因燃料将要耗尽,被迫紧急降落。驾驶员不熟悉较大地区的地面情况,冒险以飞机肚皮擦地降落。飞机降落后,失去平衡,与地面冲撞,引起爆炸。从死者的遗体上看,都取下了手表等易于擦伤的物品,说明事先都作了迫降的准备。

10月1日中午，周总理亲自到西郊机场，查看了同样的三叉戟飞机，分析迫降时引起毁机的原因。据专家确认，这种飞机两翼下部与机肚底部几乎平行，虽然驾驶员技术很高，但在沙地上很难掌握平衡，稍有偏差，就会导致机毁人亡。256号飞机出事是必然的。

林彪死后多年，社会上仍流传着飞机是被打下来的说法。虽然很多专家对飞机出事现场和飞机残骸进行了科学分析，证实林彪等所乘256号飞机是着陆后起火而毁，但总有一些不明真相的人多方猜想，有人说飞机是被打下来的，有人说飞机坠毁前机内人员有搏斗……也难怪这些人，因为他们生活在今天，用现代人的思维去分析、去断定几十年前的事情。这期间也有一位在党内有相当地位的同志，在回答一位外国记者的询问时，居然也说飞机可能是被打下来的，那位记者随后在一些国外的媒体上发表了这一所谓"可靠"消息，对社会造成很大影响，也引起理论界一阵混乱。后来，国内有关单位把"九一三"事件的全部材料送给这位同志看，他看后说，飞机被打下来的说法他也是听说，没有依据，应该以事实为准，是它自己坠毁的，不是打下来的。

9月23日，已是林彪外逃的第十天，林彪等已葬身于蒙古的温都尔汗。林彪的干将，他的四大金刚——黄永胜、吴法宪、李作鹏、邱会作已是六神无主。他们没有主动向中央坦白交代，而是私下活动，销毁证据，对抗中央。对他们的活动中央早已察觉，已经到了对这四人采取行动的时候了。毛主席决定把他们四人抓起来。这项决定由周总理执行。

就在9月23日晚，总理驱车到人民大会堂，先是在新疆厅开了会。会后，总理约来杨德中，向他交代了任务。杨德中受命去部署对"四大金刚"的进一步监视。杨德中走前对我说："今晚有重要行动，你要提高警惕，多个心眼，再从警卫处调两个人协助你。"他没对我说是什么行动，说完就走了。总理仍然坐在那里看文件。我和警卫处的两位同志守在门外。因为不知道这行动什么时候开始,我心里没底,坐立不安,推开房门看看总理,他却像没事似的批阅着文件。

晚11时左右,杨德中回来了。我急忙上前问他一句:"怎么样?"他说一切就绪,就去向总理报告。几分钟后,总理把我叫进去说:"咱们回家。"我答应后接过文件包跟在总理身后。我在想,都安排好了,怎么又要回家?不会出了什么事吧?

总理回到家后并没有休息,仍坐在那里看文件。杨德中告诉我,今晚的行动改在明天上午进行,仍在大会堂。原因是9月24日上午8时,李先念率团去越南访问,去机场送行的有邱会作。逮捕他们四人的行动需秘密进行,为不引起外界反应,便改在送走李先念以后。周总理又是一个晚上没有睡觉,24日早晨7时50分到了首都机场。纪登奎等已到候机室,邱会作也坐在那里。和往常一样,总理与他们相互握手就座。李先念到后,他们一同步入机场,气氛平静。我紧随在周总理的身边警惕着周围的动向。李先念登上飞机,向送行的人们挥手告别。飞机滑动了。周总理转身对纪登奎、邱会作说:"9点钟在大会堂福建厅开会。"其实纪登奎知道开会的内容,邱会作也接到开会的通知,但他却不知道今天的会对他是个什么结果。

由机场返回的路上,杨德中坐在总理的车上。周总理对杨德中说:"咱们把车开快一点,先一步到大会堂,再与邱会作谈一谈,争取他多交代一些问题。"我们的车速加快了,后边的车速也跟着加快。因为都是红旗车,性能一样,不可能甩掉它。车上原有的通讯设备,也因反窃听,全部拆掉了。今天是干着急,只好到大会堂再说了。到大会堂北门,杨德中虽是抢先一步下车,已来不及了,执行人员已对邱会作实施隔离。

周总理、叶帅和纪登奎在东大厅等待着黄永胜、吴法宪、李作鹏的到来。9时，黄永胜、李作鹏先后到会，与邱会作一块坐在福建厅，只有吴法宪没有到。是什么原因没有到呢？是走漏了消息吗？不可能。我们也很着急。总理、叶帅和纪登奎在东大厅内走来走去。9时10分左右，吴法宪到了。周总理、叶帅、纪登奎走进福建厅。他们从沙发上站起来。周总理等和他们四人一一握手。我们被允许守在厅内。虽然厅内的布置没什么变化，还是开会的老样子，但总显得气氛紧张，与往常不大一样。就座后，周总理代表毛主席、党中央宣布："中央决定对你们四人隔离审查，希望你们与林彪划清界限，交代你们的错误。"周总理指出他们四人从庐山会议到这次林彪叛逃期间的所作所为。总理没有用"罪行"二字，大概也是个策略。总理说："林彪叛逃后，根据多方查证，证明你们四人是站在林彪一边的，反对毛主席、反对党中央，搞分裂活动。毛主席等了你们十天，希望你们觉悟，主动向中央交代问题。你们不仅没有交代，反而相互串联，销毁证据，完全站在党中央的对立面。所以，中央不能不采取断然措施，把你们分别隔离起来。这便于你们交代问题，也便于中央对你们进一步审查。"总理接着说："你们放心，你们的问题是你们的事，你们的家属、孩子不会受到牵连，这是我们党的一贯政策，不会像你们当年对待叶帅那样。叶帅的孩子你们都不放过。今天叶帅在座，他不会那样的。"叶帅会意地点点头。

总理问他们四人还有什么要说的。他们四个人都耷拉着脑袋，坐在那里，一声不吭。周总理看着他们的样子，知道要他们在这里马上说些什么，也很困难。于是下令将他们带走。就这样，比较顺利地把林彪的四员干将抓了起来，消除一大内患。这也是林彪事件后，中央采取的一大行动。

江青搅起的护士风波

1972年初春的一个晚上，周总理到钓鱼台17号楼开会。江青、张春桥、姚文元和汪东兴已等在会议室。我和医生照惯例守在外面，与其他警卫员和秘书们闲聊。江青的护士小赵坐在一旁，看上去情绪不高。我已不是第一次看到她这样，所以也就不太留意。

会议室的门开了，周总理出来。我急忙迎过去，以为散会了。总理却进了电话间，我跟过去。总理问："小许在哪里？"（指总理的护士许奉生）

我担心地问："总理你哪儿不舒服？"

总理听我答非所问，没说什么，只是看看我。我急忙说："小许在家。"（指中南海西花厅）

总理对我说："我没有什么不舒服，是江青要找小许。你马上把小许接来。"说完他就进了会议室。

我琢磨着会场内可能发生了什么事。为了快一点把小许接来，我请警卫局车管科派一辆车去西花厅，同时，给小许打电话。

小许接电话时很紧张地问我："总理怎么啦？"

我说："总理没什么。"

"那你半夜来电话干什么？吓死我了！"

我听小许紧张的情绪已放松，就半开玩笑地说："有人看上你了，要你到她那里工作。"小许真的认为我跟她开玩笑。我这不指名的"她"，小许已知道是指江青。我说："我有神经病呀！我真的不是开玩笑，是总理叫我打电话叫你的，车子快到了，你马上来吧。"

她这才断定是真的，于是哭了。电话里传来了"不去，不干！"的回答。

我说："那怎么行呢？你先来吧！总理在这里等着呢。"

约十多分钟后，小许来到17号楼，只见她手里提个小包，低着头，进了楼。我看她的眼圈已哭红了，顿时紧张起来。这怎么行呢？我叫她先去洗一下脸。她接受了我的建议，走进卫生间。

我在门外大声地提醒她："用冷水！"

我拉开会议室的门送她进去。说真的，我都没敢看一眼里边的首长谁坐在哪个位置。小许进去后，我轻轻地关上门，退守在外面。约一两分钟后，会议室的门开了，是小许。她笑了，笑得那么天真。我过去问她："怎么啦？"她半捂着眼睛笑着回答说："她不要我了，说我太紧张，手那么凉，一拉手吓了她一跳。"

我说："你快走。"于是，小许又坐上汽车回西花厅了。

真没想到，凉水洗脸，除掩饰了小许那不快的表情，还免除了以后的不幸。

此事的起因发生在当天的下午。江青不知为什么大发雷霆。也许是江青在哪方面遇到了不顺心的事拿小赵出气，说是小赵要害她，给她吃的药不对，是毒药。于是，撕了小赵的领章帽徽，还动手打小赵，威逼小赵承认错误。小赵是位性情温顺，但很有原则的姑娘，遇到了江青脾气不好的时候，在小事上就忍了。今天，这可不是小事。她语气坚定地对江青说："用药没有错。"小赵居然敢顶撞她。这下可激怒了这位当代"女皇"，她火气越来越大，要把小赵赶出钓鱼台。小赵心里想："那真是求之不得的事。"但这话当时只能在心里说。

两眼哭肿的小赵，诉说着在江青那里工作的难处，真像跳进了火坑似的，多么想有人能把她拉出来。她眼看着小许今晚这一段的经过，以羡慕的眼光送走了小许，为小许庆幸，更为自己不能自拔而苦闷。

我们同情小赵，谁也不能说什么，此时此刻，只能劝她留下好好干。

会散了，在回家的路上，我对总理说小许已回到西花厅了，总理问我:"小许的手怎么那么凉,江青一拉,叫了起来。"我把小许来钓鱼台的经过说了一遍,总理听后微微一笑。我看他很累,就没说什么。

总理稍静一会儿,对我说:"江青说她的护士给她吃毒药,简直是瞎说。说我的大夫、护士都那么好,为什么不派好的给她?说小许就很好,点名要小许。小许来了,她又说看见小许就紧张,又不要了,真是莫名其妙。"

一次不寻常的政治局会议

1973年11月21日晚8时,周总理去人民大会堂参加政治局会议,会场设在东大厅。东大厅这个地方不止一次地召开重要会议。和往常一样,我们把总理送至会场门口,把文件包交给他,就守候在会议室外面。会议时间很长,这并不奇怪,因为政治局开会哪一次也得五六个小时。照以往的做法,参加会的人到了该吃饭的时候,服务员会把饭送进会场,他们边吃饭边开会。今天,我们把总理的饭准备好,请服务员送进去。时间不太长,饭一点没吃,原样退了回来。我很纳闷地问服务员怎么回事,服务员摇摇头说不知道。我说先把饭端回厨房,等一小时再送一次。我并没有想别的,总理不按时吃饭是常事,今天不同的是,他没说等一下再吃,而是把饭退回来。

一小时过去了,送去的饭又退了回来。服务员传话说,总理说不吃饭,也不叫再送吃的。我有点坐不住了,为什么不吃饭,我们想不出原因,只是等在外面干着急。我与大夫商量,不吃饭该吃的药不能误时,于是请服务员准时把药送去。总理把药吃了,我们稍微放松了一下。

几个小时过后,散会了。我跑到会场门口,等待着。总理第一个走出来，他的脸色难看，人显得很疲劳。我接过文件包，在回家的路上，不放心地问总理："您有什么不舒服？""没有。"他的语气低沉。

"饿吗？"

"不饿。"

总理下午起床后，只吃了一杯豆浆冲鸡蛋。已经六七个小时没吃东西了，怎么能不饿？我现在想的是回到家赶快把饭端上，只有看着总理吃了饭，我才算完成了一件大任务。

我和保健医生交换了看法，对总理为什么不吃饭，我们一下说不清楚。不过，总觉得今天的会不太正常。医生说，这种情绪，对心脏不利。我们守在办公室外，隔十几分钟就轻轻地开开总理办公室的门，看一看总理。他仍然在那里聚精会神地批阅文件，和往常一样，夜深了，才离开办公室。

第二天，我们把看到的情况报告邓大姐，她听后对我们说："你们要更加精心地管好总理的吃饭、吃药。吃药一定要准时。更具体地说，饭后用的药，不吃饭，到时也把药送进去，目前吃药更为重要。"

再去开会，总理装文件的皮包轻了许多。临进会场，总理回头对我说："开会中间不吃饭。"我马上说："药还是按时吃吧。"总理让我们掌握。

这是怎么回事呢？以往开会不是这样，不吃饭，还让送杯玉米粥，今天什么也不让送了。到底发生了什么事？多年来的习惯，散会时，总理多数是最后走出会场，而且往往是几个人一边走出会场一边交谈。这几天，情况有点反常：总理都是第一个走出来，而且是一个人，情绪又是那样的不好；这几天，只是在这里开会，没到过别处，也没约人谈话；这几天，毛主席那里也没去过。这种种迹象表明，出事了。综合"文化大革命"以来我们看到的现象，说明这事出在总理身上。会是对着总理的，通俗地说，是开整总理的会。

1972年，查出总理患了膀胱癌。已一年多了，他没能及时治疗，现在每天尿血。医生们定期向中央送病情报告，参加会议的主要人物是可及时了解总理病情变化的。这几天总理病情明显加重，尿血量增加。我们非常担心呀！

总理每天开会回来，走进办公室，就一头埋在文件堆里几个小时。劝他休息，比往常更困难。我们还是用大姐教的办法，比以往更勤地把毛巾送去，请总理擦擦脸，多擦几次脸，就多几秒钟的休息。可是，有时我们把毛巾交到总理手上，他却举在那里忘了擦脸。

我和张树迎轮流跟总理去会场。趁总理在家时，我俩也议论当时的情况。我们的直感是：中日、中美关系的门打开了，他们认为总理这头"老黄牛"也没多大用场了。像要动手杀"牛"了！会还在继续开，参加的人逐步增加，先是外交部的人，后又中央联络部的人，当然都是部级负责人。我们猜想与外事有关。

有一次散会后，我马上走到会场门口，见出来的是江青、张春桥、姚文元等，我急忙闪在一旁。他们一边走一边说笑，只听江青说："走，还是老地方。"他们的红旗车连成一串，开往钓鱼台。后来，在大会堂北门外执勤的警卫对我说，每天散会后，还有不是住在钓鱼台的几个人，一起去钓鱼台。他们是在为下一次的会议作准备。

会议不停地开，会场内的气氛变得更紧张了，有时一次会进行七八个小时。我们等在外边更是坐立不安。为保密，会议场内的服务员只指定二人，其他人打下手，在场外等候。这期间一位服务员进去送水，听到他们在指名批周总理，她惊呆了，把几杯水倒翻在地，哭着跑了出来。以后再没让这位服务员进去，连打下手也没她的份了。

我们几人单独在一个小房内休息，这不是谁规定的，是我们无心与别人在一块交谈。我时刻观察着会场外的变化。

会议的特殊性，把我们提醒总理休息、及时送饭、及时吃药的三项服务任务缩减为一项，只剩下及时送药了。有一次，我把药交给服务员，让她送给总理吃。她还空药瓶时，避开我的目光，低着头跑进服务间。我觉得不对，紧步跟了过去，看她用手绢擦泪。她转身看到我，就止不住地哭出声来，对我说："他们还在批总理。"

我按捺住难过的心情，强忍住要滚出的眼泪，压低嗓音，对她说："别哭了！别哭了！别叫别人看见了。"看她实在止不住哭声，我就把她让进了隔壁的福建厅，"你在这里哭一会儿吧，有事我来叫你。"

持续十几天的会，今天照例是晚8时开始，出乎意料的是，会议只进行三个多小时就散了。这次总理不是第一个出来。先出来的是那些部长们，他们哭丧的面孔不见了，脸上露出笑容，看到我就主动打招呼，问一声："还好吗？"这一声"好"，问得我心里顿时暖乎乎的。我猜想这会大概快结束了。我的回答当然是"还好"。王海容更加直率地对我说："你又可以吃宴会了。"她以此向我透露总理又可以见外宾了。我一直提到嗓子眼的心总算落了下来。

会议结束了，为什么批总理，我们不清楚。长期在中南海工作，养成的保密观念，主导着我们只能去想，而不能去打听，也没处去打听，更无心去打听。我们看到的是总理的血尿越来越多，病愈来愈重。

筹建北京饭店东楼

北京饭店始建于1900年，是北京比较有名气的一家饭店。解放初期曾经进行过扩建，即在老楼的西面建成被称为新楼的建筑。解放前的那部分称为中楼，有七层高，放眼望去，建筑风格迥然不同。我所说的北京饭店东楼是最东边的那栋楼,十九层高,总理亲自过问盖这个楼的情况。新盖楼的原因是原有的楼房已经不能适应国际交往和人员居住的需要。当年只有北京饭店是较为适应国际友人居住的地方,人民大会堂虽已建成,但由于各自使用的性质不同,重要会议的召开、会见外宾和国家的主要庆典集中在人民大会堂,有些重要外宾的宴请还是集中在北京饭店,好多外宾来北京以后都点名要住北京饭店。有时其他酒店空着,即使北京饭店住满了,外宾也在大厅等着,哪怕让他住一天也行,因为北京饭店名气大,如同现在,到了北京非得游览一下长城一样。由于北京饭店原有的设施已不能满足形势发展的要求,所以中央决定扩建,再盖一栋规模较大、设备较好的东楼,最初准备盖二十三层。总理很关心这个工程,每一件事他都亲自过问,而且审查每一个环节,他不止一次地审阅建筑图纸。

建筑工人干劲十足,建楼速度非常快,几乎一天一层,自豪感洋溢在每个人的脸上。楼建到十九层的时候,意想不到的事情发生了。"四人帮"发话说,楼盖高了,饭店里什么人都住,对中南海的安全构成威胁。这事其实很清楚,他们是"醉翁之意不在酒",他们想以毛主席的安全为借口,从而加罪于总理,使盖楼之事中途流产。

总理虽然看透了"四人帮"的险恶用心,但是,对他们的这个意见很重视,因为提到了毛主席的安全问题。总理首先指示不停止施工,他要亲自去施工现场调查。记得那天总理开完会后,就跑到工地上,随同的有主管这一工程的万里和相关的工程技术人员。我们都知道,总理在1967年就被查出患有心脏病,他这时是抱病实地视察工作。总理坐上施工电梯,因为总理临时去工地不可能有什么准备,电梯很简陋,是施工运料的电梯,周围只有个框框拦着。他面向中南海,观察在什么高度可以看到中南海的什么位置。我那天随同总理坐着电梯乘到第七层的时候,中南海已一览无余,到第十九层时中南海更是尽收眼底。总理下来以后就召集有关人员开会，商讨怎么办，饭店不能不盖，这是已经决定的事；"四人帮"提出的意见也不能不考虑，因为扣的帽子很大，关系到毛主席的安全。

会议的结果是采用一个折中的方案：饭店还要盖，由原定的二十三层减到十九层，实际上把包括宴会厅在内的四个楼层砍掉，原来的计划是把宴会厅放在最上面。虽然解放后在老楼的西面盖了宴会厅，但那个宴会厅很老了，大家决定把新宴会厅盖在新楼的顶层，但由于"四人帮"的干扰，这一愿望化为泡影。事情并不算完，因为饭店十九层照样能看到中南海，还是总理想了几个办法，一个办法就是在中南海的外面种些树。记得当时我还插话说，种树就种意大利杨树，因为意大利杨树很高，但毕竟意大利杨树也"保护"不了中南海，无论它长多高，也不可能有十九层楼高。其实要保护中南海，这些办法都是徒劳的，因为北京岁数大的老百姓都知道中南海的具体情况。解放前，中南海是个公园，是个公开的场合，老百姓可以随便进，那时北京的很多老百姓都知道怀仁堂、紫光阁、勤政殿等等的具体位置。自新中国成立后，党中央搬进了中南海，中南海才变成中央办公和部分领导同志居住的地方，老百姓就不能参观了。

后来，总理为了有更确凿的依据，证明盖饭店不会危及中南海的安全，又约万里登上故宫城墙，一起查看地形，经研究确定在故宫的西墙上（即西门至两头拐楼）加盖一排房子，有两层楼房高。楼落成后，并没有完全挡住从饭店看到中南海，后来这排楼房作为我们中央警卫团的营房。

从总理和"四人帮"截然不同的做法上，可以看出，总理从国家政治的高度考虑问题，他是为了我们的国家、为了国际交往、为了扩大中国的影响。但周总理并不是不考虑主席的安全，最关心毛泽东安全的是周恩来，不论是解放前，还是解放后，毛主席的安全总理都亲自过问，罗瑞卿当公安部部长的时候，主席安全方面的很多事情他都直接向总理报告。"文化大革命"期间，"四人帮"千方百计破坏盖北京饭店东楼这件事，是因为这项工程是周恩来批准的项目,他们故意找碴儿,别的碴儿找不着,便拿主席的安全向总理施压,"四人帮"就是想借一切可能的时机,要搞掉周恩来。

再讲一个"蜗牛事件","蜗牛事件"也是对准周恩来的。中国和美国的一家公司谈判关于引进美国电视机的事情,谈判即将成功时,美国老板送给中国代表团纪念品——水晶玻璃的蜗牛。"四人帮"知道后大放厥词,硬说这是对中国人的诬蔑,讽刺中国人像蜗牛那样爬行。总理知道这个事情以后,他很认真地对待,让外交部责令我驻美联络处(那时还不是大使馆,而是联络处,当时黄镇是联络处的主任),调查这个事情是怎么回事。调查结果是那个地方美国人的一种习惯,送这个礼品不是对中国的诬蔑。"四人帮"说美国在政治上诬陷中国,这生意就不能做了,实际上这是向国务院发难。结果被迫撤销了合同。中国准备引进美国的这套电视机设备在当时来讲是比较先进的,有些技术我们达不到。据说,这套设备最后被罗马尼亚进口去了。有意思的是,罗马尼亚生产出来的电视机,作为互赠礼品送给了我国中央领导同志一人一台。

严肃处理"伍豪事件"

1967年,"文化大革命"进入第二个年头。幕后指挥者又推出新的"革命"内容,在全国掀起抓叛徒风潮。主要目标当然还是老干部,重点又是那些原在国民党统治区出生入死地从事党的地下工作的同志。国家主席刘少奇已被扣上"党内最大的叛徒"的帽子;薄一波等六十一名被从国民党监狱中营救出来的同志,统统被扣上"叛徒"的帽子;当年打入敌人内部搞地下工作的同志都被打成叛徒、特务。"四人帮"开始把暗箭射向周恩来。

有个红卫兵组织在原国民党统治时期的上海报纸上,找到"伍豪等脱离共产党启事"这一消息,如获至宝,马上呈报"中央文革"。江青如果去问一下毛泽东,就会清楚了。因为这件国民党造谣诬蔑周恩来的事在1942年延安整风时就已搞清楚。她没这样做,却来找周恩来。周总理看出这来头并不简单,要认真对待。

"伍豪"是周总理的曾用名。这是当年在天津创办"觉悟社"时,几位发起人,用阿拉伯数字作为自己的代号,采用抽签的方法,确定谁是几号。邓颖超抽到的是一号,周恩来抽到的是五号,五号的谐音即"伍豪"。当年周恩来曾用"伍豪"署名,起草过文件,发表过文章,为机要通讯编制的密码,就被称为"豪密"。

"伍豪等脱离共产党启事"这件事,是国民党反动派妄图通过这则"启事",达到诬蔑周恩来,以瓦解我党在白区的革命力量的目的。当时,国民党反动派对我革命根据地发动的三次"围剿",都在红军的反"围剿"中遭到惨败。1931年"九一八"事变,国家民族处于危难之际,国民党不仅不抗日,反而集中力量企图消灭共产党和红军,积极准备向红军根据地发动第四次"围剿"。同时,阴谋破坏设在上海的共产党中央机关。此时的周恩来是共产党的中央政治局常委、中央军委书记、中央组织部长兼管中央情报工作。他的工作和他本人对国民党的威胁很大。敌人抓不到周恩来,就采用造谣的方式,由国民党中央党部调查科情报股总干事张冲和国民党中统特务黄凯合谋,伪造了"伍豪等脱离共产党启事",送上海各大报纸登载,企图打击和搞乱共产党的力量。1932年2月15日,由黄凯派人将这一伪造的"启事"送上海申报馆广告门市部。广告处律师看后认为,这一"启事"称伍豪等243人脱党,而通篇文内只具名伍豪一人,有明显漏洞,暂没登出。但在16日、17日、18日,先后在《时报》《新闻报》登出。《申报》在国民党上海新闻检查处的压力下,于2月20日也登出

◆ 1932年《申报》刊登的巴和律师代表周恩来关于"伍豪事件"的声明

这一启事。我党在上海的中央，在陈云同志亲自主持下，采取果断措施揭穿了国民党的阴谋。

国民党找不到周恩来，抓不到周恩来。其实在他们登出这一则消息时，周恩来早于1931年12月上旬离开上海，12月下旬已在中央苏区的瑞金，参与组织指挥作战。虽是这样，上海的地下党和苏区的毛泽东都给国民党以有力驳斥。毛泽东就此发出布告说，"伍豪脱离共产党"一事显然是屠杀工农兵士而出卖中国于帝国主义的国民党党徒的造谣诬蔑。

今天，江青又把这已有历史定论的事提到周恩来面前。

周恩来没有简单地处理这件事。他把这事告诉邓大姐，他们看出，30年代国民党的阴谋没有得逞，而今天，60年代的江青也在想利用国民党的办法来达到他们加害周总理的阴谋。周总理、邓大姐认为有必要借这个机会把这件事再次搞清楚，给历史留下真实。

这件事在1942年延安整风时虽已搞清，做过结论，但没有文件材料。周总理委托邓大姐把办公室的秘书和卫士组的同志约到一起，具体交代了做法：由赵茂峰去北京图书馆借来1931年和1932年在上海出版的《申报》《新闻报》《时报》等报纸，由卫士组的警卫、司机、厨师、服务员等查找。

后来，医生、护士也参加进来。因报纸种类较多，我们这些人对当时的事情又不清楚，查找起来得花一定时间。我们查遍1931年的各报，没有查到，再查1932年的。

经过几天的查找，由司机杨全明查到了，是2月20日在《申报》登出的。张树迎先拿给邓大姐看，邓大姐叫马上送周总理。周总理仔细地看这条"伍豪等脱离共产党启事"的消息。

看完这条消息，总理当即说："还有一条消息是当时在上海的党中央反驳国民党的。"叫我们再查。我们主观地认为不会登在《申报》上。于是又把其他报纸翻遍了，也没找到。我们还奇怪，怎么没有呢？周总理肯定地说："会有的，陈云同志在延安的时候说过，是登了报的。"我们又开始查找。细心的乔金旺查到了。就在2月22日《申报》的广告栏内登出。

伍豪先生鉴：承于本月十八日送来广告启事一则，因福昌床公司否认担保，手续不合，致未刊出。申报馆广告处启。

同是一个《申报》两天之内登出不同的两则消息，人们不难看出这第二条消息是否定第一条的。周总理看到这第二条消息说："这就清楚了。"他请新华社的摄影师钱嗣杰，把这两则消息翻拍下来。后来的事，周总理就不叫我们管了，只是嘱咐把图书馆的报纸保存好，暂不退回。我们把借来的报纸摞在一起，足有一米多高。

周总理非常认真地对待这件事。他亲自写了专门报告。在1972年批林整风会上，他作了《关于国民党造谣诬蔑地登载伍豪启事的真相》报告。对事件的真情作了详细的说明。在会上，公布了毛泽东1968年1月16日在北京大学一位学生的来信反映1932年2月上海各大报纸登载《伍豪等脱离共产党启事》上的批示："此事已弄清，是国民党造谣污蔑。"同时宣

| 相忍为党　力挽狂澜 | 221 |

布,毛主席的意见和政治局的决定,会后将录音、记录稿和其他文献资料存入档案,并发至全国各省。周总理写好的这份报告,由于工作原因,一直没有下发,存在了他自己身边。

  1975年9月20日,周总理在进入手术室前,又想起了这件事,要把这份已存多年的文件,取出来看看。此时他已服下了镇静药。邓大姐也不解其意,便说存在保险柜里,要看,手术后再看吧。总理说在病房等着,一定要派人去取。邓大姐就叫她的秘书赵炜去取。医生、护士和我们几个人都围站在总理的周围。医院与中南海只一路之隔,十几分钟赵炜便取了回来,交到总理手里。周总理躺在进手术室的平车上,戴上老花镜,翻看了几页,就在首页的标题下侧,郑重地签上"周恩来"三个字,又写了1975年9月20日并注明是在入手术室前。签完后,亲自交给邓大姐。这才同意推他进手术室。在去手术室的走廊里,周总理问:"小平同志来了吗?"邓小平、叶剑英,还有张春桥闻声由休息室走出来。邓小平来到平车前,总理紧握着他的手,高声地说,更确切地说他是高声地喊:"小平同志,你这一年干得比我强得多。"当然,这话不是小平一人听到,不只是对小平同志讲的,是让在场的人都听到,表达周恩来对邓小平的支持和信任。今天想起来,总理这话是有目的的。当时,以江青为首的"四人帮"正在掀起对邓小平的攻击,邓小平主持中央工作困难重重。面对党内的复杂的斗争,周总理在手术前明确了自己的态度:支持邓小平。

举荐邓小平

  1975年的哪一天,我记不清了,可能是在七八月份,周恩来感到自己的病情会加重,要想康复怕是很困难了。国内、国际,党内、党外有那么多事需要去做。小平同志虽已掌管着日常工作，可他仍为副总理，党内排名在王洪文之后。周总理从国家、党的最高利益出发，毅然举荐邓小平同志。

总理叫我拿来纸和笔，半靠在病床头，请医生和护士们退到病房外，室内只剩下邓大姐和我。我帮总理坐稳后，知道他要写东西。一般情况下，他不会叫医务人员退出的，所以我也想转身退出。总理叫住我，说不用出去。周总理一手托着放好纸的木板，开始写了。邓大姐见总理托着板，写字很费劲，便说："你口述，我代你写吧。"总理说："不用了，还是我亲自写。"我站在总理的右方，看着他是给毛主席写信，是向毛主席提议，由邓小平代替他现任的国家和党内的职务位置。虽然没明确地写上"总理""第一副主席"，但这职务位置已明确了小平同志的职务。他写完交给了邓大姐。邓大姐向小平同志通报了这封信的内容。据说此信已上报，始终无音讯。

后期，周总理的病情加重。邓小平、张春桥、王洪文、叶剑英、李先念等一同来到病榻前，看望周恩来。周总理对着张春桥、王洪文说："你们要帮助小平工作。"小平同志因耳聋，可能没听清楚，退至病房门口，问张春桥："总理说的什么？"张春桥说："总理叫咱们好好工作。"他没把周总理的原话告诉小平同志。我听后很惊奇：他怎么没出门，就变了。当然，张春桥是"四人帮"的"智多星"，他为什么这样讲的目的就不言而喻了。

◆ 周恩来抱病为邓小平出席联合国大会第六届特别会议送行

忘我工作　鞠躬尽瘁

周总理忘我工作精神感人至深

去南昌

　　1961年8月,中央工作会议在江西庐山召开,后被称为第二次庐山会议。毛泽东在庐山共召开过三次会议,只有这第二次是集中研究经济问题。第一次是以反彭德怀为代表的所谓"右倾",第三次是与林彪、陈伯达的斗争。9月17日,第二次庐山会议结束。周恩来下庐山,去南昌。他乘车途经江西共产主义劳动大学庐山分校,接见了在校学生和老师,看了他们的基地和宿舍。交谈中,他勉励学生好好学习,好好劳动,要联系实际,多一些劳动知识。车子一进入南昌,总理就显得很高兴,拉开车子的窗帘观看着街道两旁,口里不停地说,变化大了,变化大了。

　　江西省委、省政府的领导和接待人员对周总理到南昌,表现出无比的高兴,当晚要请总理吃饭。出于多年没到过南昌的心情,总理破例地接受了省里的安排。周总理席间对江西人民勒紧腰带,调拨粮食,支援上海的产业工人,全国一盘棋观念给予肯定,赞扬他们保持和发扬了老区人民忘我牺牲的精神。省委书记杨尚奎、省长邵式平对周总理的表扬表示感谢,说当周总理亲自打电话来说明上海急需时,这是江西人民应该做的。席间气氛非常活跃。

　　杨尚奎、邵式平向周总理推荐他们江西的地方酒。总理喝后赞扬说:"你们的酒口感很好,有四个特点:清、香、醇、纯。"邵省长听周总理这么一说,很受启发,说周总理对酒也这么内行,他自己只觉得喝着不错,没找出这些特点。事后,酒厂就把这酒的名字改了,叫"四特"酒。多年来酒的包装不断更新,但酒的名字没改,一直叫"四特"。

　　周总理对南昌有较深的感情。当年"八一"南昌起义,打响对反动派的第一枪,建立了我党的第一支正规武装。经过长征、抗日战争、解放战争的磨炼，这支队伍壮大成了今天这支坚强的拥有几百万人的武装力量。周总理为这支队伍的建设付出了毕生的心血，不愧为中国人民解放军的创始人之一。今天有机会再来南昌，当然心情不一样。看上去他很高兴，逢敬酒者举杯就干。宴会结束了，他的酒也喝得差不多了。虽然周总理的酒量不像传说的那么奇，但是确有一定的量，再加这种酒他过去没喝过，不太适应，显得有点过量。

饭后稍事休息，省歌舞团、上海魔术团等文艺单位要演几个节目助兴，其中有一个节目是魔术。魔术师在台上把东西变来变去。他表演的一个节目是把一个鸡蛋放在甲处小桌上，口喊一、二、三，打开乙处的小盒，取出了原在甲处的鸡蛋。魔术师靠他的眼疾手快来完成这特殊动作，而台下人是看不出来的。大家看着这高超的技术，很赞赏。为助兴，魔术师把手伸向观众，问谁愿意将手表借给他，配合他表演寻表节目。周总理离开座位，走到魔术师面前，把自己的手表摘下交给魔术师，要他照样变。魔术师有点紧张，紧张了容易露馅。他稍静片刻，开始了，照样一变，手表转移了。人们仍看不出其中的破绽。在热烈的掌声中，周总理把他那块手表送给了这位魔术师。开始这位魔术师还不敢收下，总理又一次说是鼓励他以后有更高的技巧奉献人民，他才收下。

魔术师收下了表，我们这些人心里可紧张了。总理只有这么一块手表呀，一送就没有表了，晚上睡觉把手表摆在床头的习惯今晚就得改变。细心的卫士长成元功把他带来的一块备用表给总理用。

回到北京，成元功请上海表厂，给周总理选了一块手表。

到南昌第二天的9月18日上午，周总理去参观当年"八一"南昌起义的指挥部，现在的"八一"南昌起义纪念馆。车到馆前，总理下车，站在门前仰头看着大门，说是样子没变化，边说边走进去。陪同的领导对讲解人员说，不用说得太细，总理都知道。周总理边听着解说员的讲解边做些补充。当他看到墙上的说明栏内写着，党代表：周恩来；总指挥：朱德、刘伯承、贺龙、叶挺等时，马上要求纠正，应把贺龙的名字排在前面，因为当时他是总指挥。还加重语气说起义中打得最好的是叶挺指挥的那个团。

周总理边参观边说："纪念馆要体现历史的真实，多突出宣传贺老总、叶挺、朱老总、刘伯承，是他们的指挥才取得了胜利。后期的失败，我要负责任。"当解说员介绍到周恩来当年指挥起义的办公室时，总理转身出来，说是"没有"在这里，是在一个学校，起义前往返于叶挺指挥部。在场的人都很明白，总理是不让人们宣传他。

目睹周总理的一次调查活动

"跃进号"是我国第一艘自行建造的远洋货轮。1963年5月1日，周总理得到报告，这艘货轮在由山东青岛港驶往日本的途中突然遇险沉没。船上装有一万吨玉米和三千吨矿石。报告说是被鱼雷击中而沉没的。为了慎重起见，周总理建议，待情况搞准确后，再发表声明。

在营救遇难船员过程中，周总理亲自过问，指示交通部领导，准许船员接受海上异国船只的搭救。当时是由日本船只救援的，他们把全部船员送至上海，无一遇难，周总理这才放下心。他又开始对"跃进号"船遇险沉没的原因进行调查。除多次约见交通部的主管领导和有关人员外，还特意把"跃进号"脱险的船长、大副等几位船员约来北京，在西花厅会见了他们，让他们谈谈遇难经过。周总理掌握了第一手材料，决定成立专门小组来调查事故的原因。

5月12日，周总理亲自到上海，会见并听取东海舰队和上海海难救助打捞局关于出海调查"跃进号"沉没原因的报告。总理听完汇报，到海军第六研究所看望参加打捞的人员。他走进打捞人员的房间，几位潜海人员看到总理来了，赶快从床上起来。总理招呼他们不要动，问他们的年龄，哪里人，担负潜水的时间。潜水员们都一一作了回答。其中有两位是当时中国潜水最深的，他们可以潜到"跃进号"沉没的部位。总理又询问了他们的身体条件。按常规，人潜到六十米深的水下，要承受强大的压力，需要慢慢下沉，逐步加压；上浮时同样逐步减压，速度快了，是受不了的。实际在水下作业的时间不过几十分钟，上岸后要休息。海军和打捞局的领导向总理报告说，每个潜水员的潜水能力，都要在岸上试验，有专门的试验装置。总理走到试验场地，看见有一位潜水员已在试验大罐内。技术人员向总理报告说，已开始加压。总理透过一个玻璃窗口，观察着潜水员的变化，不时地拿起联通罐内的电话，与潜水员通话，问他的反应。潜水员回答"感觉良好"，"一切正常，请总理放心"。看完试验，总理指示一定要注意和保证潜水员的安全。要注意休息，调整好营养。

第二天，5月13日上午，周总理登上东海舰队的舰艇，察看出海调查的编队。又看了潜水员的现场演习。周总理与一位已入水下的潜水员通话，了解他的反映。

总理再次听取了关于海军的编队和打捞船只的性能的汇报，作了周密的部署。我们海军这次编队出海尚属首次，对海军也是一个锻炼，所以周总理过问得非常详细，要求同志们把所有可能遇到的困难都设想到，甚至对有的国家会不会有什么不友好的冒险行动都要估计到。海军编队出海也是一次演习，大后方的整个东海舰队和空军战机也进入临战状态，以应付可能会出现的任何情况。这也是一次海、空联合演习。经过充分的准备，总理认为有把握了才下命令出海调查。

在周总理的亲自过问下，这次出海行动是成功的。海军、空军作了一次不平凡的演习，打捞局的船只也经受了一次考验。经过潜水员多次潜水观察，取回资料经专家们反复研究，判断是船驶离航道，触礁沉没，这就否定了为鱼雷击沉的假设，这是经过周密调查得出的可靠结论。6月3日，新华社奉命发表了声明。

查明了沉没的原因，要不要打捞，总理还是请国家有关部门去论证。有关部门研究结果认为：根据我国当时的打捞水平，要打捞这艘船，花费的经费与造一艘新船差不多。船沉在公海，我们打捞也有相当的难度，因而建议不打捞了，以后再说。周总理同意了这个意见。

面对危险的两次决策

1964年1月，周总理与陈毅副总理正在阿尔巴尼亚访问，下一站仍回非洲访问。有消息报来，加纳总统恩格鲁玛被刺受伤，周总理访问的下站正是加纳。总统遇刺，说明加纳的局势不稳，对周总理访问期间的安全构成威胁。去还是不去加纳，是代表团面临的紧迫的问题。以孔原、黄镇、童小鹏为领导的三人小组，从总理和陈毅副总理的安全出发，当然是以不去为好，加纳政府也会理解的。到底怎么办，三个小组还不能决定，他们只能提出建议。周总理、陈毅副总理从大局出发，从发展与非洲国家的友好关系出发，分析了形势，最后，还是报党中央同意，按原计划出访。周总理具体地安排了访问加纳的日程，他请外交部电告加方，免去恩格鲁玛总统到机场迎接等礼仪性活动，凡需总统参加的活动，都安排在总统居住的城堡内进行。

抵达那天，加纳还是安排了机场的欢迎仪式，迎接的官员身份虽低，但他代表了恩格鲁玛总统。这是由黄镇副外长先期到达与黄华大使拜会恩格鲁玛时商谈好的,以后的多次重要会谈和宴请,都安排在恩格鲁玛居住的城堡内。进城堡的人员限制很严,我们警卫人员虽然每次都去,但是有五道铁门的城堡,只有副局长李树槐、卫士长成元功和陈老总的副官宫恒

◆ 1964年1月,周恩来访问加纳期间,和陈毅前往总统官邸拜会弗朗西斯·恩威亚·恩克鲁玛总统(左四)

征被允许进入,我们几个被挡在二道门外。

周总理在加纳的如期访问,对非洲对世界都产生了重大影响,虽然有一定的危险,但在周总理的亲自安排下,保证了在加纳活动的安全顺利,达到了访问的如期效果。这一切说明周总理的决策是正确的。

锡兰,即今日的斯里兰卡,是周总理此次出访的最后一站。宋庆龄副主席也同时被邀请访问。1964年2月26日,宋庆龄副主席、陈毅副总理一同前往锡兰访问。依照日程安排,28日上午出席在科伦坡独立广场举行的群众大会,周总理要在会上发表演说。头天晚上,我国驻锡兰大使馆接到一个匿名电话,说是如果周恩来明天出席大会,他们就要采取行动。这个"行动"实际上是暗杀。大使将这一紧急情况报告代表团三人小组。他们三人分析了形势,汇集了来锡兰访问这几天的情况。到达的当天,代表团途经的道路两旁的墙上,出现过不友好的大字标语,很快就被锡兰政府和友好团体给覆盖了,这些都是搞形式上的示威。今天这个电话不管是真还是假,都要引起重视。最后三人小组决定报告总理和陈毅副总理。周总理分析后,认为锡兰政府对中国是友好的,这次的接待是热情的,布置是严密的。匿名电话是威胁性的,是少数人所为,而广大的锡兰人民是友好的。总理决定不改变日程,准时出席大会。三人小组委派大使约见锡兰外交部,同时由代表团安全警卫负责人、中央警卫局副局长李树槐约见锡方警察负责人,通报"电话"内容,请他们更加严密布置,掌握情况随时通报中国代表团。安全小组对"电话"进行了分析,认为恐吓和暗杀或枪击的可能性同时存在,作为安全警卫人员不能把它看成是单一的恐吓,而应作百分之百的防范。我们连夜开会,决定从当晚开始,加强住地值班,并研究了第二天出席大会的具体做法,加强随卫。往常在住地留守的警卫人员,这次也随卫到会场,改由护士王星明留守。连同李局长,我们总共十一人十一支枪,做了分工,分别护卫周总理和陈副总理,宋副主席不出席大会。由李局长把准备情况和安全措施向三人小组报告,孔、黄、童向陈副总理报告了整个措施。陈副总理说,怎么只有十一人呀,他也算一个,说他就站在总理身边,最有条件保护总理了。陈毅副总理的这些话,对全体警卫人员是很大的鼓舞,大家表示要不惜付出生命代价,保护好两位首长。每个人都表了态,有的同志对留守在住地的护士王星明说,一旦自己出了事,回不来,请转告家里,"我光荣了"。

这一夜,我们都没睡安稳。

第二天,天下雨了,雨越下越大。我们侥幸地想,这么大的雨,露天广场能开会吗?我们都盼着这雨再下大些。派出的前站人员,从会场来电话说:"那里的雨很大,没多少人。来参加会的群众是听广播自愿到会的,不是组织的,能到多少,很难估计。"

雨在不停地下,但比先前小了些,前站人员报告说已有几百人在场。总理、陈副总理按时出发准时到达了会场。锡方在会场主席台周围布满了便衣警察,群众被挡在十多米外的场地。雨渐渐小了,群众还在不断地入场,很快,广场上的群众已有几千人。周总理在班达拉奈克夫人和陈副总理的陪同下,站在了主席台的前沿。我们紧靠在他们周围。在一个大伞的遮盖下,总理发表演说。面对雨中的群众,总理发表了热情洋溢的讲话:国家不分大小,只要坚持独立自主,主持正义,就能够在国际事务中发挥重要的、积极的作用……建设国家应当依靠本国人民的力量,自己的力量才是最可靠的力量……

总理讲话不时引起群众的掌声。我们的眼睛注意着会场的四面八方,聚精会神地观察与会人员的动向。看得出,锡方的警卫更是紧张,他们限制了入会群众的行动,在主席台的周围,除政府要员外就是警察了,真是戒备森严。我们对锡方为保证今天的安全采取的任何形式都不干涉。因为外国代表团的安全,是由所在国负责的。

大会进行了一个多小时，没有发生任何意外。打"电话"的人没有做出什么行动。这不能说是"虚惊一场"，即便是打"电话"的人想采取什么"行动"，面对这严密的布置，也无从下手。总理、陈副总理安全地回到住地，我们紧张的心才放下了。迎在门口的王星明激动地说，在家吓坏了，因为她不知道会场的消息，担心着发生的问题，看她的样子，比我们还紧张。

　　周总理在一次访问中遇到两次危险的情况是少见的，他都决定如期活动，这与他一生中多次遇险而不惊，总能沉着冷静化险为夷有关。更主要的是他充分正确地分析了当时的形势。为开创一个共同发展的和平世界局

◆ 1964年2月26日至29日，周恩来访问锡兰（今斯里兰卡）期间，和总理西丽马沃·班达拉奈克夫人签署《中锡联合公报》

势，使中国冲破别国的封锁，较快地走向世界，周总理忘我地工作，早将个人安危置之度外。

未能成行的西藏之行

1965年9月9日，是西藏自治区成立的日子。周总理准备率中央代表团出席这个具有历史意义的庆典，我们工作人员得知这一消息，十分兴奋，因为西藏对我们来说是既神秘又向往的地方。那时我很年轻，身体又很好，能到西藏去，是多么令人高兴的一件事啊！西藏人民也盼望着总理去。但去西藏不是一个简单的举动，拉萨地处海拔3600多米，要到那里首先必须具备良好的身体条件，可以说这是决定性的前提，身体不好是去不成的。真所谓"出国容易，去西藏难"，至今仍然流传着这句话。不过，现在青藏铁路已建成通车，去西藏的客观条件要比以往好多了。

赴西藏之前，所有人都一一进行了体检，准备跟随周总理去西藏的我们几个人全部合格，没有人因身体不合格而被刷下来。周总理当年的身体条件也没什么大的问题，没有心脏病，血压也正常。不过，作为一国总理，又是六十七岁高龄的老人，不能不特别注意。

为了慎重起见，在周总理进藏之前，由国务院组成了一个先遣小组，中央警卫局特意选派了原任周总理卫士长的成元功和警卫局的孙勇、刘岚荪、华方志等参加先遣组。先行的目的是全面了解一下西藏的准备工作，特别是在高原气候条件下内地人的反应，这些同志在去之前也都检查了身体。先遣组到拉萨后，不断地把他们身体反应的情况报回北京，客观地讲，有几个人比较适应，有几个人稍有高原反应，也有人住进了医院，其中一个人到西藏的当天晚上就喘不过气来，一直住院到先遣队回来，他才跟回来。对周总理能否去西藏，先遣组暂时拿不出具体意见，电报只是汇报情况，也不敢讲去还是不去，总理要是去，身体不适怎么办；不让总理去，谁也不敢说。因为他们没有具体意见，中央也很难下决心。于是中央就复电先遣组就周总理到底能不能去西藏这一问题，请他们提出具体意见。先遣组经认真研究提出两种意见：一是可以去，成元功是持这种意见的人。他身体好，到了西藏他还跑步；第二种意见是不能去，持这种意见的人较多，所以在电报中把不适应的例子讲得多一些，这就带有倾向性，成为不明确表态的表态。恰恰在这个时候，民航一架飞机为了总理去西藏先进行试飞，此飞机是周总理经常乘坐的苏制伊尔-18型"104"号，飞机在西藏的当雄机场降落时冲出跑道，机翼一侧插入泥土里，所幸的是，由于各种因素飞机没有起火、没有发生爆炸，也没有造成人员重大伤亡，

◆ 布达拉宫

只是三十多位乘客有几人轻伤。事故发生后，中央决定由谢富治担任代表团团长赴西藏参加纪念活动，周总理没有实现去西藏的愿望。我们这些工作人员也很遗憾，错过了这一良机。1966年"文化大革命"开始了，周总理由于操劳过度，心脏供血严重不足，去西藏的可能性完全没有了。

周总理虽然没能出席西藏自治区成立大会，但是他亲自过问大会日程细节，亲笔修改代表团团长在大会上的讲话稿。他像关心全国各族人民一样关心着西藏的建设、发展。1975年，总理已病重住院，中央派华国锋率团出席西藏自治区成立十周年典礼。总理得知华国锋即将率团去西藏，委托他带了一套《养蜂促农》的新闻电影纪录片，这是介绍如何用蜜蜂传播花粉的方法使农业增加生产的一个纪录片。总理让华国锋把这个片子带到西藏去，让西藏人民通过看这个片子，提高农业生产。总理在病重的时候，依然关心着西藏人民的生产生活。周总理还请华国锋带去他对西藏人民的祝福，同时对在西藏工作的党、政、军各级干部提出殷切的希望并表示关怀。

用饼干充饥

50年代后期至60年代初，周总理的生活、工作还是比较有规律的。一般来讲，开会的时间是在上午10时或下午3时，午饭是下午1时，晚饭晚上7时，这两顿饭都可以同邓大姐一起吃。这是比较正常的情况，有时忙起来，偶尔也会打破这个规律。可是1966年的"文化大革命"开始以后，随着运动没完没了地发展，全国各种人为的矛盾骤然加剧，周总理的工作量逐年增加。接见红卫兵，同各类群众组织的代表座谈，中央和国务院的日常工作以及外事活动等，每天都安排得满满的，有时一天十几项活动。活动最多、时间最长的是会见红卫兵。每次要花几个小时乃至十几个小时。总理要耐心地听他们说，又要苦口婆心地做工作。有时因会议时间拖长，就打乱了原来的工作程序，挤掉了休息时间或吃饭时间。对我们来说，安排总理吃饭已成为很大的困难，又不能改变原已安排的活动日程，只好利用两个活动的间隙，安排吃饭。如果会见红卫兵或群众组织的代表，到了大家都该吃饭的时间，只好边开会边"吃饭"。因为人员较多，不可能给每个人搞饭吃，只好每人一包饼干。周总理也不例外，同样是一包价值二角钱的饼干。就这样一边吃一边开会。这样的接见几乎天天都进行，遇到该吃饭的时间，总理就以几片饼干充饥。会后当我们再给他搞饭吃时，总理总是说已吃过了，还反问我们："饼干不是饭吗？"

在那"轰轰烈烈"的年代，总理几乎天天会见红卫兵或群众代表，吃饼干已司空见惯。日久天长，我们觉得这总不是个办法。对红卫兵来说，他们年轻，偶尔吃些饼干，对身体影响不大，但对六七十岁的周总理来说，以饼干代饭，时间久了，肯定会影响他的身体健康。办法是人想出来的。我们把问题报告了邓大姐。邓大姐约我们共同想出了个办法，那就是用茶杯盛上玉米面粥，总理边开会边像喝茶水一样喝下去。以后就这样，该吃饭的时候，我们就送上一杯。后来，我们又在粥里放进了肉末、菜泥。有时总理来不及吃饭，要去会见外宾，我们也用同样的办法。这办法只能是吃不上饭时作为充饥之用。

从1966年"文化大革命"开始，到1974年总理住进医院的八年半时间里，总理究竟多少次用饼干、玉米粥充饥，谁也没有统计过。但是，他经常开会、会见各界人士的人民大会堂、京西宾馆等处的服务员，都会记得这个似乎已成为习惯的办法，到时间，送上一杯粥。

我给总理做汤

按照国家规定，周总理和邓大姐可以每人配备一个厨师，但为了给国家节约开支，他们二人合用一个厨师。从20世纪50年代后期直到60年代后期，都是由厨师桂焕云一个人给他们做饭。1961年我到西花厅的时候，桂师傅五十岁左右，星期天他休息的时候，由国务院的林青替班，通过向桂师傅学习厨艺，林青受到锻炼和培养。而平时晚间桂师傅休息时，林青就不用来替班了。"文化大革命"期间，总理吃饭就没有规律了，在家吃完早饭，他经常去人民大会堂、京西宾馆开会，会见红卫兵，所以午饭、晚饭不一定在家吃。为照顾桂师傅，总理、大姐让他提前做好一顿饭，放在厨房，晚上7点钟桂师傅回家休息。等总理夜间回来，如果需要吃饭，就由我们给他热一下，这在常人看来等于吃剩饭，但总理已习惯于这种吃饭方法。

有一次，大概凌晨2点多钟，总理回到家吃晚饭，我照例到厨房给总理热饭，两个菜一碗米饭已摆在蒸锅上，但没有汤。这时桂师傅早已回家，当时也没有电话，我也不可能夜里把他叫来，只好由我给总理做汤吧。总理、大姐的汤不用鸡汤做原料，而是用煮好的肉汤或者骨头汤做原料。那天真是很奇怪，我找遍了冰箱和碗柜的上上下下，也没有找到熬好的汤。怎么办，我一想，干脆给总理做个西红柿鸡蛋汤。我按照总理的习惯，做好的汤不放味精，只滴一点香油提提味。我把汤、饭端上去给总理吃，总理吃饭习惯是先喝汤，我站在一旁看总理喝汤的反应。他喝了一口汤，一转脸，看着我说："这汤是你做的吧？"我点头笑着说："是我做的。"不用说，这汤的味道肯定不合格。总理在办公室吃饭的时候，我们一般不在旁边，吃完饭以后，他一漱口，我就知道总理吃完了，进去收拾碗筷时,一看汤,总理喝得还真不少,这对我是个很大的安慰。总理问我:"你还会做汤?你跟谁学的?"我说:"西红柿鸡蛋汤做法比较简单,我做得不合格,你喝着怎么样?"他说做得还可以。总理大概想,没有厨师,你给我做汤就不错了。虽然我自己也认为这碗汤不够口味,但是总理总算喝了我做的汤。

总理办公晚了,吃夜餐是他的习惯,一般情况下,由桂师傅准备好,我们到时候热一下。有时即使桂师傅在,我们也不叫他,为的是让他休息好,因为第二天他还要做两个人的饭。总理的夜餐很简单:百合汤、莲子汤、银耳汤、蒸鸡蛋羹等,每天选其一种,可以由师傅先做好,总理吃的时候热一下。这里唯有鸡蛋羹放置时间久了,再蒸会硬一些,不如新蒸的好吃。于是为了让总理吃上新鲜的鸡蛋羹,我就向桂师傅学做蒸鸡蛋羹,他蒸鸡蛋羹的技术很高,先教我一个鸡蛋放多少水,开锅以后,再把它放进去,蒸上几分钟就好了。没几次,我就接近了桂师傅的水平,等我值班,我就给总理做鸡蛋羹,总理确实吃不出是我做的。

我们给总理贴的大字报

我们在周总理身边工作的全体同志,亲眼看着身已患病的总理还在不分白天黑夜地忙,人渐渐地瘦下来了。我们心疼呀!面临当时国际、国内的形势,总理所担负的工作别人很难替代,也没有什么好办法能改变那个客观现实,怎么办呢?我们党支部全体同志,集思广益,在邓大姐的倡导下,想出了给周总理贴一张大字报的不是办法的办法。想利用大字报的"威力"改变一下周总理的工作习惯,调整一下工作程序,使他能多睡点觉。大字报怎么写,写后能起作用吗?会不会对总理有干扰,是给总理贴"大字报"

我们反复思考的问题。工作忙时，我们请总理离开办公桌，走几步活动活动都很困难，写大字报行吗？我们的意见并不一致，后来是抱着试试看的态度，写出了这样一张大字报。

1967年2月3日，工作人员贴在总理办公室门上的大字报周恩来同志：

我们要造你一点反，就是请求你改变现在的工作方式和生活习惯，才能适应你的身体变化情况，从而你才能够为党工作得长久一些更多一些。这是我们从党和革命的最高的长远的利益出发，所以强烈请求你接受我们的请求。

一九六七年二月三日

我们党支部的十六位同志都签了名。周总理在贴出大字报的第二天，即2月4日就很认真地在大字报的一侧写上了"诚恳接受，要看实践"八个大字，表现了总理对大字报的重视。邓大姐看到总理态度这样好，又写上五条补充意见。

（一）力争缩短夜间工作时间，改为白天工作；

（二）开会、谈话，及其他活动之间，应稍有间隙，不要接连工作；

（三）每日节目规定应留余地，以备临时急事应用；

（四）从外面开会、工作回来后，除非紧急事项，恩来同志和有关同志之间希望不要立即接触，得以喘息；

（五）学会开会要开短些，大家说话要简练些。

以上几点希望恩来同志坚持努力实践，凡有关同志坚持大力帮助。

邓颖超

1967.2.5

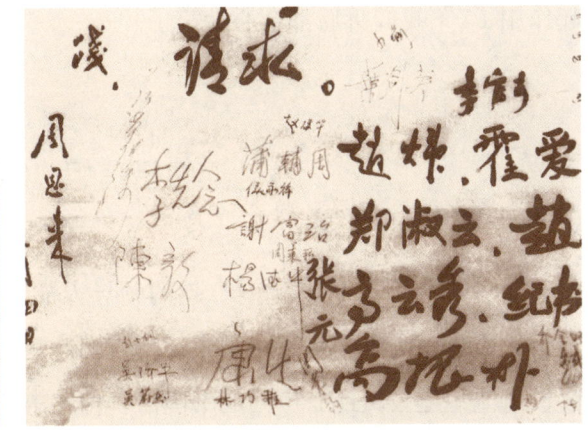

◆ 1967年2月3日，工作人员贴在总理办公室门上的大字报

◆ 陈毅、李先念、聂荣臻、叶剑英等领导同志在大字报上签名表示支持

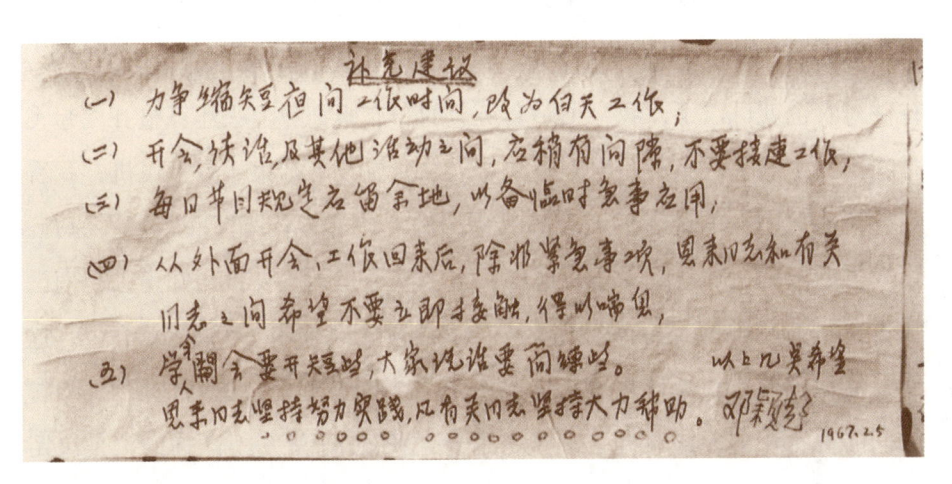

◆ 邓颖超在工作人员大字报上添加的补充建议

忘我工作　鞠躬尽瘁　243

陈毅、李先念、聂荣臻、叶剑英等领导同志在大字报上签名表示支持大字报贴在总理办公室的门上，来找总理谈工作的一些领导同志，看了大字报后也表示支持。李先念、聂荣臻、李富春等都先后签了名。"要看实践"也有要我们看他的实际情况的含义。记得有一次，就是大字报贴出后的几天，总理比往常早睡了半小时。睡前总理对我们说："你们的大字报起作用了。"我们听后都会心地笑了。

赴河内吊唁胡志明

1969年9月2日，越南卓越的领导人胡志明主席不幸去世。消息传来后，周总理决定亲自率中国党政代表团赴河内吊唁。他与叶剑英通了电话，请他一道去，还有广西的韦国清，由秘书通知杨德中准备飞机。预定3日午夜24时起飞，由警卫局通知中央电视台、新华社派人随团采访。

这是"文化大革命"开始后，周总理第一次出国。按理说出国要有一点准备，这是指物质上的，比如说总要穿套好一点的衣服。在"文化大革命"期间，领导人都穿绿色军装，可出国不能都穿军装。好在河内天热，有件衬衣也就可以了。我穿了一套灰色的布衣服，看上去还算整齐。起飞时间比预定的晚两小时，原因是周总理的会议没有结束。登上飞机，我看到"新闻兵团"的记者们，有的只穿一件文化汗衫，脚穿一双塑料凉鞋。原来他们接到通知就到了集合地点，也不知道是到国外。当知道去越南已来不及回去换衣服，就这样出国了。好在他们采访用的装备比较齐全。这样仓促地出国是在特殊情况下才会有的。当周总理走过去与他们见面时，他们的手都不好意思伸过去。周总理笑着对他们说："不怪你们，是决定得太急了，没关系。"他们才放下心来，会意地笑了笑。记者们就怪警卫局的同志，通知得不明确。警卫局的同志开玩笑地说："给你们一个突然袭击，来个军事演习。你们没光着身子来就算及格。"大家虽说一夜没睡，情绪还是蛮高的。

飞机降落在南宁，早已接到通知的韦国清已等在机场。韦国清登上飞机，面对着周总理，坐在叶剑英一旁。飞机又飞向河内。

飞机平稳地降落在河内机场。按照原已商定好的方案，不要越方领导人到机场迎接，只是派了车，由接待人员引导离开机场。我们没有看见中国驻河内大使，有些纳闷。机场离河内市区较远，加之刚下过雨，路面不好走。我们看着战火给这条路留下的创伤，在田野的道路旁时而发现被损坏的我国造的"解放牌"卡车。

代表团先到什么地方，没人清楚。车过红河大桥，赶来迎接的王大使，向总理说明他来迟的原因，告知越领导人都在党中央所在地等候。他问总理先去哪里？周总理决定先去会见越领导人，后去招待所。

越领导人黎笋、范文同、长征、武元甲等在门前迎候中国代表团。周总理下车，双方拥抱。周总理代表中国党、政府和中国人民对胡志明主席的去世表示哀悼，对越南党、政府及胡主席的亲属表示慰问。同时也表达了他本人的悼念。他提出要看看胡主席的遗体，并举行悼念仪式。越方解释说，因要对胡主席的遗体保护，已在做防腐处理，不便去看。越领导人出于中越两党、两国和两国人民的友谊，决定在主席府专为中国代表团设一悼念胡志明的灵堂。周总理率中国党政代表团的全体人员，于当天下午，举行了向胡志明主席悼念的仪式。我国代表团是胡志明主席去世后第一个到达越南首都河内的外国代表团。

胡志明的正式治丧活动，中国是派李先念为代表团团长，率中国党政代表团去的。

1971年3月5日至8日，周总理率中国党政代表团对越南进行正式访问，其间的一项重要活动就是瞻仰胡志明遗容。这项活动没有事先安排，原因是胡志明的遗体没有公开供人们瞻仰。周总理瞻仰的时间安排在欢迎宴会结束后，由越南领导人陪同前往。我们几个警卫和医护人员以及代表团的其他工作人员都不准许去。我们虽有些不快，也只得服从了。目送周总理他们上了一辆较大的车，我们原地等候。

大约四十分钟后，总理他们回来了，换乘原先的汽车回到宾馆。总理主动对我们说，停放胡志明主席遗体的地方离宴会所在地并不远，他们拉着绕来绕去，不然早就回来了。我们问遗体保护得怎么样。总理说还不错，躺在那里与生前没什么不一样。

◆ 1960年在北戴河与胡志明合影。右四为胡志明，右二为高振普

◆ 周恩来总理与越南胡志明主席在一起

    28 年后的 1998 年 9 月 19 日，我随中央政治局常委尉健行率领的中国共产党代表团访问越南，才有幸在河内吊唁胡志明主席。他那安详的面容，唤起了我对他一幕幕的回忆。初次见到他是在 50 年代初。那时他来中国访问，住在北京的新六所，我被分配担负接待他的任务。在接触中我了解到，每当中国在经济建设或社会发展过程中有什么重大事件，他都要来我国亲自考察，有时住很长时间。有一次为研究"中国农村发展纲要"，他住过两个多月。他生活很朴素，作风平易近人，是位国家元首，又像一位慈祥的老者，所以越南人都叫他"胡伯伯"，至今仍有不少人这样称呼他。他来中国，我记忆中他都是穿那套米黄色的咔叽布衣服。多次的相处，我们与胡主席之间的友谊加深了，开始他叫我们同志，后来也时而改叫我们小高、小王、老张。他还与我们商量，每逢星期天，由他和他的秘书吴同志值班，负责端饭、洗碗，叫我们休息。大家同桌吃饭，所有的菜必须吃光，以免浪费。

胡志明主席每次离开北京回国，都要买几本日记本，签上他的名字，分送给我们。至今，我仍保存着他签名的本子。

登上延安宝塔山

1973年6月9日，周恩来总理陪同来访的越南劳动党第一书记黎笋、总理范文同访问延安。这是周总理1947年3月18日离开延安后第一次回延安。

此时的周总理，身患重病，每天失血50—60毫升，人已消瘦，但仍然担负着参加国内、国际的重要活动的任务。今天，有机会回到阔别二十六年的延安，他的心情很不平静。

经过一个小时飞行到达延安机场。欢迎的人们早已等候在那里。周总理陪同客人通过人群，乘车离开机场。从机场到城区的街道两旁站满了欢迎的人。

"周总理！我们的周副主席回来了。"延安人民欢呼着，不停地招手，不停地跳跃，他们的脸上露出了幸福的笑容。人们拥挤着，都想看看周总理。周总理摇下车窗，向人们招手。欢呼声湮没了汽车的马达声，车内车外的心融在一起。

欢迎的队伍排到了客人下榻的宾馆，当周总理和外宾走下车时，欢呼的人群沸腾了。

进宾馆稍事休息后，周总理陪同越南客人参观凤凰山麓毛主席住过的地方。天很热，总理脱下外衣，只穿一件短袖衬衫。欢迎的人们不停地鼓

◆ 周恩来在延安亲切会见老同志杨步浩

◆ 1973年，周恩来在延安宝塔山上。左一为张树迎

掌，欢呼，争着与总理握手。周总理高声地向群众介绍："这是黎笋同志、范文同同志。"越南客人们被这场面所感动，对总理说："恩来同志，人民在欢迎你。"周总理拉着客人，站在群众中间，摄影师留下了这珍贵的镜头。

周总理住在南关招待所，这是地委招待内部客人的地方，一排平房。

总理住在一个套间，我们分住在他的周围。

地区负责人对周总理说："您把宾馆让给了客人，这房子太小了。"总理说："这不错嘛，比当年住的窑洞大多了。"

这是周总理一贯的作风。他陪同外宾，都把最好的房子让外宾住，即使单独到外地视察工作，也不是都住"一号"楼。总理让地委的同志先照顾外宾，中午过来一块吃饭。总理利用午饭的时间与人们谈话。

周总理在房内来回走着，仔细地看这房子。房内没有什么陈设，外间是客厅，摆着沙发，里间是睡房，除一张床、床头柜、办公桌，就没有什么了。

总理问我们谁到过延安。我们几个人相互看了看，回答说："我们没有来过。"总理接着问："有什么感觉？"我说："这里的群众真热情，差不多全延安城的人都出来了。没来之前，想到的延安就是窑洞，今天看到马路、房屋，印象不错，比想象的好。"总理说："二十多年了，还能没变化，只是变化得太慢了。"总理指着脚下的地毯说："这是新铺的，你们问一下接待的同志，其实可以不铺，我这里不同于外宾。"我再仔细地环顾一下这房子，确实简朴，为迎接总理来住，重新粉刷了一下墙。我掀开地毯的一角看了看，地毯是新的，地是水泥地，对总理说："不是木板地，铺地毯也是为防潮。"总理说："我叫你问接待的同志，你还没去问，就解释。你说的也不一定对，顺便问一下，中午给我吃什么？"

中午吃饭，地委的几位同志与总理围坐在一张桌旁，服务员端上了小米饭、煮红枣、荞麦面饼子和当地的几个菜。总理看着这一桌饭菜，高兴

忘我工作　鞠躬尽瘁　251

地说:"这都是我当年吃过的。"又对当地的同志说,"我现在每星期还要吃两次粗粮,玉米面饼子和小米。"他一边吃饭,一边听着地区负责同志的汇报。延安人民的生活比过去好,但比周围其他地区人民的生活改善得慢,生产发展不如其他地区快,粮食还不能自给。总理了解到这些情况后很难过,放下手中的筷子,语气沉重地说:"我们对不起延安人民。在我们最困难的时候,他们用小米养活了我们,养活了革命,作出了多大的牺牲。今天他们仍过着这样艰苦的日子,我们要好好地想一想,我们对不起这里的人民。"地委的同志说:"这是我们的责任,我们没把工作做好,怪我们这些人。"总理说:"今天不是怪你们,我是总理,我有责任,我希望你们努力,多想办法带领这里的人民,改变落后的面貌。等你们搞好,我再来延安,再来看你们,向你们祝贺。"说着总理举起了酒杯,与地委每个人碰杯,希望他们努力工作,把延安的生产搞上去,把人民的生活搞好。

总理送走了地区负责同志后,对我们说:"上宝塔山看看。"

"不休息一下?"我问。

"不休息,不要通知地区负责人陪,坐吉普车上山。"

我们遵照总理的意见,请地方公安局的同志,调来了两辆吉普车。我和张树迎陪总理坐在第二辆车上,就这样不动声色地上宝塔山。此时我们才想到忘了通知摄影师杜修贤。周总理走近宝塔,围着宝塔转了一圈,他没说话,不时仰望这驰名中外的宝塔。当走到写有1949年毛主席给延安人民的复电的牌子前时,他停住脚步,从头至尾把复电读了一遍,然后转身走到山边,手指着山下房屋对闻讯赶来的地区负责人说:"延安城大多了,房子也多了。"趁他不注意,我抢拍下了这个珍贵的镜头。

人们发现总理上山了,他们本来就无心待在家里,这下可有了去处,拥向延河桥,拥向宝塔山。远远望着回程的路上站满了人,想原路返回已较困难。延河的水已很少，河床有一条小路可通向对岸，吉普车可以过去，我们选择了这条路。车一下山，人们发现总理的车已改道，热情的人们就朝这条路拥来，这条路很快又被人们"占领"了。司机见势打转了方向盘，向河底开去，他是看河底已干，不料车却陷进泥塘，越陷越深。人们不管三七二十一向吉普车跑来，争先恐后地与总理握手。总理探出身来，与群众打招呼。我们跳下车，两腿很快陷入一尺多深的泥潭，想拔都很困难。群众情绪非常激动，他们高兴有这个机会与周总理多待一会儿。更多的人不停地向车拥来。靠近总理坐车的群众，平静下来一想，总不能让周总理这样长时间待在泥塘里。在我们的组织下，几个年轻人把车平平地抬起来，稳稳地放在小路上。此时，群众自觉地让开一条道。总理这才坐着满身沾满黄泥的车回到招待所。

第二天，在通往机场的路上，总理看到沿路麦田的小麦低矮，穗头很少，便问当地开车的司机："这小麦一亩能收多少？"司机说："几十斤吧，比种子多一点。"总理说："这样怎么行呀。"然后自言自语地说，"这里缺水呀，要多种点树，改良一下土壤会好的。"

回到北京后，我们向邓大姐讲了这预想不到的场面，还谈了周总理在延安与当地同志的谈话，吐露了周总理的心事。

1976年，病魔夺去了周总理的生命，没能让他再去延安。如果他能看看这些年的变化，他会为今天的变化而高兴，但他不会满足今天，会提出更高的要求让人们过得更好。

周总理去世后，中央文献研究室收编了他的文章、讲话，出版了《周恩来选集》等书。有一笔稿费，存放在那里，几次想给邓大姐，大姐都表示不要。

有一次，邓大姐对赵炜和我说："恩来同志1973年去延安时的一段谈话，中心意思是当时延安人民的生活艰苦，今天虽有变化，但仍不平衡。

恩来对这些变化是看不见了。把他的稿费送给延安，让它们用在最需要的地方。钱虽不多，算是替他圆了个心愿。"我们听后很赞成。邓大姐委托赵炜去办，并一再说，不要宣传，不要登报。

赵炜遵照邓大姐的意见，把二万元稿费，请中央办公厅寄给了延安。时隔很久才知道，延安的报纸还是登了一条消息。

天天要看报纸

周恩来总理的政治生涯决定了他对国际、国内形势的关心，从报纸上得到的消息，有助于他对形势的分析。邓大姐不止一次地对我们讲过，在"国统区"，即当年国民党统治区，周恩来和她就靠看国民党报纸分析局势的发展。从国民党报上登出的内容，可分析出我军如何生存和发展。邓大姐还对我们讲过这样一段经历：周恩来和她出席在莫斯科召开的我党第六次代表大会，从上海乘轮船出发，是以商人的身份作掩护的，买的是头等舱席位。上船前，从上海买了一大堆报纸。这一举动引起了船上的特务怀疑，对他们二人盯梢。所以他们到大连下船时，就被扣留，后经一番周折，才幸免于难。新中国成立后，总理仍然坚持把每天的《人民日报》《解放军报》《北京日报》《光明日报》等翻阅一遍。他起床后的第一件事就是看报纸，大部分是利用起床后在卫生间方便时看。这种多年养成的习惯，直到最后住进医院也没改变。

1975年底，也就是在他1976年1月8日去世前一个月左右的时间，他被病魔缠身，时而清醒，时而昏迷，但只要醒过来，就要报纸看。他当时生命已经垂危，为什么还那样坚持要报纸？我们把这个情况向邓大姐报告，于是大姐约张树迎和我，还有赵炜、张佐良作了分析。大家认为：总理已昏迷了几天，所以没有要报。这几天又提出要报，一是说明他较为清醒，二是与"四人帮"的斗争形势较为激烈。总理出于对小平同志的担心，再一个原因是巧合，康生已经去世。分析了这些原因，最后还是邓大姐作出决定，为了不增加总理的思想负担，不给他看当时的报纸，而把过去的报纸，也就是一个月以前的报纸给他，日期改成当天的，也就是把 11 月 12 日的改为 12 月 12 日。于是我们就找来了铅字，把改了日期的报纸给总理看。

我们虽然这样做，但很不忍心。张树迎和我还有乔金旺私下也议论过，在总理身边几十年，没对总理说过假话，在他生命的最后时刻这样做，这不是骗总理吗？心里总也不是滋味，但已经定了的事就只能这样办了。我们一直提心吊胆，一旦总理清醒过来，看出破绽，我们怎么交代？

总理坚持要看报，是什么原因，是不是我们分析的那样，至今我们并没有找出合理的答案，这成了永远的悬念。

周恩来的"时间"

一年三百六十五天，一天二十四小时，一小时六十分钟。这个"时间"对谁都一样，不管你是国家元首，还是平民百姓，无论你是老人，还是孩子，它都是很公平的。时间属于每个人，每个人每天都是二十四小时，但每个人利用时间所产生的价值却不同。周恩来对"时间"的计算是精确的，但是，有时候往往是不公平的。按照正常的时间分配，一天二十四小时是：八个小时工作，八个小时休息，八个小时睡觉。周恩来经常把休息和睡觉的时间用去工作，所以说总理在"时间"的利用上是不公平的。他除了几个小时用于睡觉外，其他时间全部用于工作，所以在他的日程表上，每天工作都是十七八个小时，这是正常状况。在"文化大革命"非常时期，周恩来的时间表就更特殊了，有时工作的时间能连续二十多个小时，甚至于三十几个小时，因此只好借用下一个二十四小时。

周恩来也不是铁打的，他也是一个活生生的人，他也需要吃饭、休息。怎么办？只有挤时间。他可以在汽车行驶途中吃饭，他可以借理发的时候睡觉。周总理是世界上最忙的总理，他的工作效率极高，比如，从中南海去京西宾馆开会，在这之前他已经安排了下一个活动是在人民大会堂开会，会议几乎是连起来了，没有间隔，甚至到了吃饭时间还没散会。为了能让总理吃上饭，我们只能在京西宾馆就把饭准备好，一般是包子，为什么吃包子？因为在车上只有包子才便于吃，拿一个包子就吃了，再加一缸子稀粥，这就是总理的饭。"文化大革命"中总理的身体就是这样被摧残的。他经常通宵达旦地接见各省来京对本省领导人持不同意见的两派群众，总理同时给双方做工作，哪次会没有三五个小时下不来，甚至是七八个小时，导致总理经常吃不上饭。

长期这样下去不行呀，总理身体会拖垮的，怎么办？我们无法改变当时的局面，只好在生活上照顾好总理。当开会中间或接见外宾不能吃饭时，就搞一杯玉米面粥，看总理接受了，我们又在粥里加上菜末，后又加些肉末……最终达到既管饱、又有营养的目的。

总理的时间表与众不同，他连续地开会，经常早晨顶着太阳从大会堂回家，回到家，不可能马上睡觉，因为秘书在等着他批文件。他批完文件以后，进卧室上床，也不能马上睡，总理还得看驻外各使馆发来的电报和全国各省发来的简报，一般来讲看完这一摞厚厚的材料，需要一两个小时。有一次，总理在床上看电报，我催他睡觉，虽然我也很困了，但不敢坐下来，就站在床头，电报内容一般不长，总理看完一份就递给我一份，让我拿着，一个多小时后他才入睡。这就是总理上床后为什么不能马上睡觉、睡觉时间少的原因。

住进医院

1972年5月11日，一次为周总理做尿样化验中，发现了异常细胞。北京医院、协和医院、三〇一医院的几位专家初步认为是癌细胞。因为是出现在总理身上，为慎重起见，谁也没有最后确诊，派专人带着尿样去天津和上海，请那里的专家验证。最后，北京、天津、上海三个方面的意见一致，确诊为癌细胞。这以后的检查中，这种细胞并不常见，只是尿里的红细胞时多时少。直到1973年1月总理开始尿血，说明病情在发展。只好动员总理作进一步检查。3月，第一次膀胱镜检查，在膀胱内发现三个绿豆大小的病灶，当即做了膀胱镜切除手术，送病理化验，证实了原来的

◆ 周总理在三〇五医院的办公室

诊断——膀胱癌。根据临床经验，这种病易于复发，必须三个月进行一次复查，灌药治疗。这中间，还要口服一些药。最后总理同意了这个治疗方案。到7月，总理接受了病灶切除后的第一次灌药治疗。医疗小组看到总理工作太忙，想借这次检查的机会让总理休息一下，规定用药后需休息两个星期。总理接受了医生们的建议，住进玉泉山五号楼，灌药后，总理照样批阅文件，只是没下山开会。就这样整整地"休息"了两个星期。在这以后，应该10月份进行第二次灌药。因总理工作太多，抽不出时间按计划专门用药。医生们担心治疗不及时，难以见效。医疗小组放弃了灌药后休息两周的规定，改在家里用药，只要求灌药后在床上躺两个小时就可以了。邓大姐让出了她的卧室，安上了一张治疗床，就这样又为总理灌了第二次药。总理只在床上躺了两个小时，就起来工作了。总理的工作实在太多，连每隔三个月一次的检查灌药的规定也不能落实。他的病在发展，越拖越重。小便的颜色开始变深，有时已成血色。为了减少出血，就用止血药。这药同时也使尿中的血变浓，造成小便困难。实在是不能再拖了！

在医疗小组的反复劝说下，总理才决定住院做手术治疗。

1974年6月1日，总理住进了中国人民解放军第三〇五医院。

三〇五医院是一所新建立的医院，院内医疗设备在当时还属先进，但没有设泌尿科。由卫生部牵头，确定了由上海的熊汝诚，天津的虞颂庭，北京协和医院的吴阶平、方圻、吴蔚然、陈敏章、吴德诚，阜外医院的陈在嘉，解放军总医院的黄宛、陆惟善、曾宪九，友谊医院的于惠元，北大医院的谢荣，北京医院的高日新、商德延，中医院的高辉远等专家教授，以及总理的保健医生卞志强、张佐良和几位具有丰富护理经验的护士，如万九云、孙茜英、李玉良、许奉生等组成医疗班子。这些全国有名的泌尿科、外科、心血管病等方面的专家、麻醉师很快进驻三〇五医院，一方面全力为总理治病，一方面抽出时间到其他医院门诊、查房，为其他病人诊疗，不断总结经验，更好地为总理治疗。

周总理住院的当天即进行了第一次膀胱手术。手术非常顺利。按计划也要三个月再做膀胱检查。出乎人们的预料，没等到三个月，总理小便又大量出血。于是，8月10日又做第二次膀胱手术。这次手术后效果较好，止住了出血，结合其他预防性治疗，总理的病情比较稳定，医疗组的同志们很高兴，我们这些工作人员也觉得周总理有救了。医疗组的专家们仍然是认真观察病情的变化，及时治疗。

◆ 1973年，周恩来陪同外宾游览杭州西湖

1974年底，又发现总理大便隐血，再施行结肠镜检查，发现结肠有一肿瘤。于1975年3月26日进行第三次大手术，切除了结肠肿瘤。经病理检查，是结肠癌。专家们诊断，这不是膀胱癌细胞的转移，而是新生的。这新的发现，对总理的生命又增加了新的威胁，病愈的可能性就更小了。

医疗组结合中、外临床经验，全力以赴地给总理治病，他们不分白天、黑夜地组织会诊。参加会诊的专家多时可达二三十人。只要是认为有效的药和有用的器械都设法买到。我驻外使馆和驻外机构都大力支持，做了大量的工作，及时地把药和器械送到。大家都是一个愿望：尽快把总理的病治好。然而，事与愿违，总理的膀胱癌症还是在不停地向坏处发展。这期间选用了国际上最有效的药。这种药用在外院的几位同样的病人身上很有效，而在总理身上收效甚微。9月20日总理接受了第四次手术。十五个月的时间做四次这样大的手术，特别是结肠癌手术后，要进行放射治疗和化疗，对身体的损伤就更为严重。总理的体质明显下降，人瘦了很多。这次手术后总理再没有像过去那样下床活动，而只能在床边坐一坐或搀扶着走一走了。长期卧床引起并发症，呼吸、咳痰以至吃饭都很困难。总理料定自己的病不会治好了，就对医务人员说："我这里没什么事了，你们去照顾别的病人去吧！我死后，你们解剖，总结一下经验，提高你们的医疗水平，为后人服务。"医疗小组请来上海的中医叶朗清、潘铨参加治疗，中西医结合，继续努力为总理治病。1975年10月24日和1976年1月5日总理又先后接受了两次手术。就这样，周总理从1974年6月1日住院到1976年1月8日逝世，共接受六次大的手术、八次小手术。他忍受了多么巨大的痛苦啊！然而，我们没有听到他叫一声痛，没有听到他说过一句失去信心的话。他凭着坚强的毅力和坚韧的意志，顽强地走过了他人生的最后日子。

总理哪里是在治病

　　总理接受住院治疗，邓大姐很高兴。我们这些身边的工作人员都觉得这下可好了，总理总算可以集中一段时间治病，不至于像过去那样忙得抽不出空。总理也作了休息的准备，他不叫钱嘉东、纪东两位秘书去医院办公，而是由邓大姐每天把选好的文件带到医院批阅。第一次手术后的一个多月还好，除有几位中央负责同志来看望外，总理基本上是休息治病。1974年8月10日做了第二次手术后，情况就大不相同了。手术后第七天他就约人谈话，文件也逐渐多起来，而且有的文件仍像过去一样标上一个"先呈总理"的字样。病房办公桌上的文件越积越多，总理办公的时间也越来越长，基本上恢复了他的往常的工作时间，有时晚上工作到深夜。病房已成为他办公、开会的地方，医院也成为他会见外宾的场所。

　　从1974年6月1日住院到1976年1月8日逝世，在他生命最后的五百八十七天里，我们的总理约人谈话二百五十四人次，这里面包括他主动约请和别的领导人要求来谈话的。有时会见外宾后，还留下主要陪见人谈话。谈话时间最长时一次可达四小时二十分钟，会见外宾六十五人次（含港澳人士三次），每次时间大都在一个小时左右，最短的一次也有十五分钟；开会四十次，一次会最长可开三小时四十五分钟；去医院外看人五次；出席了新中国成立二十五周年国庆招待会，还参加了贺龙的骨灰安放仪式和李富春的追悼会；去长沙一次，时间五天。而看文字材料、批阅文件、看书等所用的时间就没法统计。我们有这样一个印象：总理不像是在治病休息！

　　周总理住院后的第一次"露面"，是在国庆二十五周年招待会上。第二次手术后，他的体质明显下降。临近国庆节我们都在想，新中国成立以来每年的国庆招待会，都是以周总理的名义宴请国内外宾客。今年总理能不能出席9月30日的国庆招待会，要看他身体恢复的情况，事先定不下来，只有到时候再说。人们都希望他出席，总理自己也想出席。临近国庆节前几天，他身体没出现异常，医疗组认为可以出席。到9月30日那天，总理要参加国庆招待会了，他穿上了那套人们很熟悉的深灰色中山装，人已消瘦了很多，衣服显得不太合体，但是看上去气色不错。临走之前，他吃了点心（他不准备在宴会上吃东西），晚7点钟就到了人民大会堂北京厅。有些领导同志很久没有看到总理了，都走到总理面前握手问候，十分亲切。晚7点30分宴会开始，与往年一样，总理率先向宴会厅走去。他刚刚走到入口处，宴会厅内已坐满的几千人都站了起来。大家使劲鼓掌，情不自禁地喊道："周总理！周总理！"总理一边走一边向大家招手，站在席位旁向同志们举手示意，请大家坐下。后排的人们一下拥到前边，都想离总理近点，再近点，都想多看看总理。不少人似乎忘记了这里是庄严的宴会厅，他们登上椅子，流着热泪呼喊着："周总理！周总理！"在周总理的一再示意下，人们才渐渐地平静下来。大家相互议论着：总理的病可能好了。主持人宣布：国庆二十五周年招待会开始，请周总理致辞。全场上又一次响起了雷鸣般的掌声。周总理被掌声送上了讲台，用那人们耳熟的清脆的声音，宣读着祝酒词。他的讲话一次次被掌声打断。人们用掌声倾诉着他们对总理的敬仰，对总理的祝愿，对总理的热爱！他们是多么希望周总理早日恢复健康啊！掌声是全场人们的心声，也代表了全国人民的心愿。此时此刻，我们百感交集，热泪盈眶。有哪一个人不为这热烈的场面所感动呢？

　　第二天晚上，北京市举行了庆祝国庆二十五周年焰火晚会。总理每年都要到天安门城楼上去观看国庆焰火晚会，与北京的广大群众共同欢度这节日的夜晚。今年他还想去观看，我们当然很理解总理的心情。可是，今

周恩来在国庆二十五周年招待会上讲话

年不行了，他的身体条件不允许他再去天安门，为满足总理的心愿，我们就安排他到三〇五医院顶层的阳台上观看。8点钟焰火晚会正式开始，总理从东往西看，可以看到几处焰火，如天安门广场、天坛公园等等的焰火如花似锦，清晰可见，唯有石景山的焰火，只能依稀看见一点光。这时总理若有所思地说："我们现在还是发展中国家，北京污染很厉害，现在看不见焰花，是因为石景山钢厂的浓烟挡住了。我们要注意污染问题，要为人民的健康着想，从现在就要注意这个问题。"在场的人听了总理的讲话，无不为之感动，总理病成这个样子，他想着的仍然是人民和国家。

周总理为全国人大四届一次会议最后阶段的准备工作是在医院里进行的。大家都知道，四届人大早在几年前就准备召开，1970年第三次庐山会议的议题就是为四届人大作准备，因为出了陈伯达的问题，而改变了原来的议程；1971年又发生了林彪叛逃事件，改变了党和国家机器的正常运转。时至1974年，相隔了九年的人代会才有了较为成熟的条件。周总理不得不在医院里召集各方人士，共商大会的各项工作。和以往一样，修改《政府工作报告》和《国民经济计划报告》，花费了总理相当大的精力，有些重大问题还要请示毛主席最后决定。中央政治局会议上，决定由周恩来、王洪文二人共同去湖南长沙，向毛主席报告四届人大的准备情况，征求主席的意见。特别是一些关键性的重大问题和全国人大、国务院的人事安排，请毛主席最后拍板，再提交人民代表大会通过。此时，总理已住院达半年之久，先后做过两次大的手术，身体已明显虚弱，加上最近又连续开会，如何保证总理这次外出的顺利，医务人员和工作人员是要作充分准备的。叶剑英在周总理住院期间，一直过问总理的治疗情况和总理的身体状况。对这次去长沙，他更是不放心，指示医疗小组要充分准备，保证总理安全返回。我们认真研究了叶剑英副主席的指示，大家一致认为总理这次去长沙，肩负着关系到国家最高利益的政治使命，保证总理不出意外，显得尤为重要。我们清楚地意识到这次任务的艰巨性。医疗组全面分析了总理的病情，决定派心血管专家方圻、泌尿科专家吴德诚和保健医生张佐良、护士许奉生组成一个医疗小组随行，携带足够的药品和必要的医疗器械。张树迎和我从安全和生活服务方面也作了周密细致的安排。最后，邓大姐对各方面的工作逐项检查后，明确指出，这次的任务重点是防病，要我们尽心尽力，顺利回来。还语重心长地叮嘱我们，总理回来后还有中央全会、四届人大会议的工作等着他去做。

周总理与王洪文约定同乘一架飞机，12月23日中午12时起飞。王洪文以两位中央常委不能同坐一架飞机为由，改乘另一架飞机。于是，总理先飞抵湖南长沙，住进了蓉园一号楼。这栋楼过去毛主席来长沙时住过，后来又盖了个"九所"，毛主席这次就住进了"九所"。周总理叫我们向毛主席处报告，说他已到长沙，待王洪文到后，再请主席确定约见时间。我们一直打听着王洪文由北京起飞的时间，谁也没给一个准确的消息。这种现象在"文化大革命"前是不会发生的。两个常委不能同坐一架飞机只是他公开的借口，而真正的原因是这位年轻的中央副主席是要等待江青、张春桥的最后召见。王洪文自己也不知道什么时间起飞，我们去哪里打听！下午5时30分，接毛主席处通知，请总理晚7时去开会。原来王洪文已到了长沙，住在榕园三号楼。

晚7时，周总理、王洪文先后到达毛主席住处，一块进入会客室。这次汇报，大约进行了两个小时。总理走出来，我迎上去接过他手中的皮包，轻声问："累吗？"总理说："不累。"上车后，张佐良大夫数了数总理的脉搏，稍快一点。总理说："当然会快一点。"回到住地后，护士许奉生为总理测血压，又数了脉搏，都已正常，我们才放下心来。总理对我们说，主席留他在长沙住几天，再休息一下。我们观察，总理这次见了主席后，情绪很好，估计是在主席那里谈得比较顺利。后来才知道，主席同意了政治局的意见，对几个悬而未决的人事安排，毛主席作了历史性的决定：朱德仍然被提名为唯一的委员长候选人，周总理还是我们的总理，邓小平被排为第一副总理。

25日上午，我们陪总理在楼道散步，总理问我们读不读毛主席的诗词。我们说有的能熟练背诵，但有的不全理解。于是总理带我们一句一句背诵毛主席1956年6月作的词：《水调歌头·游泳》。这样一边走，一边咀嚼品味。当背到"不管风吹浪打，胜似闲庭信步，今日得宽余"和"更立西江石壁，截断巫山云雨，高峡出平湖"的时候，总理特别加重语气。看得出，今天总理是在借毛主席的词句，抒发自己的心情，也是为国家多年来蒙受灾难，饱经创伤，但最终会驱散阴霾，重现雄姿而高兴。我们怕总理太累，提议到房内打扑克，休息一下，总理欣然同意。我们围坐在一张方桌旁打"百分"。这是扑克的一种玩法。说真的总理也只会打"百分"，而且技术并不佳，但他打起来很认真，记牌很准。这样一边打扑克，一边聊天。总理问我们："去过韶山吗？"我们相互看了看，回答说："没去过。"总理说："这里距韶山不远。这两天我休息，你们可以轮班去看看。"我们不约而同地说："这次不去了，等总理什么时候去，我们一块去。"总理笑了笑说："那咱们就一块在这里轻松两天吧。"

12月26日上午，总理对我们说："今天是毛主席的生日，晚上请大家吃顿饭，祝贺一下。"我们都知道，周总理从不为自己过生日，他也不提倡过生日。只有像宋庆龄、何香凝等一些知名人士过生日，他才会去祝贺。为党内领导人过生日就很少了。我问他都要请哪些人，他说："就是这栋楼内工作的同志，再请几位省里、军队里的负责人。通知王海容、唐闻生来参加。"晚上周总理和省里的几位领导同志同坐一桌，我们北京来的随员和省里的几位工作人员坐在另一桌。二十几个人开始了庆祝毛主席生日的晚宴。毛主席虽不在场，但在座的都为主席的健康频频举杯。大家

◆"文化大革命"后期的毛泽东与周恩来。这是他们的最后一张合影

也都一一地到总理面前,祝愿总理早日康复。周总理与同志们谈笑风生。总理因病不能喝酒,为表示心意,叫我代表他向大家敬酒。我很高兴地斟满酒杯,代表总理感谢湖南的各位同志对总理的接待,以及他们对总理的良好祝愿。

深夜2时,也就是27日凌晨2时,毛主席单独约见周总理,两个人谈话长达两个多小时。总理走出会客室后,毛主席还站在门口挥手。

27日晚7时30分,周总理从湖南回到北京,住进医院。第二天(28日),总理就忙于召集会议。这段时间,几乎是天天开会,有时在医院,

◆ 周恩来在四届人大一次会议上作《政府工作报告》

有时去大会堂，有时去京西宾馆。开会回来，就在病房里修改报告，批阅文件。有时在灯下连续工作五六个小时，这时候，我们只能加强护理，及时给他用药，谁也不敢去打扰他，因为那样做只会延长他的办公时间。1975年1月10日召开了中共十届二中全会，决定了召开四届人大的时间。全国人大四届一次会议1月13日在北京开幕，周总理在大会上作《政府工作报告》。报告中提出在本世纪内全面实现工业、农业、国防和科学技术的现代化。由于身体的关系，周总理只读了政府工作报告的前、后两个部分，中间部分请人代读。

会见外宾也是周总理住院期间的重大任务。住院手术后才一个多月，1974年7月5日，他会见了美国民主党参议员亨利·杰克逊。消息传开，很多来访的外宾都希望能见到周总理。有的外宾非要见到周总理才肯回去。如突尼斯总理努伊拉就强烈要求见总理，外事部门告诉他周总理因病卧床不能起来。这位客人执意要到病床前看一眼，外事部门只好报告周总理。总理是 1975 年 3 月 26 日做结肠手术。4 月 3 日，周总理躺在病床上与这位突尼斯客人谈话十五分钟，没有照相，没有拍电视。朝鲜的金日成主席为加强两国的关系，也出于同周总理的友谊，应邀来华访问。此时总理已可以下床，确定周总理与邓小平同志于 4 月 19 日在医院会见他。这次的会见是在总理做结肠癌手术后的第二十四天进行的。当时周总理身体没有恢复好，双脚浮肿得很厉害，原有的皮鞋和布鞋都穿不下，只好赶做一双布鞋。当时不能让做鞋师傅到医院量尺寸，只好由我们量一下，带上旧布鞋，约上友谊商店为中央领导人做皮鞋的王凤德师傅，找到了专做布鞋的韩师傅。我把要做的新鞋的尺码和要求一说，他接过旧鞋，看了看

◆ 1975 年 4 月，周恩来（右二）、邓小平（右一）亲切会见金日成（左二）、朴成哲（左一）

说:"这鞋是我做的,你不用说了,我全明白了。"边说边流下眼泪。我连忙嘱咐:"千万不要做小了,因为没有时间修改了。"他说:"我不睡觉,明天就把鞋做好。"第二天,我取回鞋子先让总理试了一下,不太合适,比脚大了些。护士许奉生在鞋里垫了厚厚的纱布。总理就穿着这双很不合脚的布鞋,拖着重病的身子与邓小平一起,会见了金日成和朴成哲。会谈一小时,他们没用翻译,因为金日成、朴成哲都能说一口流利的中国话。谈话结束,金日成与周总理打破了东方人只握手告别的习惯,两人长时间地拥抱。这以后又分别会见外宾26次。其间还参加了中国与菲律宾、中国与泰国的建交签字仪式。最后一次会见外宾是1975年9月7日,客人是伊利那·维尔德茨为团长的罗马尼亚党政代表团。当时总理的身体已很虚弱,仍坚持谈话十五分钟。总理送走外宾,留下陪同接见的纪登奎和耿飚,向他们说明了自己的身体已很难应付这样的外事活动,请他们与外交部的同志一起研究,不要再安排他见外宾了。这样,周总理才从繁忙的外事活动中解脱出来。13天后,即9月20日,总理做了第四次大手术。这次手术虽然很成功,但对身体已损伤太重,从此总理再也没能下床活动。报纸上、广播里也没有周总理的消息了。

　　住进医院的周总理,看文件、开会、见外宾已是超负荷的运转了。而党内那些极左人物的代表,也就是后来被称为"四人帮"的几个人,并没有因为毛主席对他们的批评而改变态度,他们更加猖狂地四处活动,加紧攻击周总理、邓小平。在他们控制的《人民日报》上大登反"经验主义"的文章。光是在总理住院后,他们发表的就有《论林彪反党集团的社会基础》《评〈水浒〉运动》以及《教育革命的方向不容篡改》等有代表性的文章,其内容是把矛头直接指向周总理和邓小平,并掀起一股所谓"反击右倾翻案风"的浪潮。江青等一些人,并不安于只在报纸上的攻击,还煽动制造

◆ 1975年9月，周恩来在医院会见罗马尼亚党政代表团团长伊利耶·维尔德茨

一些事件进行围攻。"风庆轮事件"就是他们攻击邓小平的代表作。他们控制的舆论工具对四届人大提出的实现工业、农业、国防、科学技术四个现代化的奋斗目标不宣传或低调宣传，而一味地借抓革命来压生产，提高

调门继续宣传他们的"宁要社会主义的草，不要资本主义的苗"的谬论。江青直言不讳地散布：总理在医院不是养病而是不停地串联。她讲的"串联"就是指总理经常约邓小平、叶剑英、李先念等来医院开会谈话。周总理对江青这些人的活动目的，当然很清楚，对他们的那些文章是认真研究的，像《反对经验主义》这一篇，他一连看了几遍。出于对党、对人民、对国家负责的精神，总理毅然向毛主席陈书，推荐邓小平同志取代他的位置，负责中央和国务院的主要工作。总理躺在病床上对张春桥、王洪文讲，请他们协助小平同志工作。他们不仅不听，反而加紧了对邓小平同志的攻击。党内斗争不亚于癌症对总理的折磨，忧国忧民的责任大大超过疾病对总理的压力。药对他的病已不起作用，总理的病情在一天天地加重。心情不畅不能不是加重病症的原因之一，我们忧心如焚啊！

面对各方的关怀

周总理虽然自己重病住院，但他还是像过去一样关心着别人。上自毛主席下到一般群众，只要是他知道的他都要过问。毛主席从1972年开始身体不太好。毛主席的治疗情况，总理都亲自过问，亲自组织医生会诊。总理住进医院后，仍和过去一样，多次约见毛主席的保健医生，召集医疗小组开会，听取他们对毛主席的治疗方案。周总理对毛主席的关心是与对党的事业的关心连在一起的，从一次谈话中就不难看出。总理对我们说："毛主席的身体还不错。毛泽东思想是中国革命经验的总结。你们还要为党、为人民工作二十年、三十年，要好好地学习主席的文章，为人民多做工作。"

谭震林、汪东兴因病住在北京医院，他也曾两次到医院看望，过问他们的治疗情况，关心他们的健康。

1975年9月，华国锋率中央代表团去西藏，参加西藏自治区成立十周年庆祝活动。总理请华国锋带上《养蜂促农》的科教电影片，送给西藏的同志看，便于交流经验，提高西藏的粮食产量，还特意叮嘱华国锋不要说是他送的。他对华国锋说："在西藏工作的同志很艰苦，这几年工作不错，多鼓励他们。要注意培养少数民族干部，这个问题在少数民族地区十分必要。不仅要看数量，还要注意质量，要把真正懂马列主义、毛泽东思想的人提起来。老、中、青结合，组成能战斗的班子，工作就能搞好。"

郑凤荣、郑敏之等国家级运动员知道周总理住院了，先后寄过两封信，倾诉他们运动员对总理的一片深情和心愿。周总理看信后说："这些运动员为国争光，一直想去看他们是怎样生活的。今天我去不了啦，请警卫局派人到运动员们集中训练、生活的地方去看看，看看他们的宿舍和食堂。"当他知道运动员的食堂管理较乱，吃饭都没有凳子坐时，就指示有关单位对运动员们要多关心爱护。

杨秋玲是新中国成立后培养出来的一批优秀京剧演员之一。她在《杨门女将》中演穆桂英，给观众留下深刻的印象。还演过现代京剧。"文化大革命"开始，她被停止演戏，随后就销声匿迹了。1975年，杨秋玲在北京工人俱乐部演出的消息传到了医院，总理知道后很高兴。他很想去看，但又不能去。当时也没有电视转播，我们几个人就与广播事业局机要处的同志协商，请他们将全剧录制下来，让总理看录像。人员器材都准备好了，突然有消息说，这戏不演了，要到西安去。很遗憾，总理最终也没能看到她的演出。总理并不单是为了看戏，他关心的是这一代文艺工作者，为他们被"解放"出来而高兴。当他听说有些人对《创业》这部电影持反对意见时，就让我们把片子调来看看。周总理住院后，我们为调剂他的生活，有时也安排他看电影，这都是在他身体条件允许的时候。眼下他的身体本来就不太好,我们担心一个多小时的电影他坚持不下来。总理说可以分开看,累了就休息。就这样,他分两次把这部影片看完,对影片给予了肯定,说:"这是一部好电影,写出了大庆人的精神,真实地再现了王铁人。应该宣传大庆,大庆是用毛泽东思想武装起来的。是'两论'(即毛泽东写的《实践论》《矛盾论》)起家的嘛!"

1975年12月19日,陈永贵代表大寨人来医院看望总理。他带来了大寨的大枣、核桃和新培育出来的苹果,带来了大寨人对总理的爱戴。周总理看到陈永贵,很高兴地拉着他的手说起曾三次去大寨,看到了大寨人艰苦创业的精神,也曾对大寨的不足提出过意见。如绿化不好,应该有计划地多种树等等。最后他说:"我曾经对大寨人说过,几年后,你们变化了,我再第四次来大寨。"今天他在医院见到陈永贵,而且是躺在床上,我们可以想象得出,此时此刻,总理是怎样的一种心情!他请陈永贵代表他问候大寨的乡亲们。陈永贵这个能叫虎头山低头的硬汉子,禁不住泪流满面,依依不舍地离开了病房。

毛泽东主席是很关心周恩来总理的健康的。周总理病重住院,对他来说也是件很不幸的事,他也时刻关注总理病情的变化。癌症已经夺去了陈毅、陶铸等领导人的生命!主席是相信科学的,我们的医疗水平能把总理的病医治好吗?他所看到的病情报告是总理的病越来越重,这就不能不使主席担忧了。他经常派工作人员到医院看望周总理,还派人送来了一个特制的沙发。总理坐上很舒服。总理住在医院,仍坚持办公,批阅文件,请示报告。这一切毛主席是最清楚的。为了增强总理对疾病的抵抗力,主席指示:"注意护理,注意营养,注意休息,要节劳。"还指示说,"对总理的治疗,总理自己要过问,总理自己可以决定。"周总理很感激毛主席的关怀,后期的手术治疗方案确定后,总理都是自己亲笔写报告,送毛主席批准。待毛主席批准后,他才肯进手术室。这说明了周总理对毛主席的尊重,也表现了周总理高度的组织原则。1975年3月20日，周总理在致毛主席的信中这样写道："我因主席对我的病状关心备至，今天又突然以新的病变报告主席，心实不安，故将病情经过及历史原因说清楚，务请主席放心。"

中央其他领导人对总理也十分关心，只要总理的健康状况允许，他们就到医院看望。叶剑英几乎天天叫秘

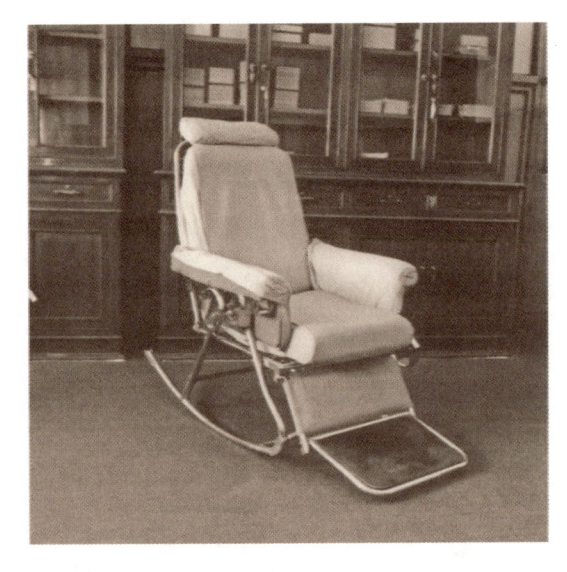

◆ 倪志福设计的摇椅

书打电话询问总理的情况，有时亲自打电话问医生，隔几天就要来医院一趟，看看总理，约医疗组的专家们和工作人员座谈，听取汇报，并对医疗和保健工作，提出他自己的意见，作出明确指示。人们都知道叶帅很喜欢钓鱼。有一次他钓到一条三十多斤重的大草鱼，派人送到医院给总理吃。红烧、清蒸、炖汤也只能用掉一部分，周总理让把其余的鱼分送给医疗组的同志和工作人员。我们打电话转达了周总理对叶帅的谢意，并报告说，我们也吃到了叶帅的鱼，全体同志表示感谢。叶帅很高兴，过了几天，又专门派人送来了鱼，慰问工作人员。这条鱼比上次的小不了多少，我们把总理最喜欢吃的部位留下，全体同志又美餐一顿。

邓小平经常来医院看望总理，也谈工作。总理病情不好时，他很快就赶到医院。小平同志很注意总理的身体状况，每次谈话都控制在半小时左右。这里有一组数字：小平同志在总理一年零七个月的住院期间，来医院六十三次，如果减去每次大手术的十天时间不便探视外，平均每六七天就

忘我工作　鞠躬尽瘁

◆ 1973年，周总理在大寨。右三为陈永贵，左四为高振普

来医院一次。当总理癌症转移，已无治愈的可能时，他明确指示："减少痛苦，延长生命。"

李先念、陈锡联、华国锋、纪登奎等，也算得上医院的常客。总理病倒的最后几天，他们几乎天天守着，在病床前看着总理憔悴的面容，忍耐不住难过的心情，就走到病房外掩面垂泣。李先念除陪总理会见外宾外，还先后到医院五十二次。周总理临终时，他第一个赶到了医院。

聂荣臻、徐向前、王震等都冲破阻碍，几次去医院看望。

倪志福到医院看总理，总理是坐在沙发上与他谈话的。回去后，他亲自到北京北郊木材厂与工人师傅一起设计了一个比较舒适的摇椅送给总理。总理坐上很满意，一再感谢倪志福，并请他转告对工人师傅的谢意。

与朱德的最后交谈

1975年7月11日下午，周总理午睡起床后，在病房内运动。这是他坚持多年的"八段锦"运动，只要身体条件允许，他是不会停止锻炼的。他边运动边对我说："你打电话问一下朱老总的身体怎么样了，他现在有没有时间，前些日子他想来看我，因为我当时身体不太好，没能请他来。今天可以了，看老总能不能来。"我答应马上去打电话。总理又说："现在是4点多钟，如果朱老总可以来，5点钟可以到这，大约谈上半个小时，5点半可以离开，6点钟他可以回到家吃饭。按时吃饭是朱老总多年来的习惯。他有糖尿病，年岁又大，不要影响他吃饭。如果今天不能来，请他去北戴河之前来一趟。"

我把总理想见朱老总的心情报告了邓大姐，她指示我直接找康大姐。我要通了康克清的电话，转告了总理的意见。康大姐说："请报告总理，

◆ 1950年，周恩来和朱德在全国政协会议休息时交谈

◆ 周恩来与朱德在首都机场

老总的身体挺好，今天没有安排别的事。他这几天总想去，一直在等你们的电话。他是要见了总理后再去北戴河的。"我把朱老总可以来的消息报告了总理，同时转达了康大姐的问候。

总理在病房里踱着步，思忖片刻说："换上衣服，到客厅去见老总，不要让他看到我穿着病号衣服。"下午5时50分，朱德来了，周总理起身迎向朱老总，两人同时伸出了双手。朱老总用颤抖的声音问："你好吗？"总理回答："还好，咱们坐下来谈吧。"朱老总已是八十九岁高龄，动作有些迟缓。我们扶他坐到沙发上。总理示意关上客厅门，我们都退了出来。客厅里，只有两位出生入死、为新中国建立了卓越功勋的老战友在交谈。6时15分谈话结束，总理送朱老总走出客厅，两人紧紧地握手告别。总理直到汽车开走后，才转身回到病房。谁曾想过这竟是两位共和国领袖的最后一次交谈！谁又能想到，这次相见，竟是两位老战友的诀别。这是最后的相见，最后的握手。

约见罗青长

罗青长时任中央调查部部长，他一直兼任周总理办公室副主任。1965年，周总理办公室撤销，改为总理值班室，罗青长虽不再是副主任，但因工作关系，还是有联系的。1974年总理住院后，没有机会见罗青长了。进入1975年12月，总理病情加重，时而清醒，时而糊涂，有时进入昏睡状态。12月20日晨5时，总理让我请罗青长来医院，他声音很低，口里重复着罗青长的名字。核准后，我要通了罗青长的专线电话。罗青长听我说是周总理请他来，感到非常突然，自从总理住院后，他很想来看望，但一直没有机会。因为仅仅为探视，是不会被批准的。当他听我说，让他马上来三〇五医院，他还重复地问我几次以确认一下，最后才问我三〇五医院的具体位置，说是马上就来。

我回到病房准备向总理报告已通知到罗青长。但当我靠近病床时，总理已经睡着了，所以只好等他醒来。我站在床边，一直等到他醒来，他睁开眼便问我："通知到罗青长了吗？"这次吐字特别清楚，我说已告诉他本人，总理说："他一到就让他马上进来。"

罗青长住在北京的西郊，离三〇五医院较远，7点多钟他才到医院。等罗青长进了病房，总理又睡着了。他只好退出病房，到我们值班室待着。罗青长向我们询问了总理的病情，他边流泪边说："总理都病成这个样子，怎么不让我们这些人来看看？原在总理身边工作的同志都想来，但

◆ 20世纪60年代初，周恩来、邓颖超与身边工作人员等的合影。左三为罗青长

忘我工作　鞠躬尽瘁 | 281

又不敢来,也打听不到总理的病情,过去在报纸上还能看到他会见外宾的消息,这几个月连消息都没了,我们更着急了。"

我对罗青长说:"你是咱们总理办公室第一个被约见的人。"

总理醒了。此时是 8 点 55 分,张树迎说:"高(这是他对我习惯的叫法),还是你带罗主任去吧。"我和张树迎是一人一天的班,今天是张树迎当班。总理病重后,我们几个人都守在医院,很少回自己家,家里有事也只是白天回去看看,晚上都住在医院。

罗青长疾步走近病床,握着总理的手,叫了声"总理",就哽咽了。总理示意他坐在床边的一把椅子上,开始与罗青长谈话。总理说话声音很低,但吐字还清楚。罗青长看着总理消瘦的面容,难过和激动的感觉一齐涌上心头,同时又有些紧张,他说听不清总理讲什么。有些话是我把耳朵贴近总理嘴边才能听清,然后再说给罗青长,有的事情我可以懂,有的事我也搞不清楚怎么回事,只是原话照传。我问罗青长:"你知道怎么回事吗?"他说:"懂,你就照传吧。"

谈话进行近二十分钟,罗青长握着总理的手说:"请总理放心,台湾方面的工作会继续做,按照总理的交代多做工作,简报的事会更加细心,不会犯同样的错误。"总理点点头,说:"我要休息一会儿了。"罗青长恋恋不舍地走出病房。

罗青长从病房出来后,没有马上离开医院,他要等着见邓大姐。大姐 9 点多钟来医院,这是邓大姐每天来医院的时间。罗青长要来医院的事,我们事先已报告了她,所以,邓大姐一到医院就把罗青长约在她的房间,谈话进行很长时间。在邓大姐的挽留下,罗青长在医院吃完午饭才离开。这是罗青长在总理病重住院后的首次来医院,也是最后的约见。

总理约谈简报的事,我一直不清楚是怎么回事。直到1996 年我有机会随一位领导出国访问,与外交部的一位司长交谈时,才真正了解了事情的来龙去脉。原来是外交部的第 153 期简报出了问题，受到毛泽东主席的批评。总理为了使中央调查部不要再出现类似的错误，才约见罗青长，提醒他要加倍小心。

此时的周恩来，已是病痛到常人难以忍受的程度，但他仍然想着工作，想着在工作岗位上的同志。18 天后，总理就去世了。这就是我们的总理，他真称得起是为爱护同志们、为党的事业、为人民鞠躬尽瘁了。

总理的病牵动亿万人民的心

周恩来总理得的什么病，住在哪家医院，广大群众是不会知道的。过去人们几乎天天可以从报纸上或广播里看到或听到周总理的消息，忽然间，听不到周总理的消息了，人们当然会猜想发生了什么事？因为在那个特定的历史时期，人们往往是以在报纸上或广播中某人出现的频率和排名先后来判断某人的政治去向的。对周总理的不露面，人们的猜想也不例外。所以，在总理住院一个月零五天后，即安排周总理在医院会见了美国客人。这一消息发表后，人们知道总理是因病住院，更为周总理的身体担忧。

总理生病的消息牵动着亿万人民的心。全国各地纷纷寄来了充满感情、充满希望的信。这些信来自各行各业，有干部、工人、知识分子、农民、学生和解放军官兵……这一封封来信，道出了他们共同的心声：希望周总理早日恢复健康，早一天出院。特别是一些医务工作者，有的毛遂自荐，要来北京为总理治病，有的随信寄来治疗疑难病症的药方。由于不知道总理得的是什么病，自然很难准确地开什么药方。多数送来的是医治心血管病的，也有的寄来治疗肾病的，还有治腰酸腿痛的，以及气功疗法等等。更有热心人寄来了成包的中草药和治疗绝症的药品……

下面摘抄几封来信，代替我的叙述。

一位叫程丹田的同志致总理的信中这样说：

周总理钧鉴：

敬悉尊体欠安，久在医院疗养，使我们贫下中农非常担心，寝食不安，但不知在何医院，还不断接见外宾，有利于国家，有利于人民，身负重病，鞠躬尽瘁，任劳任怨，为国为民……

——1975 年 7 月 1 日

一位叫卫德润的同志 1975 年 9 月 1 日随信寄来治疗各种病的几副处方，并要求为总理献血。还寄来了"O"型血的化验单，用自己的血写下了"决心"二字，以表达对周总理的爱和为周总理治病的决心。

一位叫王者与的同志来信说：

从报纸上、广播里听到周总理在医院接见来宾，后来在道听途说中得知周总理患动脉系统疾患（未悉是否准确）。周总理为全国人民操劳，积劳成疾，我日夜反复考虑，巴不得指望周总理指日病愈。因我三世业医，对此稍有经验，早想寄方施治，无址投信。急则生智，想此办法，邮电可转寄总理，此方有益无害，请高明医师再加诊查参考是否适宜。如可服，即服四至六剂，如效果显著，便将脉象、体温、血压以及病状捎来，再量更方寄去，以祈总理病愈在望。

处方（略）

1975 年 10 月 26 日

一位叫许克贲的同志来信：

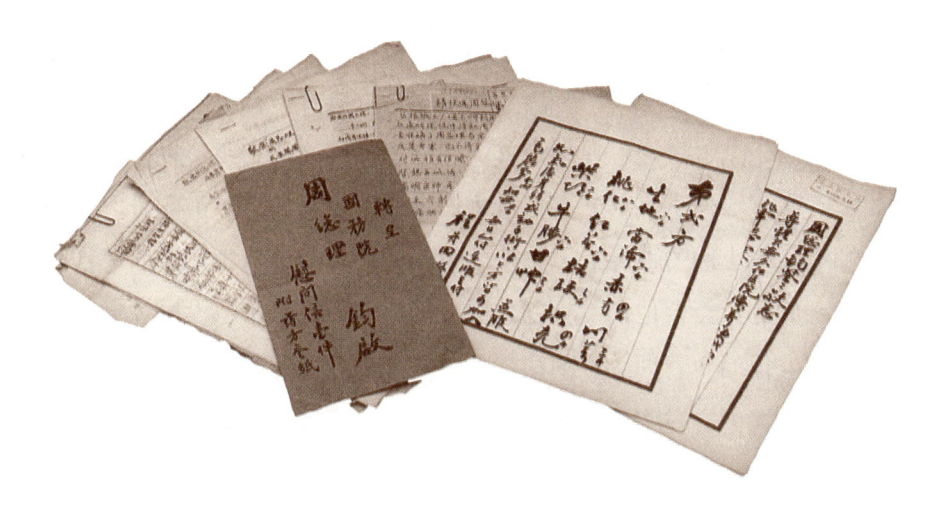

◆ 总理生病的消息牵动亿万人民的心，这是全国各地寄来的信。

敬爱的周总理：

　　近年来在参考消息上看到您老人家住院和在医院接见外宾的消息，却没有说您老人家得什么病。因此我八方询问……得知您老人家是心脏病和目疾，所以我斗胆介绍我们祖传民间秘方。这两秘方对人体完全是有益而无害。

　　药方（略）。

1975 年 9 月 15 日

　　还有些信是寄给邓大姐和国务院的。这些信从内容上看，没有华丽的词藻，没有颂德的语言，而用朴实的字句，道出他们真诚的情、真诚的爱和真诚的希望。

　　长期担负保卫中央领导同志安全的中央警卫团的指战员们和全国人民一样，为周总理治病作出了无私的奉献。周总理因多次手术，失血太多，需要不断补充。总理是"AB"型血。血库里这种血不多，又不便到社会上去大量采集。中央警卫团的官兵们闻讯后，争先恐后地报名为周总理献血，都希望自己的血型与总理的相符。"AB"血型的战士们庆幸自己能为周总理治病尽上一份力，血型不合格的战士们则要求多站几班岗。有些战士献了一次，还要求再献一次。战士们献血的事对总理是不能讲的，如果总理知道是战士们为他献血，他是绝对不会同意的。战士们对周总理的爱是埋在心底的！至今他们没有以为周总理献血而吹嘘，也没以为周总理献血而索取。他们学着周总理的精神，默默地战斗在各自的工作岗位上，为实现总理的遗愿——实现祖国四个现代化，躬身实践，顽强拼搏。

与病魔抢时间

　　党的事业的需要，人民事业的需要，使虽已住进医院的周恩来，不能完全放弃工作，而专心治病。病魔不停地向他进攻，威胁着他的生命。拼命地抢时间工作是他与病魔斗争的方式，而为了有更多的时间工作，配合医生治疗也是他与病魔抢时间的积极行动。

　　周总理很清楚得癌症会是个什么结果，经他过问的病人——陈毅、陶铸、王进喜等都被癌症夺去了生命。总理也清楚配合治疗能延长生命，多活一天，就能多为党、为人民做一天工作。所以，总理总是以科学的态度对待疾病。他尊重医疗组的同志和他们的意见，按照医生们的治疗方案治病、吃药、打针、手术。只要是医疗组决定的，他都能听从治疗，还随时向医生们提供他自身的感觉、变化，包括心理上的反映。在病情变化大，治疗最困难、最紧急的时候，他还叮嘱医生们不要紧张。医生、护士都被周总理的这种态度所感动。

　　为增强对疾病的抵抗能力，周总理住进医院，只要身体条件允许，他都坚持锻炼，经常做操、散步。能去室外，他决不待在室内；能多走几步，他决不少走。

第二次手术后，我们看他体质恢复得不错，就在病房外的走道上，装上了乒乓球台。他坚持打球，每次时间只有几分钟，但一天能打两三次，这对增强他的体质是有好处的。

医院环境虽好，但终究是医院，时间久了，总理也想出去走一走，换换环境。医疗组看总理身体恢复得不错，也同意换个环境。三〇五医院地处北海公园西侧，我们了解到公园早已不开放，经询问是1972年以整修内部为由一直关闭至今。经我们建议，总理同意去那里散散步。北海公园的管理人员知道总理想来，表示非常欢迎。1975年5月，是春暖花开的季节。周总理来到北海公园散步。当时是养病，由我们和医生、护士陪同，从三〇五医院直接去公园。由于体弱，他只能在走廊内漫步，最后到仿膳休息。在那里，他与公园的领导、职工接触，了解他们的工作、生活情况。当谈到公园为什么不开放时，他们回答是按上级指示。周总理也不去追问什么原因，知道他们也说不清楚。

我们与总理相处多年，日日夜夜，形影不离。他为党为国家工作，我们为他工作，养成了程序化的协调关系。他养病、散步，我们相随左右；他看报纸，我们低声闲聊。这天，他见我们聊得挺热闹，要我们与他聊天。这就打乱了以往形成的那种工作程序，聊什么，我们一下选不准内容，倒真难住了我们。总理风趣地说："刚才你们有说有笑，怎么一下子都变哑了。"以后我们商定了办法，每天推出一个人事先准备好，讲点故事，当然还要引起总理的兴趣。开始难度较大，因为谁也没给总理讲过故事。后来经过有准备地搜集材料，打开了思路，内容也丰富了，大部分是收集社会上的笑话。

有一天，我大胆地讲了一个坐公共汽车的笑话：有一个人坐公共汽车，因车上人多，他嫌太挤。别人对他说，八亿人看八个样板戏都不怕挤，车上这几个人你就怕挤了。说完以后，引起大家的哄笑。我不知道对总理讲这话是否恰当，总理却一笑了之。

说到样板戏，总理问北海公园的几位同志谁会唱样板戏。他们推荐小马。这位小马同志很高兴地唱了《红灯记》中李铁梅的一段。这在当时是比较流行的，她唱得确实不错，有腔有调。总理边听，边有节奏地打着拍子，气氛一下子活跃了许多。

到北海公园散步，改变一下环境，确实有助于总理养病。他先后到北海公园去过二十一次。随着天气转热，我们建议去人民大会堂。总理去了一些厅室，看望很久没见的同志，其中有厨师、服务员和大会堂的领导。每到一个厅室，总理都要静静地坐在那里，约几位熟悉的同志谈谈他们的生活、家庭，谈谈大会堂，共同回忆大会堂建筑和使用的过程。所有厅室和一些主要活动场所，周总理都去过。同志们更想知道的是总理的病、总理的身体状况，总理什么时间再在这些厅室开会、会见外宾。大家都在盼呀，盼呀……

总理在生病的后期，因化疗影响胃口，吃饭感到很困难。"我要多吃几口饭。"每一餐饭他都要付出很大的力气，有时吃一次饭要花几十分钟，累得满身是汗。他说吃饭比吃药困难得多。医疗组根据总理身体状况，由陈敏章与其他医务人员共同制定食谱，保证总理有足够的热量摄入。几十年为总理做饭的桂焕云师傅，虽然有高超的烹饪技术，而面对身患重病的总理，也显得无能为力。因为总理进食太少，很难达到医生们要求他摄入的热量，只好用输液的办法来补充。

我们想办法让总理吃上有营养的高质量食品。有一次，与医生们商量，给总理烧一个鱼翅吃。总理平时是不吃鱼翅、燕窝这类高档食品的，只是在招待美国总统尼克松和日本首相田中角荣的宴会上才吃过。我们事先征得总理的同意，到人民大会堂订做了一份。此时总理已卧床多日，只好由护士喂他。我在一旁帮助。他每吞咽一口，头上就出很多虚汗。护士许奉生就用毛巾擦一下。吃了几口后，总理替我俩分工，改由我喂他，许奉生管擦汗。这样，我一边喂，小许一边擦汗。总理吃一口，自己数一下，就这样连续吃到第八口，实在没有力气再吃了。八口饭，足足用了半小时。饭后总理说："我是为了治病才多吃几口饭。"每天总理按医生们的交代"少吃多餐"。到了他生命的最后一个多月，吃饭的难度越来越大，实在无法吞咽，只好改为鼻饲。这以后，总理再也没有品尝到饭菜的味道。

此时的周总理，人瘦成了皮包骨，疼痛使他难以入睡。为了让他睡觉，医生们的办法是用安眠药或者注射杜冷丁。针只能半针一针地打。药的作用一过，他马上又疼醒了。杜冷丁这种止痛药也不能过量，总理提出用听音乐的办法分散注意力。这办法我们也想过，看总理病痛的样子，谁也没好意思提。见他提出听音乐，于是我们找出他平时喜欢听的京剧、轻音乐、曲艺、相声等。听音乐效果不错，轻音乐的效果最好；相声他很爱听，但不易入睡，发笑时，伤口会痛。总理叫我们找些昆曲。广播事业局机要处的同志为总理录制了南昆、北昆各几盒带子，每盘两三分钟，最长的也就五分钟。总理对曲词都很熟，有时跟着哼几声，听曲时，都是想睡觉了，一边听一边睡。有时他睡得很香，曲子放完了，机器一停，他便醒了。为了让他睡得长一点，我们把几盘带子上的曲子合录在一盘上，不换带，不停机，这样总理能多睡一会儿，效果确实不错。开始我们对总理一次能睡半小时，不因停机吵醒而高兴，继而想再搞长一点，三十分钟带子放完，他还在睡。我们又出一招，即一盘正常运转三十分钟的带子，采用慢速录制，可连续录制两小时的曲子。在那个时候，如果总理一次能睡两个小时不醒，那真是天大的喜事。带子录成了，总理在听的过程中发现了，说你们主意挺好，他不太适应，所以又改回了每三五分钟换一次带子。

1976年1月7日，张树迎与我商量，看样子总理的病再想好起来很困难。从总理卧床以后，除医务人员和少数几位工作人员外，还有些同志很久没看到总理了，他们想轮流到病房，见总理一面。警卫值班的刘岚荪、康海群、王培成同志，还有为医生们做饭的厨师和服务员，他们都想看看总理。他们平时很守纪律，没有事情，很少到病区来。为了不影响总理的正常休息，今天叫他们轮流过来看总理，而不能让总理看到他们。只能等总理睡着的时候，再让他们来。很不凑巧，总理整天睁着眼，而且不停地向四周看，时间一小时一小时地过去，一直等到深夜12时，也没有机会。我们商量改为第二天再安排。谁也没想到，第二天总理就永远地闭上眼睛。这些同志不怪我们，只是没最后看一眼活着的总理，而感到终生遗憾。

　　1月8日这一天，我们和往常一样，张树迎向我交班，由我守在总理的病床前。我抚摸着总理干瘦的左臂。这是总理住院后期，我养成的习惯。他的手臂发热，我比较放心。此时总理还转过脸来，看看我。我很习惯地对总理点点头。他没说话。总理几天来都是这样，说话很困难。乔金旺和我一个班，他走进病房，示意叫我休息一会儿。我会意地离开病房，轻步往外走，回到值班室。黄宛、方圻、吴蔚然都守在那里。忽然电铃响了，这不是平时的电铃，而是为遇紧急情况专设的电铃。不好！大家快步跑向病房，几乎同时看到监护器上的心跳显示，心跳七十几次，陈在嘉大夫说，一直是一百多次，忽然掉到七十几次，她急得说不出话来。周总理心跳在继续下跌，六十次、五十次、三十次……

　　医生们按照原定的抢救方案，采用了所有措施，呼唤、人工呼吸……都不起作用。陈在嘉哭了，她在监护器前坐不住了，方圻大夫替她守着。荧光屏上，时而显示一次心跳，渐渐地看不到心跳了，只见一条直线。总理，人民的好总理，为人民的解放事业奋斗了六十多个春秋的伟人，带着全国人民的敬仰，离去了。跳动了七十八年的心脏于1976年1月8日9时57分停止了。他去得那么突然，走得太快了，太早了。

全体医务人员、工作人员都站在总理的周围。病房里一片哭喊声。谁也承受不住这如同天崩地陷般的痛苦，忍不住放声大哭，哭声中包含着对总理的爱，对总理的敬，对国家的忧。

中央领导人接到总理去世的消息后都急匆匆地赶来了。李先念第一个走进病房，他弯下身子，双手紧握着总理的手，只叫了一声"总理……"便再也说不出话了，泪水一下涌了出来。他悲痛得双手发抖，站都站不稳了。我们赶快把他扶到沙发上。他坐在那里双眼盯着总理的遗容，无言地抽泣着。

邓小平、叶剑英都来了。他们都怔怔地站在总理床前，深深地向总理鞠躬。

11时5分，由邓小平带领，叶剑英、李先念、华国锋、陈锡联、纪登奎、吴德、汪东兴、陈永贵、王洪文、张春桥、姚文元等走进总理病房，围在总理遗体前肃立。小平同志说："恩来同志，安息吧！"然后向总理三鞠躬，目视着总理，缓缓地退出了病房。

周恩来的遗体，经过医务人员的精心整理，于当日12时许转送到北京医院。

为总理准备火化的衣服

周总理病重后期，我们仍然抱着他能病愈出院的一丝希望，谁也没提出后事的准备，对总理1976年1月8日病故我们仍感突然。遗体送去北京医院的当天，就要我们把衣服送去。我们去问大姐，她明确告诉我们，不给做新衣服，要选他平时最喜欢穿的，现有最好的衣服。我们选了总理冬天穿的灰色凡拉绒中山装，这一套较好，虽说旧些，可没补补丁；一件布衬衣，这是一件比较好的衬衣，也已穿过多年，不过没有换领子和袖子；

一条布衬裤。这几件衣服,有的穿过几年,有的穿过十几年。总之,没给总理赶做一件新衣服。邓大姐看后,含着眼泪对我们说:"这是恩来的作风,你们最了解他,平时为他添一件衣服都很困难。他死后,咱们还是要尊重他,不为他而浪费人民的钱。新的旧的都一样,都会一把火烧掉。你们会理解吧?以后不会有人怪你们。如果有人不理解,也是暂时的。"

我们把准备好的衣服,用一块使用多年的紫色布包好,送到北京医院。当一位多年为周总理看病的老医生打开包时,看到的是一包旧衣服,马上气愤地冲着我们喊道:"你们想干什么?怎么拿来这样的衣服?为什么不做新的,是来不及吗?我自己出钱给总理做。你们跟周总理那么多年,你们对得起他老人家吗?"听着他的一番指责,我们谁也没说什么。我们理解他,他对周总理是怀有很深的感情的。他的父亲是国内有名的牙科专家,周总理在上海做地下工作时,那位老人家曾支持过周总理,支持过革命。解放后,周总理每到上海,只要有机会,总要去看望这位老人。老牙医的后代,当今的牙科专家,对周总理、邓大姐有着至深的感情,他一直叫邓大姐"邓姨"。面对着他的训斥,我们不怪他。我们又何尝不是有同样的心情呢?只是我们更多地了解总理,铭记总理的身教言教,为总理写下这廉洁奉公的最后一页。

举国同哀送总理

周总理去世的消息是1月9日向全国广播的。很多人不相信自己的耳朵,相互打听着消息的准确性。经过多次听广播,人们才真的相信了。周总理病逝了,举国同哀。机关团体、工厂学校、大街小巷,人们怀着悲痛的心情,谈论着这不幸的消息。人们被这沉痛的消息压抑着,空气中似乎缺少了氧气。太阳被阴沉的云层所遮盖,天气似乎变得更寒冷了。走在街上的人,不管是老人还是孩子,不管是干部还是群众,不管是军人还是平民,他们都阴沉着脸,相对无语。怎么办?总理没了!谁来管理这已被"文化大革命"搞得到处是累累创伤的国家呢?人们为国家的前途、人民的命运担心。

怀念、悼念、寄托哀思的形式多样。人们走向天安门广场,抬着花圈,系上白花,自觉地形成悼念大军。不用组织,人们有条不紊地排成长队,缓缓地走向人民英雄纪念碑。可容纳几十万人的天安门广场,听不到平时的喧哗声,听到的只有哭声,只有宣誓声。白发苍苍的老人、系着红领巾的孩子、大专院校的学生、党政机关的干部、驻京部队的官兵,他们

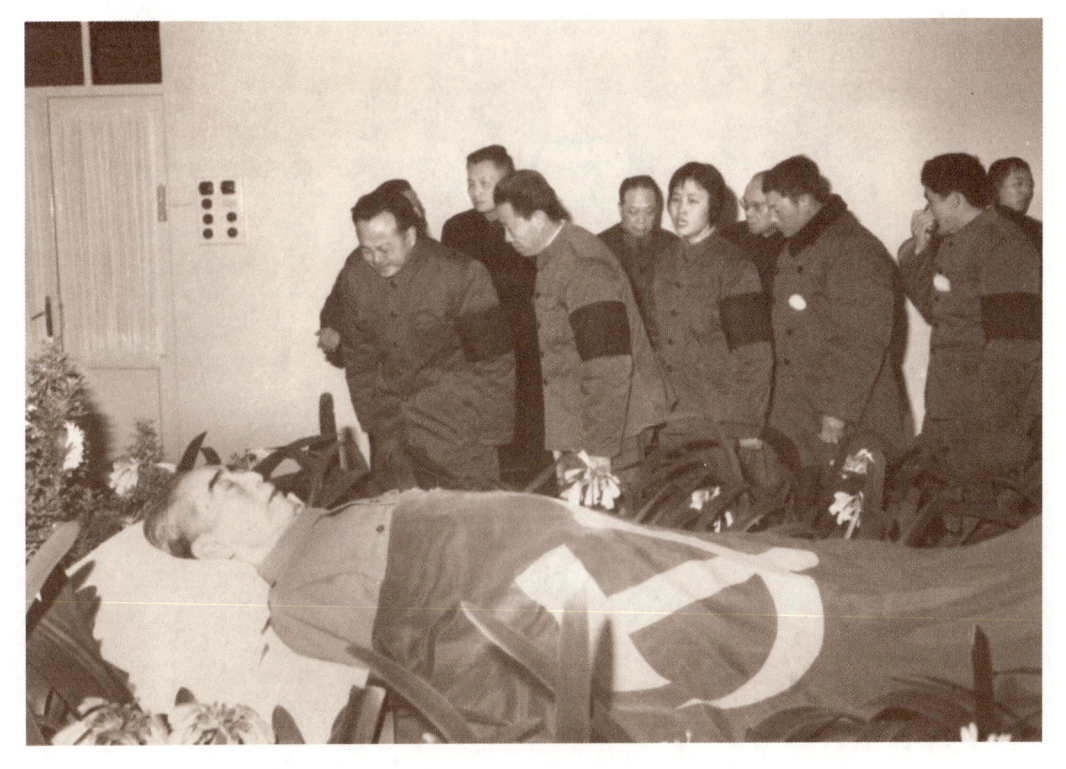

◆ 1976年1月11日,高振普(前排左一)向周恩来最后告别

◆ 邓颖超敬献的鲜花花圈，挽带上写着："悼念恩来战友　小超哀献"

不分白天黑夜，来到天安门广场，向着人民英雄纪念碑，向着周总理的遗像宣誓，表达自己的哀思。

就在全国各族人民怀着对周总理的崇敬心情，表达自己的哀思时，当时的"中央"却下达了不准各单位搞纪念活动，不准戴黑纱，不准去天安门广场的通知。更令人不可理解的是，谁去过天安门广场要向单位报告，要登记，要说明理由，这实际上是作检讨。这种压制，并没有吓倒人民群众。人们不理那一套，去天安门广场的人越来越多，戴黑纱的人也越来越多。仅北京而言，所有布店的黑布全被买光了。不能去天安门广场的单位和个人，就在单位或自己家里设灵堂，摆上周总理的遗像；买不到遗像的，就把报纸上刊登的周总理的像剪下来，供在屋内中央，表达对周总理的怀念之情。

据北京市公安局的报告，自周总理去世的消息传出后，几天来没有案件发生。

1月10日，全国开始了对周总理有组织的悼念活动。周总理遗体告别仪式设在北京医院太平间。党、政、军各单位的人有组织地向总理遗体告别。消息传开，人们拥向北京医院，能进去告别的是少数，而进不去的就围在医院四周。两天的告别仪式，参加的不过几千人，而等在外面的却有几万人、几十万人。人们站在马路边，向着北京医院不停地呼唤，不住地流泪。一位曾在中南海工作过的同志事后对我说，她与上万群众在北京医院附近的台基厂，整整站了两天。

各单位能来与总理遗体告别的人数太少，要求来的人很多。外交部的同志通过王海容，经过批准，利用10日晚上，派来三百人，代表外交战线上的同志们，表达了对总理的怀念之情。事后，他们遭到了当时权威人物的严厉批评。当然，负责操办这件事的人也不买账，不作检查，说："悼念总理有什么错？"

11日下午4时，遗体告别仪式结束后，灵车由北京医院出发，经台基厂、长安街去八宝山火化。天还是阴沉沉的。灵车驶入台基厂，沿街的群众呼喊着"周总理，周总理……"十里长街，人山人海，悲痛的呼喊声、抽泣声连成了一片。灵车徐徐地前进，送灵的人们冒着严寒，一路护送着灵车到八宝山。人们站在那里，都想最后看看总理。虽然他们看到的只是灵车，但想到的却是周总理那熟悉的身影，慈祥的面容，亲切的声音。人们好像看到周总理仍然站在敞篷车上向他们招手，向他们微笑。

◆ 邓颖超捧着周恩来的骨灰盒

沿街的人们自觉地整齐地站在马路两边,没有拥挤,没有混乱,只有交通警察站在马路中央指挥车辆,维持秩序。由于群众非常遵守规定,路上已无其他车辆了,警察已成为礼兵。他们面对着灵车,用颤抖的手行着军礼,脸上挂满了泪痕,目送着周总理的灵车从他们面前驶过。

灵车驶进八宝山,周总理躺在水晶棺里,安放在第二告别室。送行的中央领导人和治丧办公室的成员,最后向总理告别。邓大姐双手抚摸着棺木,沉痛地呼喊着恩来的名字。她失声痛哭,此时此刻谁也无法劝阻她。

◆ 周恩来的灵车经过天安门,道路两侧站满了送别的群众

◆ 1976年1月14日晚，邓颖超手捧周恩来骨灰走出劳动人民文化宫

这是最后的一面。再过几分钟，她将永远看不到总理了，看不到与她生活、战斗了几十年的亲人、战友了。在工作人员的多次劝说下，她才慢慢地离去……

八宝山的职工，自周总理去世后，他们就把为总理火化的炉子修整一新，挑选出了最优秀的火化工。一位工人对我说，谁也不愿亲手把总理送进火炉，谁也不愿点燃这火，因为谁也不忍心将总理烧掉。最后，经党支部作出决定，选定了优秀的火化工来完成这历史性使命。他们说："以往，我们曾多次见过总理，那是他来参加追悼会。见到总理，我们很光荣，很荣幸。现在，我们非常难过，怎么也想不到今天火化的竟是我们的总理。"

张树迎、乔金旺和我，始终守在火化炉旁。我们少有的相对无言，忘了看表，几点开始火化，几点骨灰出炉，我们谁也没记清楚。夜深了，火化结束，职工们用新做的取灰工具，一点不漏地把骨灰全部清扫出来，装进了骨灰盒。我们三个人捧着骨灰盒和邓大姐的花圈，由治丧办的同志护送，乘车离开了八宝山。

灵车驶出八宝山西门，我被眼前的场景惊呆了。迎面看到的是站在沿路的黑压压的人群。天上飘着雪花。人们还等在那里，想再看一眼，以此来表达对总理的爱戴和深深的怀念。他们不知怎样才能表达自己当时的心情。借着路灯的光亮，我看到道路两旁的人行道上挤满了人。一位小孩在妈妈的怀里举起小手向灵车呼喊。几年后一位老将军告诉我，他和老伴当时就站在空军大院前的马路边，一直等到灵车过去，他们才回家。他记住了当时的时间，是深夜11点多钟。

12日上午9时，为时三天的吊唁活动在劳动人民文化宫开始。8时，来吊唁的人群就从文化宫的大门排到太庙门前了。治丧办的同志决定提前开始，分四路并进，由国务院管理局的侯春怀具体组织引导。过了没多少时间，有消息传来说，来吊唁的人很多，于是改为八路并进，每六十四人排成一方队，向总理遗像三鞠躬。就这样连续进行了三天，每天从上午8时到下午18时，人群没间断过，连原准备中午休息的时间也取消了。据不完全统计，来吊唁的总人数超过了一百万。其中，各国驻华使馆官员及来访外宾二千多人。

三天的吊唁活动，军乐团的同志们坚持现场演奏哀乐，治丧办的同志看到他们太累了，建议改放录音，被他们当场谢绝了。他们调来了全团所有演奏的同志，分班奏哀乐。他们一边吹奏，一边流泪，怀着对周总理的爱和敬，吹奏着这难忘的悲痛的乐章。

14日下午6时，吊唁结束，邓颖超走进灵堂，带领着同志们向周总理三鞠躬。她双手捧着骨灰盒,向全体工作人员深深地鞠躬,满怀深情地说:"我捧着恩来的骨灰,向在场的所有工作的同志们表示感谢。"话音刚落,全场又是一片哭声。邓大姐走向侯春怀,特意向他致意,感谢他三天来一直站在这里,带领人们吊唁总理。他向总理鞠了多少次躬,谁也说不清。

周总理的骨灰,由邓大姐亲自捧着,安放在人民大会堂的台湾厅。

15日下午,有五千人参加的追悼会在人民大会堂北大厅举行。邓小平致悼词。叶剑英、宋庆龄、李先念、徐向前、聂荣臻、谭震林、王震、乌兰夫、蔡畅以及江青、王洪文、张春桥、姚文元等参加了追悼会。至此,周总理的治丧活动结束。

◆ 吊唁会场

把总理骨灰撒向江河大地

周总理去世的当天，邓大姐向党中央提出了总理生前的请求：骨灰不要保留，要撒掉。

1976年1月12日上午，邓大姐把张树迎和我叫到她的办公室，对我们说："恩来同志不保留骨灰的请求，毛主席、党中央已批准。今天叫你们二人来，赵炜也参加，就是要研究一下把骨灰撒在什么地方。""你们二人跟随恩来同志（周总理去世后，大姐就不称呼总理了）工作多年，已向中央请求并得到批准，由你们二人执行撒骨灰的任务。这是你俩为恩来同志办的最后一件事……"大姐的嗓子哽咽了。我强忍多时的泪水夺眶而出。大姐克制住她的悲痛，反而安慰我们："接到中央批准的消息，我高兴。高兴的是，恩来同志说过，他担心我替他办不成这件事。今天可以办成，就要成为现实了。咱们要共同为实现他这一愿望而继续工作。我很想亲自去撒，但是，目前条件还不允许我去做。再说天气太冷了，我年岁也大了，出动目标大。恩来同志是党的人，我委托你们二人去办。你们二人是党支部委员会的成员，我们靠基层支部。我相信，你俩会很好地做好这一工作的。"

听了大姐的这一番话，我们更理解大姐此刻的心情。这是对我俩多大的信任啊！我们当即表示："请大姐放心，一定完成好。"大姐问我们有什么话要说。我简单地说了一下，总理去世后的这几天，全党、全军、全国人民非常悲痛，人们冲破各种戒律，用各种方式悼念总理，以寄托自己的哀思。为了给人们以安慰，给广大群众更多的悼念机会，是否可以把总理的骨灰多保留几天，然后再撒。大姐摆了摆手说："我的请求，中央已批准，已有了安排，就不要再提了。我再向你俩说一遍，你们要认清，撒骨灰也是一场革命。由土葬到火化是一场革命，从保留骨灰到不保留骨灰又是一场革命。我死后骨灰也不保留，也请党支部负责。这是我和恩来同志的一次革命啊！你们一定要清楚地认识这一点。"我们的邓大姐站得高，看得远。这是一场革命，这是向旧的传统势力的一次宣战。

邓大姐让赵炜和我们二人一起找一找，看哪个地方可以撒，最好撒在有水的地方。我们先后去了玉泉山、京密引水渠等几个地方。1月的天气，很多地方都结了冰，没有选中一个合适的地方。最后还是由中央决定派飞机去撒，汪东兴同志具体布置这次任务，指定由罗青长（长期担任周恩来办公室副主任）、郭玉峰（时任中央组织部部长）、张树迎和我去执行撒骨灰的任务，并对我们说：已经确定了投撒骨灰的地点。什么时间撒，听从机长的命令。

1月15日下午，追悼大会结束后，晚7时半左右，大姐带着我们走进了大会堂西大厅。总理的骨灰已安放在这里。我们肃立在大姐身后，向总理遗像默哀，然后打开骨灰盒。邓大姐双手抚摸着骨灰盒，她的手在颤抖，双眼含满了泪水。她坚强地说："恩来同志，你的愿望就要实现了，你安息吧！我们要永远跟随毛主席战斗！"

在场的人都放声大哭。

"永远跟随毛主席战斗！"这表现出邓大姐的坚强决心。这豪迈的语言，包含着多么深刻的意义。我们的邓大姐，几十年来就是这样做的，不论是在战火纷飞的年代，还是在白色恐怖的蒋管区，她都置生死于度外。在社会主义革命的岁月里，仍不停地工作。今天，她又以坚强的革命信念，成为化悲痛为力量的表率。大姐的话，代表了我们的心愿，是代表我们向周总理发出的共同誓言。

追悼大会虽已结束，西长安街、西单，直至八宝山的道路两旁仍然站满了人。他们等待着运送总理骨灰的车从这里经过，最后向总理告别。

◆ 为周总理撒骨灰的飞机，现珍藏在北京航空博物馆内

◆ 新中国成立初期苏联政府赠送给周恩来的吉姆牌轿车，后来为总理撒骨灰使用过

我们从邓大姐手里接过骨灰，穿过大会堂地下室，坐上总理生前坐过多年的苏制灰色吉姆车。邓大姐由她的秘书赵炜、保健医生陈士葆、护士刘新莲陪着，乘另外一辆车紧随在后，离开了大会堂，向东驶去。

　　晚8时许，我们到达坐落在北京东郊的通县机场。一架平时作为洒农药用的安–2型飞机已停在那里。因为天色很黑，我们分辨不出它的颜色。我们迈着沉重的脚步登上飞机。飞机起飞了，大姐挥手向总理作最后的告别。

　　北京的上空，笼罩着乌云。我的心怎么能平静，在周总理身边工作的岁月，一幕幕闪过：总理的举止言谈、总理的亲切面容、总理健壮的身体，总理开会、总理办公、总理……我把总理的骨灰紧紧地抱在胸前，紧贴着我的心。周总理啊，回想起十五年前，我刚到您身边工作，您握着我

◆ 全国人民哀悼周总理

的手，几句问话，就驱散了我紧张的心理。多年来，您到各地视察，我们跟随着您，同坐一架飞机；您出访亚、非、欧各国，我们也跟着您，同坐一架飞机，今晚，我们还是同在一架飞机里。我多么想再看您戴上眼镜批阅文件，再听到您谈话的声音。可是，已不可能了，您过早地离开了我们……驾驶员"准备"的喊声打断了我沉思。按照计划，在北京上空撒下了总理的第一包骨灰。

总理的第二包骨灰撒向密云水库。这是按照邓大姐原来设想的，把骨灰撒向有水的地方，选定密云水库既有水，骨灰又可飘向长城内外。然后向天津飞去。机舱内的温度继续下降。我们虽然穿上了机上备好的羊皮大衣、皮帽和皮靴，也挡不住这刺骨的寒气。随着飞机的抖动，我们全身发抖，几个人紧紧地靠在一起，相互鼓励着。飞机临近天津，借着月光，把总理的第三包骨灰撒向海河。

总理，您安息吧！1月8日，人们把这一天看成是国丧的日子。从这一天开始，全国各地、各阶层的人们冲破那左一个通知，右一个规定的限制，用各种方式悼念的活动，没有停息。人们涌向天安门广场，花圈布满了人民英雄纪念碑周围。孩子们高举冻红的小手，高声宣誓：周爷爷，您安息吧！您的子孙、革命的后代，永远听您的话，把革命进行到底。儿子搀扶着老人，站在您的像前，挥泪捶胸，仰面高喊：总理呀，我们不能没有您！天安门广场虽大，哪能容下悼念您的人群，从清晨到深夜，呼唤您的声音，响彻祖国大地。

我们的好总理，您的一生是革命的一生，战斗的一生，您忠于党，忠于人民，忠于共产主义事业。您那大无畏的无产阶级革命精神，您平易近人，光明磊落，全心全意为人民服务的高尚品德永远铭记在人民心里。您的骨灰撒向祖国的江河大地，您光辉的业绩将和祖国的江河大地一样永存，万古长青。您是真正地永远活在人们心中的人。

在黄河入海口，我们撒下了总理的最后一包骨灰，于16日零时45分返回机场。经过近四个半小时的飞行，中间没停留，按照选定的投放点，没有再惊动其他什么人，更没有再搞什么仪式，完成了总理生前的愿望和邓大姐重托。

1月16日上午9时，我和张树迎去西花厅向邓大姐汇报。大姐已等候在门口，我们快步走向她。她张开双臂把我俩紧紧地抱住，不停地说："谢谢你们，谢谢你们，你俩为恩来同志服务，保卫恩来同志到最后。"我强忍着泪水，说不出一句话。我们三个人抱得更紧。

邓大姐这几天，不！更准确地说，是几十年来，为使总理有更多的时间工作，承担着总理的全部家务；为总理的健康，费尽心思，妥善安排衣、食、住、行，50年代就指导我们制定了保安全、保健康、保工作的"三保"措施。在总理患病期间，大姐日夜操劳，预感到总理病情的结果，又以革命唯物主义的观点对待疾病，全力组织治疗，想尽办法，贯彻邓小平同志提出的"减少痛苦，延长生命"的指示。在总理为人民的一生中凝结着邓大姐多少心血啊！总理病情加重，卧床不起，大姐想得更细、更周到，亲自为总理擦汗、喂饭，每天守在病床前。谁也不知道她度过了多少个不眠之夜，她那花白的头上又增添了不少白发，明亮的双眼挂上条条血丝。

我们随大姐走进她的办公室，汇报了昨晚撒骨灰的经过。大姐满意地点点头，说："我为恩来同志做了一件大事。他活着的时候对我替他做这件事把握不大，今天做了，他也应该得到安慰。我们也都为这件事高兴。我死后，骨灰也要撒掉，由我所在的党支部负责，能不能叫我革这场命，还要靠你们去完成。"

说不尽的思念

把整个身心放在共产主义事业上

我的终身遗憾

我们在总理身边工作，时间有长有短，总理会见外宾、接见代表人物，合影留念的人为数不少，没有人能准确地统计下来。

我们这些人谁都想同总理合影，可看到总理紧张的工作，他那宝贵的时间谁也不会随意占用，更不会有人提出跟他单独合影。

进入70年代，有些年轻的同志利用会见外宾后的机会，要求跟总理合影，总理还是高兴地满足他们的要求。谁有一张与周总理的合影，保存下来，是他一生的幸福。而我们这些长期在他身边工作的同志，却很少有人与总理单独照相；仅有的几张照片，也是集体照，今天已视为传家之宝。

周总理病重住院期间看他时好时坏的病体，我们谁也没跟他留张生活照。有一次，护士许奉生对我说："咱们跟总理合个影吧？"这位细心的护士，她在总理身边工作多年，言语不多，很有心眼。我也没问她的内心所想，就简单地说："现在总理那么瘦，等病好了再照吧。"她听我这一说，也就没把她的想法说出来。

哪晓得，总理的病天天加重，人更瘦了，后来连床都下不了。我们就更不会想与他合影了。

总理去世后，躺在北京医院的太平间，我们借向遗体告别的机会，在他身边留影。看着这最后的合影，我无时不为在医院没听小许的话，而感到遗憾。这是我们的终身遗憾呀。值得安慰的是我们当时不是只想着为自己，而是盼着总理一天天好起来。

我看到的天安门广场

周恩来的骨灰撒掉了,他去了。我作为他身边一位工作人员,每时每刻都在想着他。悲痛、思念,对那些"权威"压制人们悼念周恩来不满。他们有意冲淡宣传导向,更使我思绪万千。

1976年4月5日发生的大规模群众性悼念总理的活动,后来被称为"四五事件"。

◆ 1976年清明前后的天安门广场

实际上从1月15日追悼大会结束，人们对周总理的悼念，对"四人帮"的憎恨就没停过，到4月5日清明节这天，矛盾更公开化了。天安门广场人民英雄纪念碑周围的花圈逐渐增多，台阶上摆不下，就摆在台阶下。人们为表达心愿，花圈越做越大，越送越多，低处摆不了，就挂在灯杆上。人们的悼念，对党的这样一位领导人的悼念，本是一件很好的事，当权者本可以利用群众的这种情绪，利用这种心理状态大做工作，这就会得人心。可是他们不敢，他们怕群众，搞了很多规定，提了很多个不准，一味地压制。越是不准，人们却越是要去，而且人一天比一天多。我天天去天安门广场，去感受群众的悼念活动的场面。凭借多年在总理身边工作的经验，也看出点气候。所以我只在周围，不靠近纪念碑，因为认识我的人比较多，在那种场合认出我来会出麻烦。4月3日，我看到整个天安门广场布满了悼念周总理的花圈，周围的灯杆上也挂满了，小白花像雪一样覆盖整个广场。人更多，宽敞的东西长安街汽车都难以通行。我推着自行车，是以去看望一位同志为理由，经过广场，看到这悲壮场面的。

傍晚，我到了那位同志家。他看我心情不好，问我身体怎么样。我讲了天安门广场的情况。他提醒我，这几天别去天安门了，要出事，昨晚开始抓人了。他这些日子特别忙，忙得很少能在家待几个小时，今天我去了，他说可以借口晚点去上班，不然又要为天安门广场的事作难。他是北京市公安局办公室主任，对天安门广场发生的事，他是很理解群众的心情的，而"上边"又是另外的做法。要他违心地去处理群众，他于心不忍。说话间他拿出一瓶酒，执意留我喝上几杯，我没拒绝，以酒消愁吧！这时张树迎也到了，真是不谋而合。我们正边喝边聊着，听到有人敲门。是一位十来岁的孩子送来一瓶五粮液酒。我不认识这位送酒者，他说是他爸让送来的，主人谢过，孩子就走了。我惊奇地看着主人，他说是某副局长的孩子，我这才知道与我们在工作中相处多年的北京市公安局副局长也住在这个院里。他知道我们来了。这不是有意监视，是在用五粮液对我们表达他内心难言的苦衷。他现在的处境，好为难呀！他不是不想过来见我们，凭工作关系，凭多年的交情，他都应该来，可是不能呀，一旦被人打了小报告，会带来更多的麻烦。

夜深了，我和张树迎把悲愤、疑惑埋在心底，没经过天安门广场，骑车绕道回到西花厅。

陈丕显不忘总理

1976年10月6日，中央一举粉碎"四人帮"。"文化大革命"期间被批斗而靠边的，开始分配工作，陈丕显是其中一位。当时中央集中办公的地点改在北京西郊玉泉山。我奉命去接住在中央组织部招待所的陈丕显。我驱车到了他住的地方，陈丕显已接到通知，和夫人谢志诚正等在客厅。我说明来意，谢志诚示意我先坐下。我看她的表情似乎对我这个人不太相信，就再次自我介绍："我是中办警卫局参谋，奉命来接陈丕显同志，中央约他开会。"谢志诚也说是已接到通知，同时说对我们不太熟悉。陈丕显说了句："没问题，我们走吧。"谢志诚说："你们也没有开会的什么证明，你写个条吧。"我会意地说："那好吧。"于是，我接过谢志诚拿出的纸笔，顺手写了："奉命接陈丕显同志去中央开会。中办警卫局高振普。"

在去玉泉山的路上，陈丕显主动对我说："同志，我好像见过你。"

"你的记性不坏，你见过我多次。"我肯定地说。

"对不起，在什么地方我记不清了。"

"你在上海当书记时，我还去过你家。"

"你能不能提醒我一下？"

◆ 陈丕显一家探望邓颖超时与工作人员合影。右三为陈丕显，右二为谢志诚，右一为高振普

◆ 1984年，邓颖超与陈丕显一家合影

说不尽的思念

我本来是不想说出我的身份的，看到陈丕显这样一位老首长，我只好说明实情："我原在周总理那里工作，经常随周总理去上海，每次都能见到您。您对我有印象是对的。"

陈丕显听后高兴地说："实在对不起，我只是对你的面孔熟，但想不起在哪里见过。听你这一说，我想起来了。你就是那个'小高'吧？那我们应该很熟了。"

我说："丕显同志的记忆很好，还能记住我的姓。"

"哪里是我的记忆好，是你刚才写条时，我看到你的名字，才联想到'小高'的。"

陈丕显沉思了一下说："总理去世后，我要参加追悼会都不可能，只能在心里悼念。至今，每当想起总理，我总觉得缺点什么。"

"大姐好吗？"他急转话题问道。

"大姐很好，她很坚强。我虽已调离，但常去看她。"

"要经常去，有机会替我和小谢问候她。"他怕我不知道"小谢"是谁，还特意补充一句，"'小谢'就是我夫人谢志诚。"

"我知道，过去在上海，也听邓大姐叫过'小谢'。"

汽车开进玉泉山，陈丕显握紧我的手说："我一定不会忘了周总理对我们一家的关心。"

陈丕显从湖北调来北京，任中央书记处书记、全国人大常委会副委员长期间，经常到西花厅看望邓大姐。

邓颖超谈往事

1987年9月30日，邓大姐会见宴请日本公明党原党委员长、最高顾

◆ 1985年，邓颖超会见日本朋友竹入义胜

问竹入义胜先生。竹入义胜是中国人民的老朋友，多次访问中国，与周恩来、邓颖超个人关系相当不错，对中日建交作出过重大贡献。1972年为使中日建立外交关系，他奔走于北京、东京之间，向周恩来总理和田中角荣首相传递信息。1976年周恩来去世，他专门发来唁电，要求来北京参加追悼会，由于中国方面的原因没能成行。后来，他每次来北京都要看望邓大姐。

邓大姐也把他视为非常友好的日本朋友，交谈比较随便。当竹入先生问及她与周恩来关系这么好，被中国人民称为夫妻楷模时，邓大姐向他和在座的中日人民友好协会的同志，讲述了她与周恩来的一段往事：

1919年我在天津女子师范中学读书，恩来在日本留学。他好像是在1919年4月回国的。"雨中岚山"那首诗就是在那个时候写的。当时我和恩来并不认识，不过在他回国前我听人说过有个叫周恩来的青年。有一天，女师开会抗议山东的马临（音）杀害学生。会场主席台旁边有几个人，其中有个身着说不上是蓝色还是绿色长衫，穿着白鞋，戴着鸭舌帽的青年站在上面。台下有人说那是周恩来，我才知道。女同学中间对他议论较多。我当时对他印象不错，但没接触过。后来学生中组织了"觉悟社"，我们都是成员，开始接触就多了。他在学生联合会编联合会报，我做学生工作。当时我看到他跟别人讲话很多，话很长。而我那时还像个少女，他对我讲话就比较少，而且话很短。在那时的封建社会里，封建意识很厉害，男女授受不亲。我们学生当时相约，在学生运动中不恋爱，不结婚，否则会给后人添麻烦。当时有二十多人都表示了这个态度。当时的周恩来宣扬独身主义，他还发表过这类论文，后来找不到这类文章了。

◆ 1980年6月10日，邓颖超在巴黎参观周恩来当年居住过的戈德弗鲁瓦旅馆，她站在那不足5平方米的房间窗前挥手向巴黎市民致意。左下为周恩来纪念铜像

那时，我的婚姻观也还未确立。在我十几岁时就受封建社会的压抑，那时要求妇女大门不出，二门不迈。我对这些封建束缚十分不满。我当时一看到乘花轿的妇女，就想这下她可就完了，与其这样，不如一辈子不结婚好。但我后来又想，总是一个人就会感到孤单，就找了两位女友。但后来又想，总不能老是和女友过一辈子吧？于是就想到结婚。

这是一辈子的大事，我想一定要慎重。在找对象时，脑子里也要有一个素描的轮廓。到了1920年，我逐步有了点唯物思想，觉得一个人是需要结婚的，女的还是需要结婚的，至于我当时选择对象的条件，今天就不

◆ 邓颖超在日本岚山为诗碑揭幕

讲了。当时恩来的一些方面符合我选择的条件，但我们还没有相爱。他在法国，我在天津，一直有通信。到了1923年，有一次他在信中表露了思想感情，而我并没有注意。因为同恩来一起去法国的我的一位女友同周恩来关系不错，我没理会他是对我表露的感情。后来信写得越来越明白，对我提出了要求，要我回答。他还告诉我，他认识的那个女友由于政治上不合，已分开了。我看到信后，心中明白了，但我答复得慢，因为要征求我母亲的同意，晚了两个月。他来信很频繁。从这一年（1923年）我们确定了恋爱关系，到1925年，这期间他来信很少谈爱情。我们相互谈中国的命运。周恩来回国后我去广东，我们结婚了。我们的婚礼废除一切旧俗，未搞什么仪式。在新中国成立十几年后，有一次说起往事，恩来说我当年在天津一次集会上最先站起来讲话。两个大眼很引人注意。

"我的骨灰撒向海河"

"我的骨灰撒向海河。"这是邓大姐生前多次交代的。进入80年代，作为一位高龄老人，邓大姐的身体应该说是不错的。

这与她坚持日常的锻炼有关。邓大姐是一个具有坚强性格的女性，这在青年时代就具备了的个性，经过革命生涯的锻炼更加坚强。她对待工作一丝不苟，对待同志热情又严格，对待自己的身体实事求是。在她撰写的《与慢性病作斗争》一书中，充分体现出她面对现实，实事求是地与疾病作斗争的坚强意志。80年代末，虽然她注意身体锻炼，但因过去身体基础较差，多种疾病症状在她身上出现。老年人多从感冒发烧发病。邓大姐每次发病，也多是体温过高引起的。她有一个特点，有病听医生的，该怎么治由医生决定。1986年以后，邓大姐住院次数增多，每次住院时间也较长。

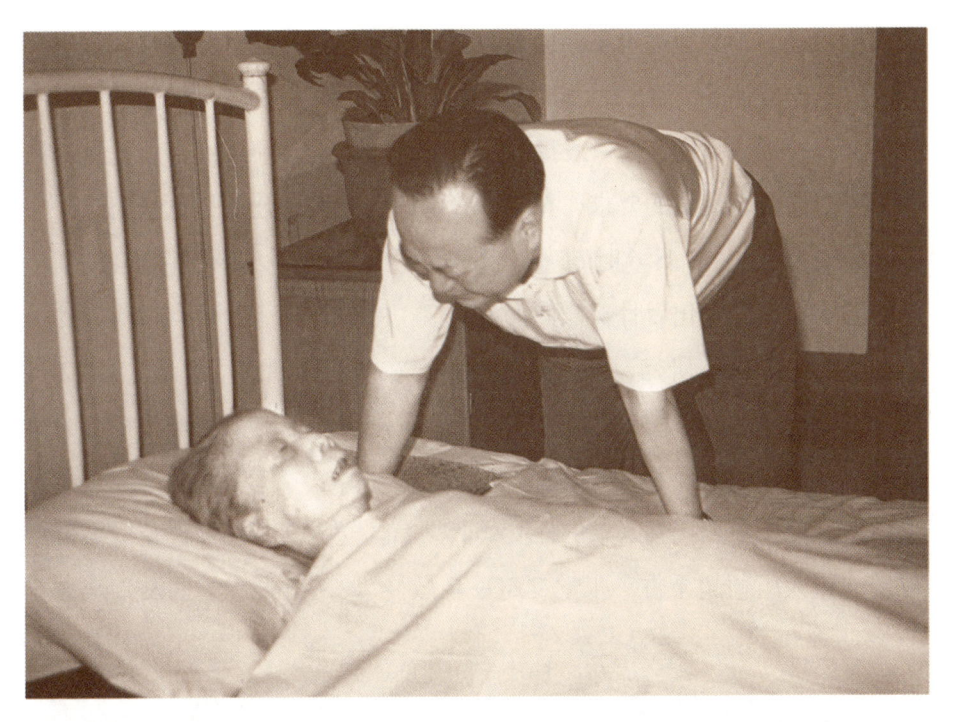

◆ 高振普哭别邓颖超

　　1991年7月31日，邓大姐因发烧住进北京医院，8月1日做肠梗阻手术。手术顺利，恢复身体需要一段时间。邓大姐住在医院里，虽有高医会诊，加上特别护理，但总因她年高体弱，不能抵御多种疾病的侵入。邓大姐自感病情的变化，不时地说："这次想出院较为困难了。"凡遇此情，我们总是要宽慰几句。她半开玩笑地说："我们讲唯物主义，人总是要死的，没什么可怕。我比恩来已多活十几年了。"说她死后火化，把骨灰撒在海河，那是她学习、生活、革命的地方，不要惊动什么人。叫赵炜和我坐上她的汽车到天津找个地方撒到海河就行了。我们每次听她讲这一段，都很难过，也勾起当年撒周总理骨灰的回忆。当年受"四人帮"的干扰，总理的骨灰是背着人民、无声无息地撒掉的，而今天如果还是那样去撒，

说不尽的思念

人民不会答应,党中央也不会同意。我们这样想,但是对邓大姐,我们只能说,到时候听中央的。大姐笑笑说:"所以我多次交代,而且是对你们两个人说。"我俩说:"有一条我们能做到,那就是向中央报告,把骨灰撒到海河。这会满足你的要求,至于什么形式,我们会建议尽量从简。"

1992年7月11日6时55分,邓大姐不幸去世,遵照邓大姐丧事从简的遗嘱,遗体火化后骨灰撒向海河。

经治丧办公室研究,邓大姐的灵堂设在西花厅的前厅。从7月12日至15日为吊唁时间。从中央领导到各阶层人士,党内、党外和在京的海外侨胞,在登记本上签名的就有六千多人。

张学良先生委托其来京的侄女代其吊唁,送上一个花篮,花篮缎带上写着"邓大姐颖超千古 张学良赵一荻敬挽"。来自日本的朋友,聚在邓

◆ 1992年7月18日上午,起灵前往天津

大姐的遗像前失声痛哭，齐声高唱《歌唱周总理》，以表达对两位伟人的思念。

7月17日，邓大姐遗体送往八宝山火化。上午8时，在北京医院举行了送别仪式，中央领导江泽民、李鹏、乔石、杨尚昆、万里、李瑞环、姚依林等把邓大姐的遗体送上灵车。灵车行进在十里长街，送别的人们早已等候在大街两旁，他们肃立而站，目送这位为中国革命奋斗七十多年的先辈。我坐在灵车里，想起当年周总理的灵车通过这条大街的情景。从台基厂到八宝山，沿街的人们不比当年少。

7月17日晚，我们把邓大姐的骨灰捧回西花厅，安放在后厅。这是我们工作人员的共同心愿，想让邓大姐再在家住一个晚上，我们和她度过最后一夜。

这一个夜晚，我们守在大姐骨灰旁，静静地坐着陷入沉思，似乎在听大姐讲叙往事……时间过得格外快，18日早6时，我们开始准备，把骨灰移放到前厅的灵堂，等待着领导同志起灵。

8时，在宋平、温家宝、陈慕华等领导的护送下，邓大姐乘上她生前的坐车，告别了西花厅，告别了送别的人群，向天津驶去。

天津海河畔的人们，早已等候在沿街的两旁，举着吊唁邓大姐的横幅，哭喊着邓大姐的名字，向邓大姐最后告别。

天津的领导和各界群众代表集会，举行隆重的告别仪式，他们在邓大姐的骨灰前三鞠躬。有人高喊一声："邓妈妈，我们想您！"随之而来的是一片哭声。

承担运送骨灰的"新海河"号船，早已停在码头，等待邓大姐骨灰到来。当我们捧着邓大姐的骨灰登上船时，全港的船只齐声鸣笛，以示对邓大姐的迎接、吊唁。

"新海河"号船驶向入海口，按照约定的地点，先由宋平、温家宝、

◆ 1992 年 7 月 18 日，邓颖超骨灰撒向海河。中间捧遗像者为高振普

◆ 1992 年 7 月 18 日，在天津"新海河"号轮船上，高振普撒邓颖超骨灰

陈慕华、张立昌、杨德中等向海河撒下鲜花，再由赵炜、我和亲属及工作人员同时把骨灰、花瓣撒向海河。骨灰、花瓣在河面上漂浮，迟迟不愿沉下，我们似乎看到邓大姐躺在这花层中，向我们微笑，向我们招手……

16 年前，我与张树迎亲手把周总理的部分骨灰撒在这海河里。今天，我们又把邓大姐的骨灰撒在了海河。两次骨灰的撒放，两次痛心的惜别，两次不同的方式。周总理的骨灰，只有邓大姐护送，在黑色的夜晚，无声无息地撒掉，那沉闷、压抑的心情一直笼罩着我。如果没有今天撒放邓大姐骨灰的隆重、庄严、肃穆的场面，我那受压抑的心情会伴随着我终生。

两次遗物的清理

1976 年 1 月 15 日下午，周总理的追悼大会结束，晚上把他的骨灰撒掉，整个治丧活动结束。邓大姐要我们休息几天，再开始清理周总理的东西。我们原打算照大姐的指示休息几天，17 日那天，我们几个人不约而同地去了西花厅。由张树迎主持，我们几个考虑怎么样开展清理工作。

清理工作主要由周总理的秘书、警卫负责，有关同志参加。

大体分工是这样的：钱嘉东、纪东负责清退文件；赵茂峰负责清理图书；张树迎、乔金旺、曾庆林和我清理周总理的衣服和使用过的东西。文件交中办秘书局；图书交国务院图书馆；对衣服等日用品，邓大姐明确指示："全部处理，穿过的内衣、床上用品全部烧掉。可以用的东西分送给有关人员。"

我们依邓大姐的指示精神，制定出处理这些东西的三种意见。第一，总理穿过、用过的衣、物留下部分作为纪念；第二，平时穿得不多或是早年穿过的后几年没穿的衣服,用得少的东西,分给亲属和工作人员;第三,病中穿过或用过的衣物烧掉。向邓大姐报告了这一处理意见后,邓大姐原则同意,但对衣服,她主张全部烧掉,特别对我们提出留作纪念的部分不同意,说是衣服有什么好纪念的。她和周恩来都不主张死后为自己搞什么纪念馆之类。后来在我们一再坚持下,才同意了我们的意见,但要少留。

我们按照商定的分工,开始清理。首先确定了周总理办公室的用品、书籍、陈设,全部保存,登记造册,加注说明。

总理经常穿的几套中山装外衣,全留下。最好的一套已随周总理火化了,还留下了部分内衣。把这些东西都装在一个大箱内,放进了防虫药。每件衣服都附一份说明,标明叫什么衣服,什么颜色和制作时间,总理穿着这套衣服出席过什么重要活动等。为什么写这么详细,我们几个人是有想法的。根据当时的政局,我们内心有些伤感,怕万一政权旁落,我们会因在周恩来身边工作过而遭遇非难。但又有一个信心,就是对周恩来迟早会有公论,到那时我们几个人可能不在人世了,后人得到周恩来的这批遗物,也会清楚地识别。这大概是对历史负责吧。今天回忆起来似乎可笑,但是谁在那个环境下又不这样想,这样处理呢?周恩来办公室的内部设置也拍了照,把底片和样片一并存入大箱内。

对账目的清理比较容易。因为平时我们都是月月清账,只要把多年的总收入、总支出算清楚交给邓大姐就可以了。总理从来不过问账目,我们每年分季度给邓大姐报一次。此时邓大姐看到我们几个人天天在那里打算盘,一年年的清账,就对我们说:"不要天天算了,只是算一下现在有多少钱就行了,我和恩来从不过问钱,相信你们。"我们口头是接受了邓大姐的意见,但做起来还是一笔笔的清理,把细账交给邓大姐。

清算的结果,共结存5709.80元。邓大姐指示把账目和现金交赵炜保管。

我们用了三个月的时间，把周总理的衣、物清理完毕。有些东西分送给亲属、身边工作人员和医疗组的同志。

1992年7月11日，邓大姐去世。丧事过后，我们开始了又一次清理。西花厅没了主人，这项工作就由我们这些在大姐身边工作的秘书、警卫、司机、服务员、厨师来做清理。这次清理与十六年前的那一次不同。这一次是彻底清理了。我们商量的原则是，照邓大姐去世前的交代和清理周总理的遗物时的办法处理。全体身边人员成为清理小组成员，由赵炜统管。文秘工作由赵炜一人负责，其他衣物、用品等分组进行。常言道，破家值万贯。这个家是两位伟人的家，是先后居住了四十多年的家，不能说是"破家"，但也不会是"万贯"。一位后期来西花厅工作的同志在清理过程中说，清理了好几天，也没看到什么值钱的东西（不讲文物价值），这足以说明两位革命老人一生清廉，两袖清风。他们没留下什么金、银、财宝，留下的是无价的、珍贵的精神财富。虽是这样，邓大姐在1982年就写下了遗嘱：

中共中央：

我是1924年在天津成立共青团的第一批团员。1925年3月天津市党委决定我转党成为中共正式党员。

人总是要死的。对于我死后的处理，恳切要求党中央批准我以下的要求：

1. 遗体解剖后火化；

2. 骨灰不保留撒掉，这是在1956年决定实行火葬后，我和周恩来同志约定的；

3. 不搞遗体告别；

4. 不开追悼会；

◆ 邓颖超遗嘱

5. 公布我的这些要求，作为我已逝世的消息。

因为我认为共产党员为人民服务是无限的，所作的工作和职务也都是党和人民决定的。以上是1978年7月1日写的，此次重抄再增加以下两点：

1. 我所住的房舍，原同周恩来共住的，是全民所有，应交公使用，万勿搞什么故居和纪念等，这是我和周恩来同志生前就反对的。

2. 对周恩来同志的亲属，侄儿女辈，要求党组织和有关单位的领导和同志们，勿以因周恩来同志的关系或以对周恩来同志的感情出发，而不去依据组织原则和组织纪律给予照顾安排。这是周恩来同志生前一贯执行的。我也是坚决支持的。此点对端正党风，是非常必要的。我无任何亲戚，唯一的一个远房侄子，他很本份，从未以我的关系，提任何要求和照顾。以上两点请一并予以公布。

邓颖超

1982.6.17 重写

委托下列几位同志办的几项事

由杨德中、李琦、赵炜、张佐良、高振普、周秉德组成小组,请杨德中同志负责主持,赵炜同志协助。

关于我死后简化处理,已报请中央批准外,对以下几件事,由小组办理:

一、在我患病急救时,万勿采取抢救,免延长病患的痛苦,以及有关党组织、医疗人员和有关同志的负担;

二、未用完的工资,全部交党费;

三、我和周恩来同志共住的房子,由原公家分配,应仍交公处理。周恩来同志和我历来反对搞我们的故居;

四、所有图书出版物,除由中央发给恩来的大字理论和历史书籍,仍退还原机关外,其他的交共青团中央均分给青少年集中阅读的单位用;

◆ 邓颖超遗嘱

五、我的文件、来往通讯、文书之类的文件，交中央文献办公室清理酌处，我和周恩来同志所有的照片也交中央文献办公室，存或酌处，关于我的讲话，谈话录音交中央文献办公室存处。

六、有些遗物可（交）公的均交公或交有关单位使用。

七、我个人的遗物，服装杂件交分配合用的及身边工作同志，有来往的一部分亲属，留念使用。

◆ 纪念邓颖超逝世十周年，原身边工作人员在西花厅合影

邓颖超遗嘱以上诸事，向委托办理的同志，先此表示谢意！在以上范围以外的其他物品统由小组同志代处。

邓颖超

1982.11.5

遵照邓大姐的遗嘱，我们把整理好的两万多张照片交给了中央文献研究室，把六千多册图书交给了共青团中央，把 11146.95 元的积蓄作为党费交给了中央特会室，将周总理、邓大姐办公室会客室的陈设，使用过的家具、办公用品、部分衣服、书籍等经整理后保存下来，按照两位生前的原样陈列在西花厅。

另外，根据江苏淮安周恩来纪念馆、浙江绍兴周恩来祖居、天津周恩来邓颖超纪念馆、南京梅园纪念馆和重庆红岩纪念馆的要求，把周恩来、邓颖超的部分遗物分送给他们展出。

周恩来精神永存

周总理的朋友
遍天下

来自人民的纪念

周恩来的不幸去世，全国人民无限悲痛。1976年的清明节，是周恩来逝世的第一个纪念已故亡灵的日子。北京的各阶层人们，利用这个日子再现对周总理的怀念心情，同时也发泄对"四人帮"的不满。他们从四面八方聚集在天安门广场，把亲手制作的花圈、小白花布满了人民英雄纪念碑的周围，布满了天安门广场。大家吟诗诵词，宣誓演讲。这些举动吓坏了"四人帮"，他们采用了种种手法，企图压制群众的激昂情绪，制止这不同寻常的纪念活动，但都没有奏效，反而更激起人民对他们一小撮的痛恨。天安门前的悼念声势日趋浩大。大权在握的"四人帮"最后动用了所谓的"首都民兵"对天安门广场的群众大打出手，他们缴毁花圈，抓人入狱，把天安门广场的这一雄壮的纪念活动，定性为"天安门反革命事件"，并借这机会，把邓小平说成是"事件"的总后台。

天安门广场的群众被抓了，人被驱散了。但是，人民群众对周总理怀念的心不会散，对"四人帮"痛恨的心不会驱散。人们心头的这把火烧得更旺。

1976年10月6日，党中央一举粉碎了"四人帮"，没动一枪一弹，只用了几十分钟的时间，就把江青、张春桥、姚文元、王洪文抓了起来，解除他们的职务，令他们向人民交代罪行。抓拿"四人帮"之所以这样顺利，是行动的本身代表了党心，顺应了民心，得到全党、全国人民的拥护，继而才有了天安门广场百万人集会庆祝胜利的宏伟场面。人民长时间被压抑的心瞬时开朗了，他们自发地以不同的方式来回应这来之不易的胜利。一时间，北京一些商店的酒卖光了，不曾喝过酒的人，也在餐桌上斟满酒杯，表达欢喜的心情。有些家庭特意吃掉四只螃蟹，意思是"四人帮"

◆ 周恩来同志诞辰100周年纪念大会

不能横行了。这样的庆贺不仅在北京，全国各地也以同样的举动，共享这欢庆的喜悦。

周恩来精神永存

我们曾在周总理身边工作的同志们，以同样的心情欢庆这伟大胜利，被压抑了的与周总理颇有情感的这颗心，自觉舒展了许多，预感到有机会表达了。

1977年1月8日，是周恩来逝世一周年祭日，人们以不同的方式举行各种纪念活动，首都北京的各大报纸登载了来自各方的回忆周总理的文章，纪念演出会上《绣金匾》《歌唱周总理》的歌声唤起了人们对周总理更深的思念。台上演员的眼泪、台下群众的哭声交织在一起，发出共同的心声："周总理，我们怀念你。"

周总理逝世一周年的纪念活动，拉开了以后纪念活动的序幕。每年的1月8日和3月5日，全国各地、各民族人民都以不同的方式举行纪念活动。纪念周总理的文章、书刊、画册相继面市，电影、电视剧、电视专题片、话剧、地方戏等艺术形式，把周恩来的光辉形象活龙活现地展现在人们面前，仿佛周恩来总理还在我们身边。这些内容充实、形式多样的活动有增无减，且不仅局限于单纯的回忆、座谈，更向深层次发展，开始了对周恩来的研究。这些研究的内容相当广泛，涉及政治、军事、外交、经济、文化教育、科学技术、环境保护、水利资源、计划生育等各个专业、各个领域。党中央直属的中央文献研究室是在1980年成立的专门机构，下设的周恩来组就是它的重要部门，这个组云集了一批专家学者。通过二十多年来的研究，出版了周恩来的大量书刊、画册、生平、传记，采集挖掘出周恩来的大量史料,为进一步研究周恩来提供了可靠的依据。周恩来家乡的淮安故居纪念馆、周恩来纪念馆、天津南开大学、天津周恩来邓颖超纪念馆、南京梅园新村纪念馆、浙江绍兴市和绍兴周恩来祖居纪念馆、福建省漳州市等单位也相继成立了专门研究周恩来的机构。目前,这些纪念馆已成为爱国主义教育的基地。

淮安周恩来纪念馆是邓小平亲自题写的馆名,馆址选在淮安市城北桃花垠,利用一片沼泽地,这样就少占耕地。因为他们知道,占用耕地是不符合周总理的思想的。建成后的纪念馆已经成为景色诱人的风景区。我有幸代表邓颖超大姐参加1988年3月5日的建馆奠基仪式。邓大姐派我去是有考虑的,按照她的本意是不同意为周总理搞什么纪念馆的。但是,家乡人民的心愿难违,且经中央批准,又是邓小平同志题写的馆名。作为一个老党员,她对中央的决定不能持不同态度。而对淮安市党委、市政府的邀请,邓大姐不能无任何表示。年老多病的邓大姐,不可能亲自去参加,派代表出席一些活动也是她后几年的做法。临行之前,她特别向我交代,只是代表她出席奠基,可以代说几句话,但不能干预建馆设计。自1992年纪念馆建成开放以来,已接待国内外参观者达六百多万。不少外国友人到南京后专程去淮安参观,缅怀这位世纪伟人。

天津周恩来邓颖超纪念馆的建设也有一段动人的故事。天津市委决定建馆的资金不向社会募集,但是建馆的消息传出后,天津市民欢欣鼓舞,视在天津建周恩来邓颖超纪念馆为天津市民的荣誉。党政机关干部、工人、农民、街道居民不约而同地找到建馆筹备小组要求为建馆捐资。学生们也把节省下来的零用钱送到筹建办公室。他们利用节假日来到建馆工地,参加义务劳动。要求劳动的单位和个人很多,场地有限,一时安排不了这么多人,只能由建馆筹备组依照报名顺序排队。他们把能为纪念馆搬一块砖,铲一锹土,当作是为周恩来、邓颖超献上的一片爱心,作为永远的纪念。

1998年,周恩来诞辰一百周年纪念活动达到了高潮。党中央在北京人民大会堂召开万人大会,在京的中央领导全部出席,各单位选派了代表,江泽民总书记发表了长篇讲话,全国各地分别组织报告会、座谈会,缅怀周总理,各地纪念馆接待瞻仰者也达到了高峰。据不完全统计,为纪念周总理一百周年诞辰,各类出版物达一百多种,堪称之最。

我们这些曾在周恩来和邓颖超身边工作过的同志和周恩来的亲属,每年的1月8日或3月5日同样相约在天安门广场的人民英雄纪念碑,献上鲜花,寄托我们对敬爱的周总理的哀思。这些活动二十多年来从未间断过。人们知道1月的北京,天气十分寒冷。我们这些人中有年过八十的老

◆ 曾在周恩来和邓颖超身边工作的同志和周恩来的亲属,向人民英雄纪念碑敬献鲜花

◆ 班禅大师在周恩来像前留影。右五为班禅大师

同志,也有身患疾病的体弱者,有早已调离周总理办公室的同志,也有伴随送终者,不论是离休退休的老人,还是仍在工作的同志,到了这一天,都会赶到天安门广场,大家相互叙说着不同的经历,回忆着在周总理身边工作所受的教育。我们带着第二代,有的带着第三代,让孩子们也感受这不同寻常的场面,用周恩来的道德修养、人品情操培育他们,教育他们怎样做人,使周恩来的精神代代相传。

1983年,位于天安门广场的毛主席纪念堂开始对外开放。

纪念堂内已布置了毛泽东、周恩来、刘少奇、朱德纪念室。我们的纪念活动也改在了毛主席纪念堂。地点变了,我们的活动内容不变。参加的人也不只是原身边工作的,自愿参加者逐年增多。我们在这里用座谈会的形式畅谈周总理的过去,交流着社会上的各种纪念活动并提议把这样的活动向更深一步发展，使它更有意义，内容更充实。

在天安门广场缅怀周总理的人群中，最引人注目的要算班禅额尔德尼·确吉坚赞副委员长了。他身居要职，每年都是以一个普通公民的身份出现在我们的队伍里。他率领几位高僧，捧着鲜花，肃立在人民英雄纪念碑前，用最高规格的藏族礼仪向周总理献上雪白的哈达。后期，他的这项活动也与我们一样改在了毛主席纪念堂。班禅大师的圆寂，中断了他的活动，他虽然没留下什么话，但他的行动已表现出对周恩来总理的无限深情，通过这种方式来报答周恩来对西藏人民和他本人的关怀。如果他活着，他会每年不间断地来纪念堂缅怀周总理的。

◆ 1960年1月，周恩来会见班禅额尔德尼·确吉坚赞时，接受他敬献的哈达

我经常想着一个问题，周总理去世二十多年了，为什么人们总是想着他，从干部到群众，从老人到孩子，一说到周总理都会伸出大拇指称赞。就拿我们这些身边的工作人员来说吧，我们在周恩来、邓颖超身边工作时间有长有短，都同样感受到他们的严格要求，他们批评人从不客气，也没有因为在他们身边工作享受特别待遇，更没有提前升级晋职。是什么使我们这样的齐心，这样真心地想着他们，怀念他们？我的答案就是周恩来的凝聚力，是他的伟大革命精神，他的无私奉献；是他一生真心为人民、真心为革命、真心为祖国的工作作风；他处处关心别人，事事想着别人，从不为个人打算的高尚品格。这种凝聚力是任何力量冲不垮的。全国亿万人民遇到事情，遇到困难问题都会自然地想到周总理，并用总理的所作所为去对照、去观察周围、去检查自己的行为。实践证明，只要我们牢记周恩来的"鞠躬尽瘁，死而后已""活到老、学到老、改造到老"的铭训，就会成为一个真正的共产党人，就不会愧对人民。

创建"周恩来班"

1998年，在纪念周恩来一百周年诞辰的日子里，由南京梅园新村纪念馆、江苏淮安周恩来故居管理处、北京数理天地杂志社和拉萨市教委共同发起，经拉萨市委批准命名拉萨市第八中学初二（2）班和拉萨市第一小学五年级（1）班为"周恩来班"。目的是为了宣传、学习周恩来的革命精神，用老一代革命家的思想、作风、品德教育青少年，希望他们从小立志，为祖国、为人民而勤奋学习，成为跨世纪的"四有"新人。

我非常荣幸地被他们推举为赴拉萨出席"周恩来班"命名大会的代表团团长。能出席在世界屋脊的西藏成立"周恩来班"的命名其意义非凡，实现了我多年来想去西藏的心愿。

命名大会定在7月6日,我们代表团7月5日飞抵拉萨市,包括新闻工作者在内的十五人代表团在机场受到拉萨市领导和有关单位及两学校负责人的热情接待。

7月6日上午,庄严、隆重的命名大会在拉萨市第一小学举行,会场设在学校的露天广场,主席台正中悬挂着"拉萨市'周恩来班'命名大会"的横幅。会场坐满了来自两个学校的学生和老师,两个将被命名为"周恩来班"的师生坐在会场的正中间。这人山人海、红旗招展的热烈场面驱散了我们因缺氧而带来的身体不适。师生们在鼓励着我们,周恩来的精神在鼓励着我们。此时此刻我想的是1965年周恩来没有能来西藏。三十三年

◆ 1999年,南京外国语学校"周恩来班"成立。前排右六为高振普

率团去西藏

后的今天,我来了。我虽然无权、无资格代表总理,但作为多年在他身边工作的我,可以把他生前对西藏人民、对西藏青少年的关怀和希望作一传达。依照大会程序,我代表赴拉萨代表团对"周恩来班"命名表示祝贺,并着重讲述了周恩来生前对西藏人民的关怀。

周恩来生前非常关心西藏人民,关心西藏的建设发展,关心西藏的教育,关心西藏青少年的成长。1965年,西藏自治区成立,他原准备亲自率中央代表团参加大会,终因身体原因没有来。1975年庆祝西藏自治区

◆ 小学生在周恩来故居举行主题班会

成立十周年，重病中的周恩来，委托中央代表团带来了他的祝愿。他说："在西藏工作的各族干部、解放军指战员都很辛苦，这些年的工作很有成绩，请告诉在那里工作的同志们，要特别注意执行党的民族宗教政策，注意培养民族干部，使大批民族干部尽快成长起来。要搞统一，搞民族大团结，军政、军民和各民族之间，要互相支持、互相学习、互相尊重，只有增强各方面的团结，才能有一个安定的局面，才能发展经济，改善和提高物质文化生活水平。在发展经济的同时，还要注意保护好森林和各种自然资源，要造福于子孙后代。"今天我们重温周恩来的教导，我们要永远铭记他老人家的嘱托，把"周恩来班"创建好，以"周恩来班"为阵地，学习宣传周恩来精神，发挥革命传统，勇攀科技高峰，培养出更多、更好的建设祖国、建设西藏的有用人才。

当日下午，我们代表团先后到两校的"周恩来班"与同学们座谈，同学们表达了对毛泽东、周恩来、刘少奇、朱德等老一辈革命家的崇敬，他们特别爱听先辈爷爷们的故事，决心学习老一辈革命家的精神，把"周恩来班"创建好。作为"周恩来班"的第一批学生，他们都表示决不辜负老一辈革命家对他们的希望，要好好学习，长大成才，为祖国、为人民、为西藏的建设作贡献。他们用熟练的汉语问我，周恩来爷爷的病为什么不能治好？他死得太早了。

创建"周恩来班"的活动早在1986年就开始了。在南京梅园中学命名的第一个"周恩来班"，开展的学习周恩来"为中华之崛起"而勤奋读书活动，成绩显著。他们总结了一套成功的经验，推动了学生的德、智、体全面发展。不久，南京市的第九中学又创建和命名了首届"邓颖超班"。后来，南京大学、南京外国语学院、南京宁海中学、南京力学小学、南京长江路小学、南京考棚小学等学校陆续建立了"周恩来班"。这样的创建活动不仅是在南京，上海的市西中学、北京的中国科技大学附属中学、北方交通大学、西藏拉萨市的第八中学和第一小学、云南省禄劝彝族自治县卡佳小学、云南澜沧拉祜族自治县竹塘中心小学、云南西盟佤族自治县岳宋乡小学以及浙江省上虞市高级中学和春晖中学也先后命名了"周恩来班"和"邓颖超班"。这些创建活动在全国的大中小学和大专院校产生了较大的影响,争创"周恩来班""邓颖超班"的活动还会不断地、更深入地发展。

创建活动是以"周恩来班""邓颖超班"为基地,辐射全校,影响社会,有利于对青少年学生进行素质教育,有助于发扬革命传统,促进社会主义精神文明建设,为学校深入持久、活泼多样地开展思想政治工作开拓了新的领域,提供了新的经验。十多年的创建活动是健康的,出现了不少动人的事例:南京梅园中学"周恩来班"的学生发起向云南佤族同龄人献爱心活动,捐助那里的女孩子进入学校上学,从此改变了那里不让女孩上学的旧习俗。南京市第九中学"邓颖超班"的陶蓉同学,德智体全面发展,成绩突出,高中三年级就光荣地加入中国共产党。这个班的第三届学生积极参加了全国的希望工程活动,捐助安徽省肥西希望小学的五个学生读完高小。上海市西中学"周恩来班"的吴林晟同学由于品学兼优,立志学好本领,为祖国服务。由于他在校表现突出,光荣地加入了中国共产党,并被保送进上海交通大学学习。

创建活动的健康发展,得到了当地党和政府各级领导的大力支持。每一个"周恩来班"的命名,都是由上级主管部门批准,并派人亲自参加命名大会。学生们在创建过程中的明显进步,特别是道德、素质的提高,深受学生家长和社会的赞扬。

15年的创建活动,已收到明显的效果。我深信学习周恩来的伟大革命精神,用正确的世界观、人生观和价值观教育培养青少年,一定会培养出更多的"四有"人才,他们将会为祖国的建设作出非凡的贡献,也是对周恩来、邓颖超最好的纪念。

对总理的爱

　　总理,这个中国政府的最高职务,是新中国成立后召开第一届全国政治协商会议、成立政务院的时候决定由周恩来担任的。因为周恩来的高尚品德、廉洁作风、忘我工作,人们逐渐把周恩来与总理这个职务名称直接画了等号。在周恩来身上,总理已经超出了他这个职务的范畴,成为高尚的象征,总理当时已成为周恩来的代名词,人们称总理就是指周恩来,而不在总理前面冠以周姓。所以在周恩来去世以后,人们的讲话、做文章等多以怀念你——总理、人民的总理、总理爱人民、总理你在哪里等为标题,没有用周总理,但人们却自然而然地想到指的就是周恩来。

　　这"总理"二字,充满人民对周恩来的爱,对周恩来的敬,对周恩来的怀念。怀念他的品德、他的作风、他的为人、他的处事,更怀念他为人民服务的革命精神,怀念他处处做表率,时时联系人民,时时刻刻为全国人民忘我工作。他在人们心目中树起了一座丰碑,这个丰碑不是靠大树特树起来的,而是周恩来自己一生为人民鞠躬尽瘁建立起来的;这一砖一瓦不是别人垒起来的,而是周恩来用自己的心血筑起来的,它牢牢地树在了人们的心中,是推不倒、吹不垮的。

　　一位在延安时期就在中央领导身边工作的老同志,他对我说过这样一句话:"我大字不识几个,可我知道治理一个国家也和过去的商家经理一样,我不叫周恩来总理,我说他是国家的经理,是国家的总经理。他什么都要管,要管人民的吃、穿、住、行。"这位老同志的比喻不一定十分恰当,可他这朴素的语言,描绘出了周恩来工作繁忙、一生操劳的情景。

　　另一位长征过来的老红军跟我说:"我们党、军队实际的参谋长是周恩来。"我理解这话的意思,他并不是贬低我们军队的几位参谋长,而是说周恩来的工作之多，解放前是如此，解放后更是如此，党、政府、军队的事，他都参与管理。这也是对周恩来工作繁忙的一种表述。

人们把周恩来与总理画等号，当然总理不能成为周恩来的专用名词。他是新中国成立后的第一任总理，任职 26 年，任期这么长，在中国是第一位，在世界也确实罕见。对周恩来以后的继任总理，人们习惯于在总理前加姓，无非是区别于周恩来。总理二字的含义，不含有另外的解释，仍是国家政府的最高职务，是政府首脑。中国不习惯称第几任总理，只好在这职务前加姓，作为历史记载。

一位日本青年心目中的周恩来

1992 年 9 月，日本日中会馆在东京举办"周恩来展"，由姬鹏飞为团长的中国代表团应邀出席开幕式，我作为代表团成员随访。开幕前的招待会上，姬鹏飞和夫人、对外友好协会副会长王效贤、中日友好协会会长孙平化和我被请上主席台。我们几人被逐个介绍给参加招待会的人。在招待会进行的过程中，记者们不停地拍照。有一位女士，就是我要写的主人公，她手拿相机，比记者们还活跃。她对主席台上的几位中国人，反复不停地拍照。是什么引起她对我们这样高的兴趣，我一时想不出答案。

"周恩来展"开幕的那一天，她又出现在记者群里，没佩戴记者证。她是什么人呢？

在参观的过程中，她主动与我招呼，并自我介绍，虽然话不多，但她道出了愿与我保持联系的一句话，那就是她说她很敬重中国的总理周恩来，周总理不仅是中国的而且是世界的政治家。她知道我长期在周恩来身边工作，对我表示敬佩。这是我们的第一次相识。

在我们代表团一行即将由大阪回国的前一天晚上，已是9时多了，这位女士带着她的女儿来饭店见我。可惜因我有活动很晚才回来没有见到她。代表团的一位工作人员告诉我，她家住名古屋，要赶去名古屋的末班车，走前留下了电话。得到代表团领导的允许，我给她打了电话。当时她的中国话说得不太好，一般的问候后，我把电话转交给代表团翻译李利国。当她知道我们第二天离开大阪的消息后，很遗憾地说，失去了直接见面的机会。她本想在代表团出发前赶来送行，因时间太紧，对不能来送行表示歉意，说她今后有机会一定到中国。

第二天早晨，代表团出发前，接到她一份用日文发来的电传，内容大体是这样的：

尊敬的高先生并代表团各位先生：

我叫浅井加叶子，丈夫叫浅井正。我们两人对周恩来先生的敬重，可以说是崇拜吧，是1976年周先生去世后开始的。我喜欢中国，但不了解中国，我们知道周恩来，但只知道周恩来是一位政治家。1976年周恩来去世的那几天，我和浅井正先生，就是我现在的丈夫，正在中国访问。我俩是要好的学生，看到中国人对周恩来那样的崇敬，中国人为失去周恩来表现出那样的悲痛，我们很震惊。在我们的想象中，一位政治家不过是活跃在政坛一个时期，人们是会对他的政绩有一定的评论、估计，也只限于政治，而中国人对周恩来，远远超出政治这个范畴。他已成为中国人心中的"神"，失去他，像失去了灵魂。中国人对周恩来这样的表现大大推进了我们要对周恩来的了解。

对周恩来的认识逐步加深，决心学习周恩来的人品、风范。此时两位只是要好的同学，作为恋人还是以后的事。周恩来的丰功伟绩时刻激励他们，热恋中的他们，就立下誓言，为纪念周恩来，他们生下的孩子要以"周恩来"起名。婚后他们生下一儿一女，男孩叫周祠，女孩叫来嬬美。他们教育孩子从小了解中国，与中国友好。浅井女士多次带两个孩子来中国访问，她本人为了解中国，自学中文，已获硕士学位。在日本爱知大学研究生院中国科以第一名的成绩考上博士学课程。

浅井女士多次去周恩来的故乡江苏淮安，了解周恩来。为建设淮安她曾主动向日本政府申请捐款。

一位普通的日本青年，她没有见过周恩来，周恩来去世后，才开始了解周恩来。是周恩来的精神，使她成为一名为中日友好作贡献的人。她太普通了，至今没有更多的人了解她。这些年她一直在为中日人民之间的友好工作，不为个人名利地工作。

著名导演邓在军为纪念周恩来一百周年诞辰拍摄大型艺术记史电视片《百年恩来》时，我向她推荐了这位日本的青年人。

我借浅井加叶子来华的机会约见了她，向她提出电视剧组要采访她和她的一家。她笑一笑说："学习周恩来，不宣传自己，不要拍吧。"我说："我是受摄制组的委托而提出的，不是为了宣传你，是用你的纯朴的感情，表达人们对周恩来的爱，表达日本友人对周恩来的爱，也是为了让中日人民世世代代友好下去。"她接受了，我们协商了拍摄的具体时间。因为她的孩子都在上学，就选在了学生放假时，全家来华。她明确表示，自费来华，不要剧组出钱。

1996年8月，浅井加叶子和丈夫浅井正、儿子周祠、女儿来嬬美来到北京。他们一家四口准时来到选好的拍摄地点——天安门一侧的劳动人民文化宫门前。根据摄制组的要求，浅井女士用日语和汉语讲述了他们一家对周恩来的深切思念，表示为日中友好继续作贡献。

后 记（一）

在我写本书的过程中，得到了中央文献研究室李琦、力平、廖心文同志的指点帮助，上海人民出版社陈莉莉、陈敬山同志的鼓励，杜修贤、崔宝林、刘庆瑞、张彬、苏航、唐京伟、舒野、周描坤、孙参和王岩同志提供了照片，在此一并表示感谢。本书所用的照片，凡作者能联系上的，我都征得了他们的同意，由于种种原因未能联系上的请予谅解。

限于水平，撰写的内容难免会出现差错，欢迎批评指正。

高振普

2000 年 7 月于北京

后　记（二）

2000年11月，我将自己在周恩来总理身边工作中经历的往事集辑成册，以《周恩来卫士回忆录》为名出版。六年来，这本书印刷了三次，发行45100册，被广大读者传阅。它对于人们了解周恩来作为一位伟人的平凡生活和在其中蕴含着的精神风范，发挥了一定的作用，为此，我感到很欣慰。

几年来，不断有各界朋友建议我续写这本书，将我所经历的历史事件尽可能详细地记录下来，留给历史。在此书的第一版中，我对一些事情的披露确实存在着一些顾虑，随着历史的推进和对周恩来研究的深入，促使我对一些史实又有了进一步的认识和思考。此次再版，新增了25个章节，涉及周恩来、邓颖超的工作、生活、情感等各个方面，对第一版的很多章节进行了修改和补充，在语言文字上也进行了斟酌推敲，并增加了六十余张历史照片，使之更臻于完善。

2008年是周总理诞辰110周年，作为一名在他老人家身边工作长达15年的后辈，我觉得自己有责任、也有义务为总理的110周年诞辰做点事。谨以此书献给敬爱的周恩来总理。

再版回忆录中新增加的内容，我都送交中共中央文献研究室第二编研部主任廖心文同志审阅，并得到了她的充分肯定。此次再版，得到了上海人民出版社的积极支持和鼓励，同时，周恩来邓颖超纪念馆领导和同志们也给予了我很多帮助,在此一并表示衷心感谢。书中又增加了吕厚民、吕相友提供的照片,为本书增添了光彩,再次向照片的作者表示感谢。

高振普

2007 年秋于北京

视频索引

调至周总理身边工作⋯⋯⋯⋯⋯⋯⋯⋯⋯⋯⋯⋯⋯⋯⋯⋯⋯⋯⋯⋯ *001*

周总理深入群众中⋯⋯⋯⋯⋯⋯⋯⋯⋯⋯⋯⋯⋯⋯⋯⋯⋯⋯⋯⋯⋯ *001*

周总理与西花厅工作人员之间的趣事⋯⋯⋯⋯⋯⋯⋯⋯⋯⋯⋯ *004*

与西花厅的深厚情感⋯⋯⋯⋯⋯⋯⋯⋯⋯⋯⋯⋯⋯⋯⋯⋯⋯⋯⋯ *020*

与周总理打乒乓球趣事⋯⋯⋯⋯⋯⋯⋯⋯⋯⋯⋯⋯⋯⋯⋯⋯⋯⋯ *031*

周总理看戏买票⋯⋯⋯⋯⋯⋯⋯⋯⋯⋯⋯⋯⋯⋯⋯⋯⋯⋯⋯⋯⋯ *038*

周总理教育身边工作人员⋯⋯⋯⋯⋯⋯⋯⋯⋯⋯⋯⋯⋯⋯⋯⋯⋯ *116*

为老百姓做最后的努力⋯⋯⋯⋯⋯⋯⋯⋯⋯⋯⋯⋯⋯⋯⋯⋯⋯⋯ *145*

周总理忘我工作精神感人至深 ⋯⋯⋯⋯⋯⋯⋯⋯ 225

给总理贴"大字报" ⋯⋯⋯⋯⋯⋯⋯⋯⋯⋯⋯⋯ 242

周总理卧床接见外宾 ⋯⋯⋯⋯⋯⋯⋯⋯⋯⋯⋯ 270

把整个身心放在共产主义事业上 ⋯⋯⋯⋯⋯⋯ 307

周总理的朋友遍天下 ⋯⋯⋯⋯⋯⋯⋯⋯⋯⋯⋯ 331

率团去西藏 ⋯⋯⋯⋯⋯⋯⋯⋯⋯⋯⋯⋯⋯⋯⋯ 342

特约编辑：王双梅
责任编辑：刘　伟
版式设计：汪　莹
责任校对：吕　飞
视频编辑：邓创业　王　森　詹学鹏

图书在版编目（CIP）数据

周恩来卫士回忆录：视频书 / 高振普 著 . —北京：人民出版社，2021.1
（2022.1 重印）
ISBN 978-7-01-021496-2

I.①周… II.①高… III.①周恩来（1898—1976）- 生平事迹
IV.① K827=7

中国版本图书馆 CIP 数据核字（2019）第 260848 号

周恩来卫士回忆录

ZHOU ENLAI WEISHI HUIYILU

（视频书）

高振普　著

人民出版社　出版发行
（100706　北京市东城区隆福寺街 99 号）

中煤（北京）印务有限公司印刷　新华书店经销

2021 年 1 月第 1 版　2022 年 1 月北京第 2 次印刷
开本：710 毫米 ×1000 毫米 1/16　印张：23
字数：296 千字

ISBN 978-7-01-021496-2　定价：69.00 元

邮购地址 100706　北京市东城区隆福寺街 99 号
人民东方图书销售中心　电话（010）65250042　65289539

版权所有·侵权必究

凡购买本社图书，如有印制质量问题，我社负责调换。
服务电话：(010) 65250042